融合教育实践系列

Explicit Instruction:
Effective and Efficient Teaching

融合教育学科教学策略
直接教学

[美] 安妮塔·L. 阿彻（Anita L. Archer）
[美] 查尔斯·A. 休斯（Charles A. Hughes）/ 著

朱 楠 / 译

献给我的姐姐玛丽·贝丝·克莱因（Mary Beth Cline）；献给与我合作30年的玛丽·格里森（Mary Gleason）；献给那些以"激情教学、爱心管理"的承诺激励过我的成千上万的教师。

——安妮塔·L. 阿彻（Anita L. Archer）

致我的专业榜样：凯西·鲁尔（Kathy Ruhl）、塞西尔·默瑟（Cecil Mercer）、约翰·萨尔维亚（John Salvia）、让·舒梅克（Jean Schumaker）、唐·德斯勒（Don Deshler），以及我的合著者安妮塔·L. 阿彻（Anita L. Archer）。

——查尔斯·A. 休斯（Charles A. Hughes）

致 谢

我们两位作者都拥有丰富的、长达数十年的工作经历。无数的教师、教授、研究人员、教育工作者、作家、合作者和演讲者为我们在知识、实践和视野方面的拓展提供了帮助，很难一一向他们致谢。撰写这本书的动力来源于我们曾指导过的数千名职前和在职教师，尤其是他们在直接教学对学生学习带来的益处方面给出的积极反馈。

在本书的写作过程中，得到了许多人的支持。我们非常感谢蕾切尔·万纳卡（Rachel Wannarka）博士对其中几个章节的早期版本进行了富有洞察力的编辑，感谢本系列丛书的联合编辑史蒂夫·格雷厄姆（Steve Graham）博士对原稿进行的宝贵分析，使本书内容更有说服力。最后，我们要感谢玛丽·格里森（Mary Gleason）博士的贡献，她精心编辑了本书的所有章节，并检阅了示例的教学效果。她的才华和卓越的教学经验贯穿于本书始终。

关于作者

安妮塔·L. 阿彻博士（Anita L. Archer, PhD）是一名教育顾问，为学区提供直接教学、教学设计和实施、行为管理和识字教学方面的咨询服务。她曾在小学和初中任教，获得过 10 个奖项，因在教育领域的卓越表现和杰出贡献而受到表彰。阿彻博士曾任职于圣地亚哥州立大学、西雅图的华盛顿大学和尤金的俄勒冈大学。她领衔的专业发展活动闻名全国，在 40 年的职业生涯中，她在每个州都做过演讲。阿彻博士和玛丽·格里森（Mary Gleason）博士共同编写了大量有关阅读、写作和学习技能的课程资料。

查尔斯·A. 休斯博士（Charles A. Hughes, PhD），是宾夕法尼亚州立大学教育与学校心理学系特殊教育方向的教授，同时兼任堪萨斯大学劳伦斯学习研究中心高级研究员。在 1985 年任职宾夕法尼亚州立大学之前，休斯博士曾在学校工作了 14 年，担任普通教育和特殊教育教师、州级顾问和教育诊断专家。他的研究兴趣聚焦于自我指导策略的开发和实践，以帮助有学习和行为问题的学生进行学业和课堂行为的自我管理。他撰写了 100 多篇文章，若干书籍、书籍章节和课程资料。他还担任特殊儿童委员会学习障碍分会的主席和执行主任，以及该委员会的期刊《学习障碍研究与实践》(*Learning Disabilities Research and Practice*)的编辑。

目录
CONTENTS

推荐序 ⋯⋯⋯⋯⋯⋯⋯⋯⋯⋯⋯⋯⋯⋯⋯⋯⋯⋯⋯⋯⋯⋯⋯⋯⋯⋯⋯⋯⋯⋯⋯⋯⋯⋯⋯⋯⋯⋯ i
前言 ⋯⋯⋯⋯⋯⋯⋯⋯⋯⋯⋯⋯⋯⋯⋯⋯⋯⋯⋯⋯⋯⋯⋯⋯⋯⋯⋯⋯⋯⋯⋯⋯⋯⋯⋯⋯⋯⋯⋯ i

第1章 探索直接教学的基础 ⋯⋯⋯⋯⋯⋯⋯⋯⋯⋯⋯⋯⋯⋯⋯⋯⋯⋯⋯⋯⋯⋯⋯⋯ 1
直接教学的要素 ⋯⋯⋯⋯⋯⋯⋯⋯⋯⋯⋯⋯⋯⋯⋯⋯⋯⋯⋯⋯⋯⋯⋯⋯⋯⋯⋯⋯⋯ 1
有效教学的基本原则 ⋯⋯⋯⋯⋯⋯⋯⋯⋯⋯⋯⋯⋯⋯⋯⋯⋯⋯⋯⋯⋯⋯⋯⋯⋯⋯⋯ 3
支持直接教学的证据汇编：研究综述 ⋯⋯⋯⋯⋯⋯⋯⋯⋯⋯⋯⋯⋯⋯⋯⋯⋯⋯ 11
对直接教学可能存在的顾虑的回应 ⋯⋯⋯⋯⋯⋯⋯⋯⋯⋯⋯⋯⋯⋯⋯⋯⋯⋯ 16
本章小结和案例研究 ⋯⋯⋯⋯⋯⋯⋯⋯⋯⋯⋯⋯⋯⋯⋯⋯⋯⋯⋯⋯⋯⋯⋯⋯⋯ 19

第2章 设计教学：技能和策略 ⋯⋯⋯⋯⋯⋯⋯⋯⋯⋯⋯⋯⋯⋯⋯⋯⋯⋯⋯⋯⋯ 21
直接教学课程的开篇 ⋯⋯⋯⋯⋯⋯⋯⋯⋯⋯⋯⋯⋯⋯⋯⋯⋯⋯⋯⋯⋯⋯⋯⋯⋯ 22
应用 2.1 示例：一节直接教学课程的开篇 ⋯⋯⋯⋯⋯⋯⋯⋯⋯⋯⋯⋯ 25
直接教学课程的主体 ⋯⋯⋯⋯⋯⋯⋯⋯⋯⋯⋯⋯⋯⋯⋯⋯⋯⋯⋯⋯⋯⋯⋯⋯⋯ 27
应用 2.2 分析：课程开篇、示范、提示和指导练习 ⋯⋯⋯⋯⋯⋯⋯⋯ 31
直接教学课程的结尾 ⋯⋯⋯⋯⋯⋯⋯⋯⋯⋯⋯⋯⋯⋯⋯⋯⋯⋯⋯⋯⋯⋯⋯⋯⋯ 36
应用 2.3 课程示范：有关括号的代数课 ⋯⋯⋯⋯⋯⋯⋯⋯⋯⋯⋯⋯⋯ 38
应用 2.4 课程示范：把握段落主旨 ⋯⋯⋯⋯⋯⋯⋯⋯⋯⋯⋯⋯⋯⋯⋯ 40
应用 2.5 课程示范：三节连贯的关于句子合并的课程 ⋯⋯⋯⋯⋯⋯ 43
本章小结 ⋯⋯⋯⋯⋯⋯⋯⋯⋯⋯⋯⋯⋯⋯⋯⋯⋯⋯⋯⋯⋯⋯⋯⋯⋯⋯⋯⋯⋯⋯⋯ 48

应用 2.6　找出潜在问题并制订解决方案 49
应用 2.7　设计一节直接教学课程 49

第 3 章　设计教学：词汇和概念 50

为词汇的直接教学做准备 51
应用 3.1　初级阅读词汇的选择 58
应用 3.2　五年级章节读物的词汇选择 60
应用 3.3　初中社会研究课的词汇选择 61
应用 3.4　编写学生友好型解释 64
应用 3.5　确定定义的关键属性 70
应用 3.6　设计例子和非例子 72

直接词汇教学的程序 73
应用 3.7　设计用基本教学程序教学的词汇课 77

词汇教学的扩展 83
本章小结 91

第 4 章　设计教学：规则 92

选择用于直接教学的适当的规则 92
设计例子与非例子 93
应用 4.1　确定规则中的关键属性 94
应用 4.2　创建例子以阐明规则 95
应用 4.3　创建非例子以阐明规则 98

教授规则的教学程序 99
应用 4.4　规则的表述 100
应用 4.5　规则课程的设计 108

本章小结 108

第 5 章　组织教学 109

布置物理环境 109
应用 5.1　评估教室的物理环境布置：搭建舞台 113

应用 5.2　对教室布置的分析 ··· 113
　建立课堂规则 ··· 117
　　应用 5.3　分析课堂规则 ··· 118
　建立常规和程序 ··· 121
　　应用 5.4　需要课堂常规或程序的情境 ·· 121
　本章小结 ··· 131

第 6 章　实施教学：激发反应 ··· 132
　要求学生频繁地给出反应 ··· 133
　成功的反应 ··· 164
　替代性的段落阅读程序 ··· 168
　　应用 6.1　对积极参与的课堂的分析 ·· 169
　本章小结 ··· 176

第 7 章　实施教学：其他关键的教学技能 ··································· 178
　认真监督学生的表现 ··· 178
　即时提供肯定性意见和纠正性反馈 ··· 179
　　应用 7.1　纠正的例子与非例子 ·· 185
　　应用 7.2　表扬的例子与非例子 ·· 194
　以明快的节奏进行课堂教学 ··· 197
　　应用 7.3　慢节奏和快节奏的教学 ·· 199
　本章小结 ··· 201
　　应用 7.4　课堂观察表 ··· 202

第 8 章　提供适当的独立练习 ··· 204
　初始练习 ··· 206
　分散练习 ··· 206
　累积练习和累积复习 ··· 207
　　应用 8.1　设计初始练习、分散练习和累积练习 ························ 210
　练习哪些内容 ··· 211

如何设计作业···212
    应用 8.2　选择练习活动···216
    应用 8.3　案例研究：塞缪尔的个性化作业·····················219
采用哪种练习形式···219
如何向学生布置作业···225
如何评价作业并提供反馈···226
采取哪些常规措施来促进独立练习···233
家庭作业···235
本章小结···245

结论···247
应用练习反馈···255
译后记···283

推荐序

直接教学策略的产生与人们对学习困难学生有效教学策略的探索密切相关。1966年，恩格尔曼（Engelmann S.）等人在一项帮助学习困难学生有效学习的干预计划中提出了"直接教学模式"（the Direct Instruction Model）。1976年，罗森沙因（Rosenshine B. V.）提出了"直接教学"（direct instruction）这一术语。多年来，尽管对于这种教师主导的教学模式有一些质疑的声音，但是大量的研究和实践都证明了直接教学是一种有效的教学策略。由于强调在课程内容的选择、教学程序的设计、教学实施的组织等方面都应充分考虑到每个学生的需要，直接教学在普通学生、特殊需要学生的课堂教学中都得到了广泛运用。

直接教学产生以来，人们对直接教学的探索主要体现在两个方面：一是进行项目推进、实验研究，探索直接教学在普通学生、特殊需要学生的阅读理解、写作等技能学习方面的成效；二是基于直接教学的理念与要素编写了大量可以在课堂教学中运用的脚本。安妮塔·L.阿彻博士、查尔斯·A.休斯教授的著作《融合教育学科教学策略：直接教学》则是在已有探索的基础上，对直接教学的理论与实践运用做了更加系统的阐述。

作者在第1章中明确了直接教学的定义，梳理了普通教育、特殊教育课堂中使用直接教学方法教授学业技能的相关研究，呈现了有效教学的6项基本原则、直接教学的16个要素，从而为本书后续章节的内容提供了理论基础。

本书的第2章、第3章、第4章聚焦直接教学课堂教学计划的制定。第2章呈现了运用直接教学策略的教学计划的整体结构，介绍了在开篇部分如何吸引学生注意、阐明教学目标、复习关键的先备技能，在教学的主体部分如何示范演示技能、提供提示或指导练习、提供自主练习，在教学的结尾部分如何简要复习、预告后续学习内容、布置独立作业。第3章、第4章分别介绍了如何基于有效教学的原则、直接教学的要素制定词汇概念教学、规则教学的教学计划。作者详细介绍了在进行词汇教学、规则教学时教师需要完成的准备工作以及实际教学时应该遵循的基本教学程序。

第 5 章重点探讨了如何营造平和高效的课堂教学环境，从而保证所设计的教学计划能够很好地实施。作者从布置物理环境、建立课堂规则、建立常规和程序三个方面进行了细致的介绍。教学环境建设的要求体现了有效教学、直接教学的相关理念和原则。

第 6 章、第 7 章、第 8 章分别对涉及直接教学要素的几项重要教学技能进行了阐述。第 6 章主要介绍了教师在教学中如何采取恰当的策略激发学生对教学内容做出积极的、频繁的反应。第 7 章重点介绍了密切监督学生的表现、提供即时的肯定性和纠正性反馈、以明快的节奏授课三种教学技能。第 8 章详细介绍了在学生达到了一定的学习程度后，教师如何提供适当的独立练习。

总体而言，《融合教育学科教学策略：直接教学》这本著作对直接教学的已有研究做了很好的提炼，对通过直接教学提升教学有效性的路径和举措提出了系统、细致、富有建设性的建议。全书结构完整，逻辑清晰，特别是在每个章节都提供了生动的范例，便于读者对相关内容的理解和实践运用。朱楠博士的翻译准确、简洁，表达流畅。职前的以及在职的普通教育教师、特殊教育教师通过阅读该书，可以切实提高自己对直接教学的认识，提升自己运用直接教学进行有效教学的能力。

于素红

2025 年 6 月 21 日于上海

前　言

作为教育工作者，我们有一个共同的目标：帮助我们的学生在积极、相互尊重的环境中取得最大的学业进步，推动他们走向成功，培养他们的学习意愿。在追求这个目标的过程中，最有效的工具之一就是直接教学——系统的、直接的、吸引人的、成功导向的教学。在普通教育和特殊教育领域的研究中，直接教学的有效性得到了一次又一次的验证。事实证明，直接教学对正常发展的学生非常有帮助，对学习困难学生更是至关重要。对于学生无法自主探索的学习内容，直接教学是绝对必要的。例如，如果教师没有明确的教学，学生将如何知晓字母的发音、数字代表的数量、高效的数学算法的步骤、代数运算的顺序、发音的过程、说服性议论文[①]的结构、科学探究的要素，或者省略结尾 e 的拼写规则？直接教学不仅在学生无法自主探索学习时有用，在学生探索学习不准确、不充分、不完整或效率低下的情况下也有帮助。例如，学生想出一种在课本上记笔记的策略，但这个策略可能很费力，而且记的笔记也难以理解，这时如果能通过直接教学，明确指出更有效的替代策略，学生将会受益匪浅。或者，学生通过阅读文本对一个概念有了粗略的认识，但可能需要直接教学来明确概念的细微之处。

这本书的目的是提高教师开展直接教学的能力，因为这是教育过程中既有效又高效的方法。我们在第 1 章介绍直接教学的基本要素、原则和相关研究。第 2、3、4 章中，论述直接教学如何应用于技能和策略、词汇和概念以及规则的教学——所有教师都会教授的三类学习内容，这些内容学生往往无法自主习得。在这些章节中，作者介绍基本的教学程序，并通过不同学科内容领域、年级、学生群体（特殊教育和普通教育学生）有代表性的课程示例进行了讲解。第 2 章介绍通用的教学模型，包括示范（我做）、提示或指导练习（我们做）、自主练习（你做）等步骤，以及如

---

① 编注：用来说服读者接受特定想法或观点的文章。

何将其应用于针对学生完成某些任务（如，读出单词、写出连贯的段落、完成科学实验）的技能和策略的教学之中。第 3 章重点介绍经过研究验证的词汇教学方法，包括使用例子和非例子①来选择和教授词汇及其基本概念。第 4 章集中讨论在规则或法则 [如果 – 那么（If-Then）] 教学时使用例子和非例子的重要性。

教师在了解与教学内容相关的直接教学步骤后，自身的能力肯定会有所增强，但教学工作远不止设计教案这么简单。在第 5 章中，我们着重探讨如何营造一个对于教师和学生都具有支持性的环境和氛围。我们对布置物理环境以及建立课堂规则、指南、程序和常规提供建议。如果采取这些系统性的措施，所营造的教学环境将更加平和且高效。

直接教学最重要的部分可能就是教学的过程。教师可以设计出一个完美的教案，但如果教案的实施无法让学生参与或投入，学习就不可能发生。由于教学的过程至关重要，因此有两章专门讨论这一主题。第 6 章介绍经过科学验证的在小组教学或人数较多的全班教学中获得学生反应的程序，并列举大量实例使对这一程序的介绍更加鲜活生动。第 7 章扩展对教学技能的讨论，强调要监督学生的反应、对正确或错误的反应提供反馈，并保持明快的节奏吸引学生的参与。

第 8 章重点关注一个很少在课堂上实施和讨论的主题：适当的练习，涉及独立作业或家庭作业的初始练习、分散练习和累积练习。如果只是简单地介绍技能、策略、词汇、概念或规则，而学生不进行充分的后续练习，其结果就是学生"了解得过多而发展得不足"，不能达到轻松地完成任务所需的掌握程度和自动化水平。

为保证本书始终聚焦于直接教学，我们编写每一章时都依照了相同的结构。先解释各个教学程序，然后利用示例项目或课程进行示范，并在某些情况下与非例子课程进行对比，最后通过应用练习进行实践。然而，教学的动态性和互动性很难通过文字记录下来。因此，我们建立了一个配套网站（www.explicitinstruction.org），在这个网站上你可以观看或下载展示本书教学程序的课程视频。网站上还发布了其他材料，如额外的示例课程和应用练习。

那么，这本书②为何会归入到特殊需要学生教学的有效方法（What Works for Special-Needs Learners）系列呢？答案是干预和预防。首先，在本系列的前几本书中

---

① 编注：用来解释不属于某概念或规律范畴的情况的例子。
② 编注：此处指英文原版书。

所涉及的学科内容领域（识字、阅读理解、写作和数学）中，直接教学是以科学为依据的特殊需要学生干预的核心。有研究（见第1章）已经非常明确地表明，对特殊需要学生的干预，无论是密集干预还是策略干预，都需要有组织良好的直接教学，帮助他们在学业上稳步发展。其次，直接教学也是预防的核心——学校采取的措施旨在减少需要策略干预或密集干预的学生数量，促进学生成绩的提高。在普通教育课程（尤其是阅读、写作和数学领域）的学业技能、策略和概念教学方面，支持直接教学的研究同样有力，因此，初始教学必须清晰、明确、吸引人，这样所有学生才能茁壮成长。

我们写这本书的目的是为了支持你们，教师们！你们每天都承担着非常艰巨的教学任务，因为你们知道，孩子学业发展的命运真正掌握在你们手中。当你阅读这些章节，包括嵌入其中的课程示例时，你会发现它们在强化你已经掌握的许多知识。请务必了解你现有的知识水平。在某些示例中，你可能会注意到一些目前没有使用但可以在日常教学中使用或恢复使用的做法。最后，我们希望能拓展你对有效和高效教学的认识，因为我们坚信"你教得多好＝学生学得多好"。

正如你将了解的那样，有效和高效的直接教学要求我们关注教学细节，因为细节在提供优质教学、促进学生成长和成功方面确实起着重要的作用。因此，我们必须记住我们的英语教师的口头禅："Don't forget to dot your i's and cross your t's."即别忘记在字母i上点点，在字母t上画横线。（你错过了设计师在设计封面时创造的幽默了吗？）①

我们怀着深深的敬意和谦卑之心，感谢你对孩子们和我们共同职业的奉献。

安妮塔·L.阿彻

查尔斯·A.休斯

---

① 编注：英文原书的封面上，explicit中的字母i上面的点被设计成补充书写的样子，字母t被设计成补充画横线的样子。

第 1 章　探索直接教学的基础

为了最大限度地促进学生的学业发展，教育工作者使用的最佳工具之一就是直接教学（explicit instruction）。它是教授学业技能的一种系统的、有效的结构化方法。之所以称为直接（explicit），是因为它在教学设计和教学程序中采用一种明确且直接的教学方法。直接教学的特点是通过一系列的支持或支架（scaffolds），在教学过程中引导学生明确学习新技能的目的和缘由，对教学目标进行清晰的解释和示范，并通过反馈支持学生进行练习，直到学生能够独立掌握。罗森沙因（Rosenshine, 1987）将这种教学形式描述为"一种系统的教学方法，其重点是小步骤教学、检查学生的理解程度并成功实现所有学生的积极参与"（p. 34）。

本章我们将探讨以下主题，为后续章节奠定基础：① 直接教学的要素；② 有效教学的基本原则；③ 直接教学的研究证据支持。此外，本章还将对直接教学可能引起的顾虑做出回应。

直接教学的要素

教育研究者们（例如，Brophy & Good, 1986; Christenson, Ysseldyke, & Thurlow, 1989; Gersten, Schiller, & Vaughn, 2000; Hughes, 1998; Marchand-Martella, Slocum, & Martella, 2004; Rosenshine, 1997; Rosenshine & Stevens, 1986; Simmons, Fuchs, Fuchs, Mathes, & Hodge, 1995; Swanson, 2001）明确了直接教学方法的一系列教学行为和要素特征。表 1.1 呈现并简要描述了直接教学的 16 个要素。本书后续章节将对这些进行更详细的说明。

表 1.1　直接教学的 16 个要素

1. **将教学重点放在关键内容上**。把技能、策略、词汇、概念和规则教给学生，可以增强学生的学习潜能，满足学生的学习需求。
2. **合理安排所教技能的顺序**。考虑对课程做一些变更，如先教容易的技能，再教有难度的技能；先教使用频率高的技能，再教使用频率低的技能；在教技能之前，确保学生掌握该技能的先备技能；将相似的技能和策略分开教，以免学生混淆。
3. **将复杂的技能和策略分解成较小的教学单元**。小步骤教学。将复杂的技能分解成较小的教学单元，可以避免认知负担过重的问题，解决处理需求，解决和与学生工作记忆能力相关的问题。学生一旦掌握了这些单元，就可以进行综合（synthesized）（即作为一个整体）练习。
4. **设计系统的、有重点的教学**。确保教学有条理，重点突出，以便充分地利用时间。有条理的教学设计紧扣主题，安排合理，没有无关的枝节。
5. **上课伊始，明确说明本节课的目标和教师的期望**。清楚地告诉学生要学什么内容以及为什么要学这些内容。如果学生理解了教学目标和预期结果，以及教师所提供的信息或技能将如何帮助他们，那么他们会取得更好的成绩。
6. **开始教学前，复习先前学过的技能和知识**。复习相关内容。检查学生是否具备学习本节课所教授技能的先备技能和知识，将新技能与其他相关技能联系起来。
7. **提供逐步示范**。以"出声思考"的方式，示范技能，并阐明完成任务或程序所需的决策过程。清晰地演示目标技能或策略，为学生树立熟练操作的榜样。
8. **使用简洁明了的语言**。语言的复杂程度（如词汇、句子结构）应取决于学生的词汇量，使用一致、明确的措辞和术语，可以减少可能出现的混淆。
9. **提供适当的例子和非例子**。应提供广泛的例子和非例子，帮助学生明确某项技能、策略、概念或规则可以应用的时候和不可以应用的时候。有必要提供大量的例子来说明如何使用及应用该项技能，这样学生就不会过少地应用。反之，提供大量的非例子也可以降低学生不恰当地使用技能的可能性。
10. **提供有指导和支持的练习**。为了帮助学生取得初步成功，建立自信，应在课上调整练习的难度，并指导学生练习技能。当学生取得成功时，可以在减少指导的同时逐步增加任务难度。
11. **要求学生频繁地给出反应**。通过提问实现高水平的师生互动。让学生经常回答问题（包括口头回答、书面回答以及做出行为反应）有助于他们集中精力学习课程内容。为学生提供阐述的机会，也有助于帮助教师检查学生的理解程度，使学生保持活跃和专注。
12. **密切关注学生的表现**。仔细观察或倾听学生的回答，检查学生的掌握情况，并在学生出现错误时及时调整教学。密切监督还有助于教师及时向学生反馈他们的表现。
13. **即时地提供肯定性和纠正性反馈**。迅速跟进学生的回答。立即向学生反馈答案的准确性，有助于确保较高的成功率，减少练习错误的概率。
14. **以明快的节奏授课**。以适当的速度授课，优化教学时间、教学内容以及教学效果。授课速度要快，但要留出合理的时间让学生思考与理解，尤其是在学习新内容时更要遵循此原则。理想的教学速度既不可太慢而让学生感觉厌烦，也不可太快以致学生无法跟上进度。

(续表)

15. **帮助学生将其所学融会贯通**。由于许多学生无法理解某些技能和概念是如何融合在一起的,因而使用教学策略将这些知识更明显、更清晰地联系起来至关重要。条理清晰、触类旁通的授课方式有助于学生提取信息并促进所学知识的整合。
16. **提供分散练习和累积练习**。分散练习(distributed practice)(相对于"大量练习")是指在一段时间内提供多种机会练习某项技能。累积练习(cumulative practice)是一种提供分散练习的方法,它包括针对已有技能和新习得技能的练习。为学生提供多种练习机会,可以促进学生的记忆和技能自动化。

如前所述,有效的直接教学有一系列教学支持或支架:首先基于逻辑进行内容选择和排序,然后根据学生的认知能力将这些内容分解为易于掌握的教学单元。教学方法的主要特点是对技能进行清晰的描述和示范,加上辅助练习和及时反馈。刚开始练习时通常有教师的高度参与,但是,一旦学生取得了明显的成功,教师的支持就会有计划地撤出,学生进而转向独立练习。直接教学的16个要素也可以进一步合并。罗森沙因(Rosenshine, 1986, 1997)和史蒂文斯(Stevens, 1986)的研究中将这些要素整合为六种教学功能,如表1.2所示。

表1.2 六种教学功能

1. **复习**
   a. 复习家庭作业和以前学过的内容。
   b. 复习先备技能和知识。
2. **演示**
   a. 说明教学目标。
   b. 小步骤教授新内容。
   c. 示范过程。
   d. 提供例子和非例子。
   e. 使用清晰的语言。
   f. 避免离题。
3. **指导练习**
   a. 要求学生高频率地回答问题。
   b. 确保高成功率。
   c. 及时提供反馈、线索和提示。
   d. 让学生继续练习,直到达到流畅程度为止。
4. **纠正与反馈**
   a. 必要时再次教授。
5. **独立练习**
   a. 监测刚开始练习的结果。
   b. 让学生继续练习,直到技能达到自动化。
6. **每周、每月进行回顾**

有效教学的基本原则

除了表1.1和1.2所示的直接教学要素外,过去30多年来,教育研究中还总结出了有效教学的一些基本原则。这些原则(principles)是有效的直接教学的基础，而直接教学的要素（elements）则可被视为在设计和实施教学时遵循这些原则的方法。

埃利斯和沃辛顿（Ellis & Worthington, 1994）在对教师效能感研究的综述中指出并描述了这些原则，本节内容即以此为基础。表 1.3 简要呈现了这些原则，对每项原则进行了详细说明。这 6 项原则和本章前面介绍的 16 个要素在教学过程中的互动方式，将在后面有关教授基本技能和策略、概念和词汇以及规则的章节，以及介绍有效教学的章节中详细阐述。

表 1.3　有效教学的原则

1. **优化参与时间/完成任务时间**。学生积极参与教学活动的时间越长，他们学到的东西就越多。
2. **促进学生取得高水平的成功**。学生在完成学业任务时越成功（即正确/准确），他们取得的成绩就越好。
3. **扩大教学内容的覆盖面**。学术内容覆盖得越多、越有效，学生的学习潜力就越大。
4. **让学生花更多的时间参加分组教学**。与一对一教学或独立完成学习活动相比，学生参加教师主导的技能水平相当的小组教学的时间越多，接受的指导越多，学到的东西也就越多。
5. **支架式教学**。在教学过程中提供支持、架构和指导可促进学业成功，而有系统地撤除这种支持可促使学生成为更加独立的学习者。
6. **关注不同类型的知识**。有策略地应用学业技能和知识往往要求学生了解不同层面的不同类型的信息：陈述性知识（某物是什么，事实性信息），程序性知识（某件事情是如何做或执行的），以及条件性知识（何时何地使用某种技能）。

参与时间/完成任务时间

教学时间变量有两个相关的方面：用于教学的时间和用于学习的时间。尽管这两个方面是相互影响的，但必须指出的是，仅仅增加教学时间并不总能增加学生的学习时间或学习总量。因此，教学的量（quantity）可以被看作是学习的必要非充分组成部分，教学的量和质（quality）的结合才是学生成功的关键。

在与教师效能相关的文献中使用的有些术语与教学时间和学习时间有关。理解这些术语是理解该领域研究成果的先决条件。

可用时间

可用时间（available time）是指学校一天/一年中可用于学生活动的时间。例如，如果上课时间是从上午 9 点到下午 3 点，那么每个上学日大约有 6 个小时的可用时间。当然，其他活动（午餐、考勤等）会自动减少可用于学生活动的时间。

教学时间

教学时间（allocated time）是指专门用于学科教学的时间（即教师分配或安排的用于学科教学的时间，例如语言艺术、数学教学等）。一些研究表明，教学时间约占每天可用时间的70%，即约4个小时，其余时间用于非教学活动。增加教学时间可能对学生学习成绩有轻微的积极影响（Anderson, 1976; Walberg, 1986）。

参与时间/完成任务时间

参与时间/完成任务时间（engaged time/time on task）是指学生积极参与学习任务的时间（例如，听教师讲课、解决问题、听其他同学回答、记笔记、阅读）。一些研究表明，学生参与学习时间不足教学时间的一半，即每天约2小时。参与时间与学习成绩之间的正相关虽然比教学时间与学习成绩之间的正相关更强，但是它对学习成绩的影响仍然算是相对较小的。

学业学习时间

学业学习时间（Academic Learning Time，ALT）是指学生成功完成难度适当（既不太难也不太容易）的学业任务的时间。有研究表明，在许多课堂上，ALT平均仅占一天中的一小部分时间（即约占教学时间的20%或每天50分钟）（Fisher et al., 1978）。鉴于ALT与学习成绩之间的密切关系，这样小的比例是不理想的。值得注意的是，直接教学的许多要素和本书其余章节中介绍的教学策略都是以增加ALT为重点的。换言之，这些方法提倡教授难度适当的任务，并增加学生参与这些任务的时间，进而使学生取得高水平的成功。除了本书后面要讨论的方法外，表1.4中还将介绍一些相对简单直接的方法，有利于增加教学时间，提高教学质量。在表1.5中，你将看到一位教师如何利用这些指导原则增加课堂上的ALT。

表1.4 优化教学时间的方法

1. **增加教学时间和教授关键内容的时间。**
2. **确保所教内容与学生的学习需求相匹配。** 考虑技能的重要性和难度。确认学生是否具备学习该技能的先备知识。
3. **按时上课并遵守时间表。**
4. **尽可能分组教学。** 与其他教学安排（如一对一教学或独立做课堂练习）相比，以全班、小组形式组织教学，既能提高学生的学习效率，又能增加每个学生的教学的量。课堂上

（续表）

> 独立练习对于巩固和提高新学技能的熟练度是有用的，但不能取代精心设计的小组教学。
>
> 5. **做好准备**。教学时间的浪费往往是因为教师没有整理好教学材料，没有为教学做好准备。因此，他们必须花时间构思，收集可以用于教学的材料。
> 6. **避免离题**。教学时要紧扣主题，避免在无关内容上花费时间。这并不是说应该避免谈论一些题外话或轶事来说明和类比内容，而是说这些做法应该服务于教学目标。
> 7. **减少过渡时间**。过渡时间是指从一项教学活动过渡到另一项教学活动的时间。教学时间往往会因为过渡时间的低效和无序而被浪费。
> 8. **使用常规**。常规是指在课堂上开展活动的常态方式。开展例行活动可以节省时间，因为学生和教师都知道他们应该怎样做，应该做什么，而无须思考或询问。在教学活动（如小组教学、做课堂作业、小组合作）方面，学生知道如何以及何时可以获得所需的材料、寻求帮助等。这些常规通常在学年开始时教授，并随着学年的进展不断强化（第 5 章将详细讨论常规）。

表 1.5　案例研究：分析教学时间

> 特殊教育教师塔尔博特决定增加教学时间，因为她已经意识到这对学生的重要性。为了开始这项工作，她检查了自己目前每天在各个学科上投入的时间。虽然她目前的教学时间安排得相当满，但她发现，如果每天再增加 10 分钟教学时间，则分配给语言艺术课程的时间就可以增加 10 分钟。这样，在整个学年中，就可以增加 30 个小时的教学时间。
>
> 塔尔博特老师还意识到，仅仅做好教学时间的分配是不够的，很多事情都会妨碍时间的优化利用（让学生成功地参与其中）。为了充分利用整个上学日的时间，她在接下来的一周里收集了一些数据：活动之间的过渡次数、过渡时间、非学业活动（例如，学生询问东西在哪里或他们应该做什么）所占的时间、她是否按时开始和结束课程，等等。一周结束时，她发现相当多的时间被"浪费"了。
>
> 她决定制订并安排更多的常规，让学生在整个学年中都清楚地知道下一个教学环节该做什么（例如，收起上一个活动的材料，拿出下一个活动的材料）。她还开始重点关注准时上课。她估计只要做到这些，学生每天积极参与学业活动的潜在时间就会增加 10 分钟左右，一学年大约增加 30 个小时。
>
> 塔尔博特老师意识到，在可行的情况下，可以通过分组来增加每个学生的教学时间，因此她检查了自己一天中的教学安排。她发现自己用了相当多的教学时间开展一对一的教学。虽然学生在某种程度上需要这种个别化教学，但她也发现，通过按技能水平分组，可以增加学生的教学的量。她改变了自己的教学方式，用一半的课时进行小组教学，用三分之一的课时带着需要"提高"的学生一起学习，其余时间用于其他安排，如精心设计的同伴活动和小组活动。经过这些改变，她班上的学生比过去得到了更多的指导。

高水平的成功

如上所述，增加参与时间会对学生的学习产生积极影响。然而，只有当学生参与学习且成功学会（both engaged and successful）时，他们才能学到最多的东西。如果出错率过高，仅仅参与一项任务或执行一项技能就是无用的，这种情况的本质是学生在花时间练习错误。尽管在初始教学中学生最容易出现错误或不正确的回答，但是你可以在错误发生时尽快纠正这些错误，以此提高学生的学习效率。高成功率与学习成绩的提高呈正相关；反之，低成功率则与学习成绩的落后相关（Berliner, 1980）。有人（Brophy, Evertson, 1976）分析了有关教师效能的研究（我们将在本章后面部分进一步阐述），认为在教学初始阶段，最佳的正确率应为 80% 左右，而在学生进行独立练习时，正确率应为 90%～95%。

要想在教学中取得较高的成功率，必须考虑做一些设计，思考实施过程中的各种因素。简言之，提高成功率的因素包括：教学材料不宜过难（尽管教师可以通过支架式教学方式教授一些技能，但是这些技能可能对于学生来说过于高深，或难以通过较少的指导性教学学会），清晰的演示，动态示范技能和策略，支持性练习，积极参与，密切关注学生的反应，以及即时纠正错误。

内容覆盖面／学习机会

内容覆盖面（content coverage）是指教学中实际向学生呈现的内容数量（与分配给学生的时间相比）。换言之，教学中涵盖的内容越多，学生学习的潜力就越大。为了进一步阐明这一原则，我们可以说，"你教得越多，他们学得越多"。许多决定都会影响教学内容的质量和数量，包括教什么（what to teach）、如何教（how to teach it）以及如何练习（how it will be practiced）。

关于教什么的决策可以说是课程决策。你可以决定什么对学生来说是重要的，扩大教学内容的覆盖面。因此，检查你的课程，选择关键的技能和目标，放弃或弱化那些不太重要的技能和目标。例如，如果你认为某些数学技能（如进制转换、罗马数字）不是最重要的技能，就可以花更多的时间讲授更重要的技能（如计算、问题解决、测量）。

此外，当教师把重点放在技能、策略、概念或规则上时，可以最大限度地扩大教学内容的覆盖面，这些技能、策略、概念或规则可以泛化到许多其他学习内容或情境中。例如，教师可以介绍适用于许多单词的字音关联技能和解码策略，而不是把每个单词的发音作为一个特定的教学内容。同样，在准备让学生阅读课文时，教师可以先检查词汇表，重点强调理解课文所需的词汇和将来会遇到的词汇，简要介绍剩下的词汇。类似地，社会类学科的教师可以介绍有关历史事件的"大概念（Big Idea）"（问题-解决-影响，Problem-Solution-Effects），并引导学生使用这一模式分析众多事件（Kame'enui & Carnine, 1998）。教师还可以系统地介绍完成常规课堂任务的学习策略，如阅读段落或撰写章节摘要。

除了决定应该教授什么内容之外，如何教授和练习技能也影响着内容的覆盖面。尽管这正是本书的主要内容，但教学需考虑的有些因素与内容覆盖面直接相关，并且这些因素大多与教学效率（efficiency）有关。教学方式越直接、越简洁，教学内容覆盖得就越多。针对不同学科内容的教学有不同的方法，但有些教学方法需要花费更多的时间，这对内容覆盖面有消极影响。例如，如果一组学生的目标是学习如何书写字母，那么给他们干燥的豆子、纸和胶水来拼写字母，虽然可能很有趣，但在实现这一目标方面的效率和效果却不如使用直接教学。避免拖堂、减少过渡时间、通过要求学生频繁回答问题增加学生学习的机会，也能扩大教学内容的覆盖面。

分组教学

当课堂上的大部分时间是由教师直接授课时，学生的学习成绩会更好（Rosenshine & Stevens, 1986）。通常分组教学是教授基本技能最有效和最高效的教学方法。以教师为主导的分组教学之所以能够对学习成绩产生积极影响，可能是因为它含有一些有效的教学要素，如清晰的讲解、示范、练习、反馈和频繁的反应。

无论是在普通教育还是在特殊教育的环境中，教学都不一定要面向全班——小组教学往往更加有效。研究人员（Brophy & Good, 1986）在对普通教育中的分组教学进行分析后发现，当班级学生的技能水平具有异质性时（这在当今的课堂上非常常见），以及学生刚开始学习学业技能时，将大班额的班级分成较小的小组开展教学十分必要。分组教学可以让学生进行更多的练习与复习，也可以对学生进行更密切的监督。后来，对有特殊学习需要的学生展开的研究发现（Elbaum, Vaughn, Hughes, Moody, & Schumm, 2000），6～8人一组的教学比其他规模的小组或一对一的教学更为有效。例如，如果一位特殊教育教师用60分钟对资源教室中的12名学生开展数学补救教学，那么平均每个学生接受5分钟的教学。如果教师能够依据学生技能水平分成两个小组进行教学，那么每个学生将接受大约 30 分钟的指导。此外，分组教学的学生比个别辅导的学生有更多的机会进行同伴互动，并有更多的机会练习与学习相关的技能，如轮流发言、倾听他人发言和为小组作出贡献等。

分组教学时，教师通常根据学生的教学需要和当前的功能水平对其分组。虽然异质（包含各种能力水平的学生）分组在某些教学效果上有一定的优势，但按不同的学习能力水平分组能让学生学到最适合其发展水平的技能，从而提高学生的成功率。应灵活运用分组形式，另外，因学生的需求可能会随着时间的推移而发生变化，分组时应始终以学生的个人需求为基础。

支架式教学

教学中的支架类似于建筑施工时使用的脚手架。开始施工时会使用大量脚手架，但随着建筑逐渐成形，会分阶段拆除脚手架，直到完工。在建筑和教学中使用脚手架的目的是一样的：让个人能够完成最初不使用脚手架就无法完成的任务。

有意识地、仔细地和临时性地搭建支架，可以帮助学生学习新的基本技能以及更复杂的技能（如学习策略、复杂的数学运算、书写较长篇幅作文的策略），在学习过程中保持较高的成功率，并系统地达到独立运用技能。支架式教学解决了许多学生（尤其是障碍学生）在学习中遇到的各方面困难，包括注意力问题、工作记忆缺陷和条理不清的知识（Swanson, 1999; Swanson & Siegel, 2001）。根据学生的需要，所需的初始支持量和撤除支持的速度会有所不同。在搭建支架时，教师通常会提供高水平的初始指导，然后随着学生回答的准确性提高，系统地减少支持。随着指导的减少，学生越来越独立地完成技能，直至他们能够彻底独立完成技能，不再提供支架。

支架式教学可以通过直接教学的几个要素来实现：

1. 将一项复杂的技能（如多步骤的策略）分成易于教授和合乎逻辑的小片段或小模块进行教学。
2. 为技能排序，使其相互促进。
3. 选择复杂程度逐步提高的示例和问题。
4. 提供示范和完整的问题模型。
5. 在学生开始练习新技能时提供线索和提示。

6.提供提示卡和检核表等辅助工具，帮助学生记住完成任务和解决问题的步骤与程序。

总之，支架式教学是确保学生在学习过程中取得成功和树立信心的有效方法，它为学生提供了所需的支持，有助于缩小学生现有能力与教学目标之间的差距（Rosenshine, 1997）。

关注不同类型的知识

学生往往需要理解不同层次的信息才能有策略地使用这些信息或知识。尽管有各种各样给知识分类的方法（e.g., Bloom, 1956; Gagne, 1985; Kame'enui & Simmons, 1990），但我们重点关注埃利斯和沃辛顿（1994）对三种知识类型的分类和描述。第一种是陈述性知识（declarative knowledge），指事实层面的知识，或某物是什么（what）。下面是一些陈述性知识的例子：

- 当被要求说出一个字母时，能准确说出。
- 当被问字母发什么音时，能说出发音。
- 当被问 6 乘以 4 是多少时，能说出 / 写出正确的答案。
- 当被问一年有哪几个月时，能按顺序说出。
- 当被问一篇文章的组成部分时，能回答"引言、正文和结论"。
- 当被问及"专注（concentrate）"一词的含义时，能准确定义并举例说明该单词的用法。

程序性知识（procedural knowledge）与如何（how）做某件事情相关，指知道如何在一个过程或策略中使用技能或步骤，如解决长除法问题的步骤。程序性知识的一些其他例子包括能够做到以下几点：

- 填写支票。
- 解决两位数乘法问题。
- 明确段落大意。
- 写一篇说服性议论文。
- 确定多音节词的发音。
- 条理清晰地记录讲座内容。

条件性知识（conditional knowledge）指知道在什么时候（when）使用及不在什么时候（when not）使用某种技能或策略。条件性知识的例子包括：

- 能够知道在什么时候使用问号结束句子。
- 知道在什么时候在减法计算中借位。
- 知道根据体裁（记叙文与说明文）使用何种阅读理解策略。
- 根据指定的主题、受众和目的撰写文章。

我们介绍和描述这些知识类型的目的，是强调教师不仅应该教授某件事情是什么，而且在适当的时候，还应该教授某件事情是如何做的以及在什么时候去做。当这三种类型的知识都有向学生传授时，他们就更有可能成为独立的、会自我调节的学习者。

如何运用 6 项原则

我们刚刚讨论完的 6 项原则与学生的成绩高度相关。在第 2、3、4 章中，我们将介绍如何体现和应用直接教学的要素和有效教学的原则。

在讨论这些要素（elements）和原则（principles）时，我们列出了一些清单。以"食谱"的方式来处理这些教学设计和实施程序清单（即完全按照"食谱"中的步骤来操作）可能更具有吸引力。然而，一定要以一种更流畅的方式对待这些程序。另外，并不是所有的教学情境都需要运用所有的要素，也不是所有的要素都会在所教的每一种技能或策略中得到同样程度的运用。正如烹饪大师所做的那样，名师也应依照对"顾客"的了解改变自己的做法。例如，根据教学内容（如复杂技能与简单技能、新内容与熟悉的内容）和教学对象（并非所有学生都需要相同程度的直接教学或支持）的不同，支架式教学所提供的支持也会不同。试图将教学行为简化为仅仅使用一套特定的步骤和顺序去应万变，就显得过于简单化了。有效教学的教师总是通过加入自己的个性、幽默、创造力和热情来补充"食谱"。然而，如果食谱中缺少关键成分，结果就可能是灾难性的。试想一下，如果一位教师在教一群学生使用一种相对复杂的新策略时，忽略了对先备技能的确认、对策略的清晰演示、支持性的初始练习以及带有纠正性反馈的多次独立练习，会出现什么样的结果？这无疑会导致灾难！

支持直接教学的证据汇编：研究综述

本节将梳理探索使用直接教学方法教授学业技能的有效性的相关研究，这些研究既有来自普通教育环境的，也有来自特殊教育课堂的。我们会介绍几篇过去 30 多年来发表的关于有效教学行为的文献综述。此外，我们还会简要总结一项在美国实施的规模最大的教育研究的结果，该研究考察了用于帮助经济困难学生的各类教育计划的有效性。我们的目的并不是要详尽回顾所有已发表的研究，而是希望简要说明长期以来从不同角度进行的研究，为使用直接教学方法教授学业内容和技能提供了强有力的支持。

普通教育领域的研究

教师效能研究

耶雷·布罗菲（Jere Brophy）和托马斯·古德（Thomas Good）撰写了《教学研究手册》（*Handbook of Research on Teaching*, Wittrock, 1986）中"教师行为与学生成绩"一章。在该章中，他们回顾了从1973年到1983年间开展的有关教师行为与学生成绩间关系的调查研究。这类研究通常被称为过程（process）（教师行为）—产品（product）（学生成绩）研究。他们所综述的研究主要在普通教育课堂上实施。研究使用了观察法、相关法或实验法，但都聚焦于教学行为与学生学业成绩之间的关系。研究人员所开展的相关研究通常先选择各种教学程序，对学生实施前测和后测，然后找出使学生成绩显著提高的教师所使用的教学程序和要素（Rosenshine, 1997）。在实验研究中，通过对教师进行培训，使其掌握在相关研究中被确认与成绩高度相关的程序的使用方法，来看他们的学生是否能在学业评估中取得更好的成绩。在大多数情况下，使用直接教学策略的教师所教班级的学生比对照组班级的学生成绩要高。

布罗菲和古德（1986）综合了数十项研究的结果，确定了一些与学生成绩高度相关的一般教学变量，包括前面讨论过的几个变量：参与时间、内容覆盖面和成功水平。另一个一致的发现是，本章所指出的教学要素（教学行为）通常可以提高学生的学习成绩。布罗菲和古德在总结有效的教师行为时指出：

第二个（主题）是，当教师先为学生构建新信息，帮助他们将新信息与已有知识联系起来，然后在讲解、训练、练习或应用活动中监督他们的表现并提供纠正性反馈时，学生的学习效率会更高。曾几何时，这些结论似乎只适用于低年级学生，或者只适用于基础技能而非高级技能。但现在看来，它们适用于任何经过充分组织和分析的知识体系或技能组合，这些知识体系或技能组合可以系统地呈现（讲解、示范），然后在活动中进行练习或应用，这些活动要求能够对学生的表现进行质量评

价，并（在不正确或不完美的情况下）提供纠正性反馈。(1986, p. 366)

其他学者（Gage & Needles, 1989; Rosenshine & Stevens, 1986）回顾了这一时期的教师效能研究，得出了大致相同的结论：有条理的、明确的和支架式的教学方法对学生的学业成绩有积极的影响。

跟进项目

作为美国规模最大的普通教育研究之一，跟进项目（Project Follow-Through）的初衷是将针对经济困难学生的学前开端项目（Head Start）推广到小学（Watkins, n.d.）。然而，由于预算削减，该项目的重点转变为找出针对这部分学生教学的有效方法/计划。这项研究在20世纪60年代和70年代间实施了多年，涉及全国数以万计的学生。

研究者们根据项目开发者提供的描述和主要教学重点对这些教学方法进行了分类，主要分为：①基本技能模式（basic-skills）；②认知-概念模式（cognitive-conceptual）；③情感-认知模式（affective-cognitive）。基本技能模式强调直接教授基本学业技能。认知-概念模式强调智力技能发展、学会学习、问题解决和其他发展方法（如皮亚杰提倡的方法）。情感-认知模式强调自尊、问题解决、自我概念，培养积极的学习态度。

根据沃特金斯（Watkins, n.d.）的研究，总体结果表明，在衡量基本学业技能的提高方面，"直接教学模式（the Direct Instruction model）对基本技能领域成绩的影响明显高于其他模式"。来自俄勒冈大学的西格弗里德·恩格尔曼（Siegfried Engelmann）和他的同事发展了直接教学（Direct Instruction）（参见亚当斯和恩格尔曼1996年有关直接教学研究的阐述和总结，该研究的内容还涉及"跟进项目"）。我们将"跟进项目"的研究成果作为对直接、明确教学理论的支撑。然而，有必要指出的是，尽管直接教学（Direct Instruction）包含了直接教学（explicit instruction）的大部分要素，并以增加任务行为、高成功率和内容覆盖面等原则为基础，但它与直接教学（explicit instruction）的区别在于它强调的是课程设计（Stein, Carnine, & Dixon, 1998）。除此之外，二者在教学程序上具有高度一致性。①

---

① 编注：因 Direct Instruction 与 explicit instruction 同译为"直接教学"，故在本段落中标明英文以示区分。本书其他未标明英文的"直接教学"均默认译自 explicit instruction。

在基本技能模式中，直接教学模式对学业技能成绩的提高影响最大，这不足为奇，但还需要注意的是，它（以及行为分析干预）对情感测试的影响最大，大多数强调情感发展的模式只具有中等或负面的影响（Watkins, n.d.）。尽管这个结论仍需进一步验证，但它支持了这样一个论点，即成功会使学生产生自我需求，而不具有负面影响。

特殊教育领域的研究

在过去的 20 年里，一些公开发表的文章综述了针对有特殊需要（主要是学习障碍）学生的各种干预研究。这里主要总结这些文献中有关直接教学的研究发现。

1989 年，克里斯滕松（Christenson）等人总结了他们对有轻度学习障碍学生的教学研究结果。他们从综合分析中梳理出了一些教学因素，这些因素强化了对系统的、明确的学业内容教学方法的需求。这些因素主要包括：① 对所学内容的明确预期；② 清晰的表述；③ 为学生回答问题提供多种机会；④ 教师积极监督这些回答；⑤ 教师频繁地给出评价和反馈。

沃恩、格斯滕和查德（Vaughn, Gersten, & Chard, 2000）总结了由联邦特殊教育计划办公室（the Office of Special Education Programs）资助的几项研究综述的结果。沃恩和她的同事们梳理了各种主题的干预研究，包括书面表达和阅读理解的教学，以及为有学习障碍的学生开展的小组实践。在写作教学方面，他们分析了 13 项研究（所有研究都得出了较大的效应值），并归纳出教授这些学生表达性写作技能的最佳实践做法。这些实践做法包括：

1. 直接教授写作过程中的关键步骤，包括示范和提示。

2. 直接开展多种体裁（如说服性议论文、比较和对比类文章）的写作规范教学。

3. 以教师或同伴对学生写作质量的反馈为指导。

在阅读理解研究方面，沃恩等人（2000）从两个元分析（Gersten et al., 1998; Mastropieri, Scruggs, Bakken & Whedon, 1996）中得出了如下结论，即阅读理解教学"应该是公开的，学生应该有多次机会在高质量的反馈下练习阅读理解的策略，然后再使用"（p. 105）。沃恩及其同事调查的最后一个领域是教学分组方式对学生成绩的影响。他们分析了埃尔鲍姆（Elbaum）及其同事的研究，该项研究的被试是有障碍的学生，在对 19 种分组方法进行元分析后，结果发现分组教学的效应值最高。

克罗斯伯根和范路易特（Kroesbergen & Van Luit, 2003）根据他们对50多项有数学障碍学生参与的研究的元分析得出，直接的教学方法比发现教学[①]等非直接的教学方法更有效。

作为一系列干预研究元分析的一部分，李·斯旺森（Lee Swanson）试图找出能够预测学习障碍学生学习成效的教学成分或因素（Swanson & Hoskyn, 1998; Swanson, 1999, 2001）。根据对180项已发表的干预研究的分析，斯旺森确定了8项教学要素，这些要素在很大程度上影响了干预的效果，而与所教授的技能（如阅读理解、写作技巧）无关。这些教学要素与前文所述类似，包括：①给技能排序；②分段（即拆分技能，再进行教学）；③提供多次练习并给出反馈；④通过控制任务难度来搭建支架；⑤使用分组教学；⑥频繁提出问题/要求回答；⑦示范；⑧要求学生做家庭作业。此外，斯旺森还发现，使用提示策略也是一个重要的教学要素。

最后，一些已发表的干预研究综述聚焦计算机辅助教学（computer-assisted instruction, CAI）项目的有效性，这些项目旨在向学习障碍学生传授学业技能，研究结果指向了类似的结论。除了评估各种CAI程序的有效性外，研究者们（Hall, Hughes & Filbert, 2000; Hughes & Maccini, 1997; Maccini, Gagnon & Hughes, 2002）还分析了有效CAI程序中的教学设计和实施特点。同样的，这些有效的教学成分包括带有详细的纠正性反馈的纠错程序、小步骤教学、清晰的演示、提示练习、使用众多的例子和非例子以及累积复习和练习。

近期政府报告：普通教育和特殊教育领域

最近由美国教育部（U.S. Department of Education）发布的三份报告也指出，直接教学是一种得到充分支持的教学方法。2008年，美国数学顾问专家组（National Mathematics Advisory Panel）的报告称，直接教学对有数学困难的学生在计算和问题解决方面的成绩显示出积极的影响。同年，美国教育科学研究所（Institute of Education Sciences）发布了一份关于提高青少年读写能力的报告（Kamil et al., 2008），报告根据各种水平（如强、中、低）的证据对教学方法进行了评估，并根据评估结

[①] 编注：发现教学（discovery learning），指学生运用教师提供的按发现的一般过程与原理编制的教材或材料进行"再发现"，以掌握知识的基本结构并发展创造性思维与发现能力的一种教学模式或教学方法。

果提出了具体建议。证据支持程度最高的两项建议是提供直接的词汇教学和提供直接、明确的理解策略教学。第二年，一份类似的报告（Gersten et al., 2009）发表，报告提出了向有困难的中小学生教授数学技能方面的建议和支持这些建议的证据。同样地，直接教学（如示范、指导练习、纠正性反馈和累积复习）的证据水平被评为很高。需要注意的是，这些报告中都指出直接教学并非唯一的有效教学方法。但是，结论仍然是明确的，对有学习障碍或无学习障碍的学生进行教学时，应始终坚持使用直接教学。

研究评论

本节无意对支持直接教学方法的研究进行详尽评述。但是，我们应该清楚，这种涉及不同研究类型和领域的系统研究确实存在，而且已经有几十年的积累。尽管已经有大量的支持性证据，但人们对这种教学形式的顾虑依然存在，如果我们不对这些问题进行讨论，那是我们的失职。

对直接教学可能存在的顾虑的回应

我们相信，直接明确的方法对所有学生学习新技能和新内容都有帮助，对学习困难或处境不利的学生也绝对必要。尽管如此，我们还是有必要谈谈对直接教学的一些批评和顾虑。一个多世纪以来，关于如何教学和学生如何学习的基本问题一直争论不休，我们不可能解决这些问题。在这里，我们先讨论一些与直接教学有关的批评意见，其中许多观点在其他文献中都有探讨（e.g., Heward, 2003）。

指导性教学与非指导性教学

撇开术语不谈，教育中最基本的问题也许就是这个："教学生的最佳方法是什么？"首先，我们认为没有最好的教学方法。教学应该以学生的需求为基础、以研究为指导，而不是以个人的理念为指导。因此，关于教学的争论主要集中在学生如何学习，以及他们需要何程度的结构化教学和支持掌握重要的技能和知识。在某种程度上，在向新手学习者（就其对所教内容的了解程度而言）或中级学习者传授新技能时，教学方法可以是依据指导和支架的多少所划分的一个连续统一体。直接教学可以放在这个连续统一体的一端，而建构主义或发现教学可以放在另一端。在直接教学中，支架包括课程的逻辑结构（如排序、划分）、对所学内容的解释，以及在学生开始学习和应用新知识时所提供的必要的支持与提示。如前所述，处于这一连续统一体另一端的方法，其特点是在学生发现或构建基础知识的过程中，教师只提供最低限度的指导和系统教学（Kirschner, Sweller, & Clark, 2006; Sweller, Kirschner, & Clark, 2007）。

基施纳（Kirschner）及其同事基于目前已知的人类认知和学习方面的信息，尤其是工作记忆和长时记忆领域的信息，探讨了新手学习者和中级学习者需要多少直接指导获取知识和技能的问题。这一领域的研究结果表明，问题解决专家会通过利用他们对某一主题的长时记忆，帮助自己获得能力和技能。他们对这一主题有深入的了解，因而可以利用相关的知识，在问题解决的过程中加以运用，因此，他们更有能力在极少指导或支持的情况下"发现"解决方案。相比之下，新手学习者或中级学习者没有类似的知识储备，因此他们学习新信息和解决问题的能力要差得多。在问题解决的过程中，工作记忆的局限性已得到充分证明，即新信息的长度、输入信息的存储时间（30秒或更短）及其容量（5—7"组块"信息）的局限性，对新手学习者产生了不利影响。因为他们无法随时访问长期记忆中发展完善且相互连接的知识库，只能试图用有限的短时记忆容量接收和处理复杂而新颖的信息。例如，如果给新手学习者一个要解决的问题，要求他研究这个问题并找出解决办法，但他又缺乏有关这个问题的广泛而联系紧密的知识基础，那么工作记忆的有限容量就会导致所谓的"认知过载"。这种过载降低了学习效率，往往会导致错误，并以学生产生挫败感告终。然而，如果借助清晰的模型或工作示例等辅助手段为初学者和中等水平的学习者提供指导，工作记忆的负荷就会大大减轻；提供的信息和指导越多，工作记忆的负荷就越轻，这种减轻使学习者能够专注于要学习的内容。另一方面，如果学习者确实有一个与该主题联系紧密的知识库，那么，考虑到在解决问题的过程中长期记忆有无限的容量，结构化和指导性较弱的方法可能会很有效。但是，有趣的是，基施纳和他的同事发现，对于具有先备知识的学生来说，高水平的指导性教学与非指导性教学同样有效。

以学生为中心的教学与以教师为中心的教学

建构主义教学法（如基于问题的学习法、发现学习法）的支持者称直接教学的方法"以教师为中心"，建构主义教学法"以学生为中心"，从而造成了一种错误的二分法。建构主义教学法的支持者（e.g., Poplin, 1988; Steffe &Gale, 1995; Stainback & Stainback, 1992）认为，学生应该通过接触信息丰富的环境自己建构和发现知识，教师的主要作用应该是引导学生在体验活动中建构知识，而不是主动地组织课程和向学生呈现内容。

我们认为，用"以教师为中心"和"以学生为中心"这两个标签来描述这两种教学方法是一种误导，是建构主义支持者努力从正面描述他们自己的方法（如"我们的方法的中心是学生"）以及从负面描述直接教学方法（如"他们的方法是教师想要做的事"）的结果。事实并非如此。其实他们明白，如果不提供必要的指导和支持，许多学生在学习上都会很吃力。我们认为，适当使用直接教学的要素的确是"以学生为中心"，因为它结合了我们对学生如何学习新知识以及他们成功所需技能的认识。此外，从本书其余章节对直接教学要素的应用说明中，会发现所有的教学决策都完全基于学生的需求和表现，而不是死板地遵循"以教师为中心"的原则。

非情境化教学与情境化教学

如前所述，直接教学的一个要素是教授具体的、分散的技能和子技能。与这一要素相关的顾虑是，教授分散的技能会把教育"拆散"了，也就是"还原论"方法（即直接教授技能）忽视了儿童学习过程的整体性，如阅读能力大于其各独立部分技能（如音位意识、解码等阅读子技能）的总和（Heward, 2003）。围绕这个问题，我们首先注意到，除了支持直接教学有效性的研究之外，美国国家阅读小组（National Reading Panel, 2000）报告的结果表明，教授音位意识和语音（仅举几种子技能为例）确实对学生的整体阅读能力（能够准确流畅地阅读印刷体文章并表现出理解能力）有积极的影响。其次，我们认为，如果不尽可能地将这些技能或子技能与整体技能联系起来，那么教授分散的、具体的技能确实存在这种潜在的缺陷。例如，孤立地教授标点符号标注技能或造句策略，而不给学生提供在写作过程中使用这些技能的机会，很可能会导致所谓的"分裂技能"现象（即学生无法归纳总结他们所学的知识）。

因此，尽管我们承认孤立技能的教学有可能导致学生无法将这些技能总结或归纳为一套整体技能，但我们相信，如果能确保学生理解各个部分（即技能）如何相互配合，并通过情境练习和扩展教学将各个部分整合在一起，就可以避免这种情况的发生。这有助于学生在较少指导和较多探索的活动中拓宽对技能的理解和应用。

反复练习与死记硬背

正如本章多次提到的，在学生学习新技能的过程中，为他们提供大量的练习机会，是直接教学的一个关键要素，也是教导有学习困难的学生的一个重要要素（Swanson & Sachse-Lee, 2000）。由于反复练习是学习不可或缺的一部分，我们在本书中用了整整一章的篇幅介绍提供有效练习的指导原则。尽管我们相信，恰当的练习对于学生将有用的知识、规则、概念和策略牢记于心以便流畅地（即准确、流畅、不假思索地）使用它们至关重要，但一些教育工作者（e.g., Kohn, 1998）对把反复练习作为学习方法表示担忧。这些担忧包括：练习（课堂作业和家庭作业）会削弱创造力；将技能和知识牢记于心的练习很容易被说成是在死记硬背。这种争论的部分原因似乎是基于这样一种假设，即反复练习技能会使思维迟钝，不会产生高阶思维或创造力。相反，应该让学生自己去解决那些有趣的问题，从而构建自己的知识。通过这样的活动，教育者们相信学生对知识的应用也会变得更加流利和自动化。

尽管我们同意休厄德（Heward, 2003）的观点，即常规练习可能"以毫无意义、浪费时间和使儿童感到沮丧的方式进行"（p.191），但我们并没有发现支持这一结论的研究依据。相反，如果使用得当，常规练习是一种极为有力的工具，它不仅能帮助学生流畅地学习和掌握基本技能与知识，而且在学生尝试高阶策略时也能产生积极的效果。正如休厄德所指出的，在阅读或数学中运用基本技能，无须停下来思考，这种能力能让学生将更多的注意力用于解决更复杂的任务。例如，如果学生不能流利地掌握数学知识，他们解决复杂数学问题的能力就会受到阻碍：他们必须使用工作记忆来记忆基本的数学知识，无法把更多的注意力集中在问题解决方面。同样，研究也揭示了流畅地阅读文章（通过反复练习学习单词）与理解所读内容之间的正相关关系（Chard, Vaughn, & Tyler, 2002; Kubina & Hughes, 2008）。如此看来"drill and kill（死记硬背）"更适合表述为"drill and skill"或者"drill and thrill"。

本章小结和案例研究

本章旨在：① 明确教学的定义；② 描述 16 个要素，在这些要素的共同作用之下教学变得有条理、清晰，能满足学生的学习需求；③ 探讨与成绩相关的基本原则，如优化学习时间，提高成功水平和扩大内容覆盖面的重要性；④ 总结数十年来支持使用这些要素对包括学习困难学生在内的各类学生进行教学的研究,并得出结论,即许多学生需要接受直接教学才能学习和应用技能。

在本章末尾,将讲述戴维森老师的故事——一个老师如何利用直接教学要素和原则最大限度地提高学生的成绩。

戴维森老师教授数学,他的 25 名七年级学生中有 3 名学生有特殊教育需求。本学期开学前,戴维森老师研究了学区采用的数学教科书,从中确定了需要重点教授的技能以及需要删除或无须重点关注的技能。他还研究了每种技能、策略或概念的先备技能。此外,戴维森老师还确定了一些需要分解出更小的步骤的策略,确保帮助学生取得成功。

由于时间紧迫,戴维森老师决定在日常课程中使用如下计划。为了强化该计划的使用,戴维森老师设计了一份与之相对应的课程表,并在教室中张贴了该计划的海报。

1. 让学生完成五个复习题目,作为热身活动。
2. 复习要教授的技能/策略的先备技能。
3. 明确当天课程的目标和意义。
4. 示范新技能/策略。
5. 指导练习新技能/策略。
6. 引入技能/策略的独立练习。
7. 根据需要为学习困难学生提供小组教学。
8. 最后,复习重点技能并布置家庭作业。

戴维森老师的讲解清晰明了,节奏明快,监督持续不断,反馈积极,纠错及时。在整堂课中,他不断激发学生给出反应:学生回答问题,与同伴分享答案,在白板和纸上解决问题,并画图说明概念和策略。当学生写下答案或与同伴分享时,戴维森老师在教室里走动,检查答案,倾听解释,与学生建立连接。学生和老师都面带微笑。最重要的是,课堂上不仅仅是老师在教,学生也在学。

在接下来的章节中,我们将讨论如何将直接教学的要素和原则应用于学科教学的设计和实施上。正如你们所看到的,利用这 16 个要素可以确保学习原则得以贯彻。例如,含有指导练习的精心设计的教学,可以提高学生的成功率;教师的教学进度快的话,可以涵盖更多内容;激发学生给出更多的反应,可以提高学生的参与度。

第 2 章　设计教学：技能和策略

各个年级的教师都会培养学生这些方面的技能：书写信件、朗读单词、写出一个连贯的段落、在日历上记录作业、解一个代数方程、完成一项科学实验、写一篇说服性议论文、阅读并理解文本、解释图表数据等。"技能"（skills）一词经常被用作能够做好某件事的总称，无论是写一封信这样简单的技能，还是写一篇文章那样复杂的技能。而"策略"（strategies）则嵌置于广泛的技能领域中，它是解决问题或完成任务的系统计划、方法，含有一系列的步骤。例如在教学中，教师会教授学生完成除法题的一系列步骤（除法、乘法、减法、比较、下移），或者纠正学生的阅读理解步骤（重读、回看、继续往下读、用自己的话复述）。策略为学生提供解决问题或执行任务的计划，另外，有些策略还提供让学生评估自己表现或结果的方法。本章的重点是告诉教师如何直接教授学生解决任务的技能或策略。

此外，我们还将论述直接教学课程原型的整体性结构及其组成部分，以及如何应用于技能和策略的教学当中。如第 1 章所述，教学设计中涉及许多与学生成就相关的教学元素和原则。尽管使用的术语不同，但这里呈现的直接教学课程的组成内容与许多学者提出的内容相似（Carnine, Silbert, Kam'enui, & Tarver, 2009; Engelmann & Carnin, 1982; Hunter, 1982; Rosenshine, 1995/1997; Slavin, 2008）。典型的直接教学课程在逻辑上分为三个部分：开篇、主体和结尾。课程的开篇通常包括几项活动，帮助明确教学的目的，确保学生具备学习新技能或新内容的先备技能和知识。课程的主体部分是新技能的教学，课程的结尾部分则是复习和预告下节课的教学内容。尽管这里介绍的课程结构看似有一个固定的教学设计过程，但可以根据教学内容的性质和学生的需求进行调整。我们并不建议把它当成唯一的教学形式。虽然以班级或小组形式进行的直接教学应作为学校的主要教学方式，但也需要留出充足的时间安排精心设计的小组合作和同伴合作的活动、项目（project）[①]及成果展示等。

直接教学课程的开篇

吸引学生注意

上课之前要吸引学生的注意力是一件众所周知的事情，但我们发现，在许多课程开始时，学生仍在交谈、翻阅资料或做一些学习以外的事情。如果教师在学生注意力不集中的时候开始上课，学生就可能会漏掉一些学习上的关键信息。这样既浪费教学时间，也可能导致学生学业上的失误。

虽然吸引学生注意力的方法有很多种，但最好选择同一种方式并持续使用。这种"仪式化"能够让学生清楚地知道他们应该做什么，消除学生对教师期望行为的困惑，节省宝贵的教学时间。说一句简单的话，如"同学们，我们现在要上数学课了"，实际上是在告诉学生，他们需要收起与数学课无关的东西，拿出要用到的数学学习材料，集中精力听教师讲课。起初可能教师需要花时间教学生学习建立开始上课的常规，但学生很快就会对"吸引他们注意力的刺激"做出越来越迅速的反应。与其在课堂上通过说什么或做什么去吸引学生的注意，不如在上课前就引起学生的注意力，这更为重要。

课程开始时吸引学生的注意力固然重要，但同样重要的是，在整堂课中每当学生将注意力暂时从你身上移开时，你都需要重复这一过程。例如，在学生完成一道数学题后，你可以用这样的提示重新吸引他们的注意力："大家抬头，我们一起看下解题步骤。"换言之，教师有必要在整堂课上都保持学生的注意力集中。

阐明教学目标

在吸引学生的注意后，要向他们介绍本节课的目标，让学生清晰地知道他们将要学习什么。目标的阐述可以十分简短，如"今天你们将要学习如何书写小写字母 r"。目标的阐述亦可稍微长一些，引入近期学习的相关内容，如"我们一直在练习写完整的句子，今天，你们将学习如何写一个段落。段落指的是一组相关联的句子。"这些

[①] 编注：可理解为一种项目式的学习方式。在项目中，学生需完成一定的任务，取得一定的成果。

阐述明确说明了本节课的内容，有助于学生（以及教师）专注于即将学习的内容。

讨论目标技能的重要性

如果你已经当了很长时间的教师，那么肯定很熟悉这句话："为什么我们要学习这个内容？"这无疑是一个有效的提问。讨论目标技能的重要性，有利于增强学生的学习动机，提高他们在掌握目标技能后使用这项技能的概率。除了明确学习的意义（why）外，还可以讨论他们可以在何时（when）何地（where）使用这项新技能，如下文例子所示：

我们之前一直在学习如何报出整点时间。今天你们将学习以 5 分钟为节点报出时间。这是非常重要的技能，因为不是所有事情都会在整点发生。例如，我们的阅读课是 10:35 开始，午餐时间是 12:15，体育课 2:10 开始。告诉你的同伴，我们在什么时候或情境下需要把时间精确到 5 分钟，而不是整点。（教师在教室里走动，听学生讲到的例子，然后请一些学生分享他们的例子。）

在讨论重要性时，需要注意如下方面：首先，虽然理想状态是由学生想出使用目标技能的重要性、使用时机，但由于他们并不熟悉目标技能，通常是无法做到这一点的。这种情况下，教师必须直接阐述目标技能的重要性。例如，正在学习书写完整句子的学生可能不知道这项技能为何很重要。其次，如果当前课程的内容与之前教授过的内容相似，那么也无须反复强调其重要性。例如，当天的课程是教授书写字母表中的某些字母，而学生以前也上过书写其他字母的课程，那么字迹清晰的重要性可能已经讨论过好几次了，不需要再重复。再次，在讨论技能的重要性时，应尽可能地将应用该技能的大背景包含其中。例如，当你在教授一个特定的标点符号规则时，重要性的讨论可以包括为什么要学习这一特定规则，同时简要阐述为什么在写作时需要正确运用标点符号。最后，就像直接教学的所有方面体现的一样，这种讨论必须让学生参与进来，而不只是单向教授。即便教师已经阐述了这项技能的重要性，也可以让学生将其向同伴复述，一起参与进来。

复习关键的先备技能

通常情况下，学生在学习新技能之前需要掌握先备知识或技能。了解学生是否具备这些先备技能对教学至关重要。如果在未核实学生是否掌握先备技能的情况下开始教学，你可能会发现学生无法学会新内容，就会浪费时间并造成错误。换言之，学习内容的覆盖面和成功率都会减小。

教学设计过程中的第一步是确定在课程开始时需要复习的先备技能。通常技能具有累积性，因此确定先备技能的过程就是确定近期所教授的技能的过程。例如，如果你要在某节课教授需进位的两位数加法，那么确定学生是否能够解决不进位的两位数加法问题十分重要。此外，还需确定学生是否理解位值，尤其是如果最近没有教授过这一含义的话。先备技能的其他示例如表 2.1 所示。

表 2.1 先备技能示例

教授的技能	可能需要复习的技能
1. 精确到四分之一英寸	1. 精确到半英寸
2. 读以辅音-元音-辅音-e（CVCe）组成的单词（如 cave、make、like、mole）	2. 读以辅音-元音-辅音（CVC）组成的单词（如 can、top、pin）
3. 在句子中正确使用问号	3. 在句子中正确使用句号
4. 阐述文章的中心思想	4. 在段落中找到主旨句
5. 解决两位数除法问题	5. 解决一位数除法问题
6. 以 5 分钟为单位报出时间（如 3:15、8:45、2:05、10:50）	6. 以 5 为单位计数；认识时针和分针；指出指针的转动方向；报出整点时间
7. 计算长方形的周长	7. 周长、长方形和边的概念；加法运算
8. 在"起始"句子①中添加形容词来合并句子。	8. 形容词和名词的概念；名词前冠词 a 或 an 的用法

一旦确认了先备技能，就一定要在课程开始时复习。做好复习的关键原则在于确认所有学生都掌握了先备技能。区分复习和重复教学也很重要。复习通常是给予学生一项需要使用先备技能的任务，判断他们是否能正确完成任务。复习与下面这些做法是有所区别的：

1. 重复教学。只有在必要时才会开展重复教学。重复教学需要时间，如非必要，这样做会浪费宝贵的教学时间。

2. 询问学生是否记得如何展示这项技能。大多数学生会点头，但这并不能证明他们真的能做到。

---

① 编注：在本书中指未经合并的句子。

3. 让一两个学生到黑板前解决问题。同样，复习的目的是核实是否所有学生都具备先备技能。

对先备技能的复习应该简单明了。如前所述，给班级中的所有学生布置一个需要使用先备技能的任务，然后评估每个学生是否能完成。以表2.1中的示例为例，你可以让学生计算不进位的两位数问题；可以给他们一个段落，让其划出主旨句；还可以准备一些CVC式单词让学生齐读。典型的复习可以这样进行：

> 在我们学习进位加法问题之前，让我们先来看看不进位的两位数和三位数的加法。请在纸上解答这些问题。答完后，放下铅笔，我们稍后再检查。

如果之前给学生布置了一项有关先备技能的家庭作业，一种快速复习的方法就是在课程开始时检查家庭作业。这种方法一举两得：它既核实了学生对先备技能的掌握情况，也及时评估和反馈了学生的家庭作业情况。虽然我们前面是按照特定顺序概述课程的开篇部分的，但你会发现，许多课程往往会在介绍教学目标之前先复习先备技能，尤其是当这些技能包含在家庭作业中时。

应用2.1中提供了一个相当详细的课程开篇示例。然而，根据目标技能和学生需求的不同，课程开篇的内容和教学时长也会有所不同。有些课程开篇不需要像这篇示例那样长或详细，有些课程开篇则可能包括额外的信息，例如那节课所需的词汇教学或学生在那节课中将参与的任务预览（Hughes, Maccini, & Gagnon, 2003; Lenz, Alley, & Schumacker, 1987; Lovitt, 2000）。

【应用2.1】

示例：一节直接教学课程的开篇

说明：仔细分析这节课的开篇部分，写下你认同的好的做法。完成后，将你的好做法清单与我们的观察结果进行比较（参见本书应用练习反馈部分）。

背景信息

授课对象：六年级学生。
教学基础：在过去的一周里，学生已经理解了主旨句和细节句的概念，此外，他们还写了解释性段落。
教授技能：写顺序性段落。
教学目标：学生将学习组织段落的顺序性。
长远目标：学生能够写出不同类型的段落。
先备技能：学生能够找出主旨句并连接段落中的细节句；了解顺序以及顺序性的含义。

课程开篇

吸引学生注意。我们开始上课吧。(教师停顿。)

阐明教学目标。我们一直在学习如何写好连贯的段落。接下来的几周,你们将从顺序性段落开始,学习写不同类型的段落。顺序性段落就是按顺序叙述事件。

复习关键的先备技能。让我们回顾一下什么是段落。我们通常用什么开始一段话?<u>主旨句</u>。① 现在告诉你的同伴主旨句中包含的两个部分。(教师在教室里走动,倾听回答,然后提问一位学生。)杰森,一个主旨句包含哪两个部分?<u>一个主题以及你对这个主题的论述</u>。太棒了!现在大家读黑板上的主旨句。<u>在大城市里长大有一些优势</u>。主题是什么?<u>在大城市里长大</u>。关于在大城市里长大,作者打算论述什么?<u>优势</u>。

主旨句后面通常是什么类型的句子?<u>细节句</u>。现在你们想一个可能在这个主旨句后面出现的细节句。(教师停顿。)然后与你的同伴分享你的细节句。(教师观察并倾听学生举出的细节句,必要时进行指导。)看这里,玛丽亚,你的细节句是什么?<u>城市居民可以观看戏剧、音乐表演和体育赛事</u>。好极了!你的细节句阐明了在城市长大的优势。贾里德,告诉我你的细节句。<u>生活在城市里的孩子有机会结识不同背景的人</u>。是的,那是生活在城市的一个优势。

今天,你们将学习如何写一个顺序性段落。(教师在黑板上书写"顺序性段落"。)请在你们的笔记最上方写下"顺序性段落"。我们在阅读课上学过了"顺序"这个词。现在请告诉你的同伴它的含义。(教师监督。)大家往这儿看。马丁,请代表你和你的同伴回答。<u>"顺序"是指按序列、按顺序</u>。很好,顺序的意思是按序列。在一个顺序性段落中,几个事件按顺序呈现。顺序性段落告诉我们首先发生什么,然后发生什么,接着发生什么,最后发生什么,等等。

讨论目标技能的重要性。很多时候我们会需要写一个顺序性段落。例如,如果你想讲述在度假时做了什么,那么你可以写一篇_____。(教师发出集体回答的信号)<u>顺序性段落</u>!是的,你可以讲述先发生了什么,然后、接着,等等。如果你讲述的是一个发生在过去的事件,你也可以写一篇_____。(教师发出集体回答的信号)<u>顺序性段落</u>!想想还有什么时候你可能会写一个顺序性段落呢?(停顿)请和你的同伴说一说,哪些时候你可能会写顺序性段落。(教师在教室里走动,倾听学生的回答,并按需进行指导。)艾琳,你什么时候会写顺序性段落?<u>在写一个故事的时候</u>。是的,在故事中是按照顺序陈述事件的。杰罗姆,你什么时候会写一个顺序性段落?<u>当你指导某人做某件事的时候,你必须告诉他先做什么,然后做什么,直到他完成为止</u>。我同意,我们可以写一个顺序性段落来进行说明。弗兰,你和你的同伴有其他想法吗?请分享一下。<u>如果你在写科学实验的步骤,你会按顺序讲述步骤</u>。这又是一个极好的例子!

因此,我们有很多时候都需要写顺序性段落。今天,我们先来看看写得好的顺序性段落的例子。我们还会分析一些写得不好的顺序性段落,看如何加以改进。

总之,课程开篇要让学生对学什么、如何学以及为什么学有一个清晰的核心认识。此外,在课程开篇还需要检验学生是否做好了学习新内容的准备(即具备必要

---

① 编注:下有波浪线的句子为学生的回应。全书同。

的知识和技能）。接下来，就可以开始新技能或新内容的教学了。

直接教学课程的主体

课程的主体是对新技能或新内容进行教学。因此，依据教授内容的不同有很大变化。然而，在教授技能或策略时，课程主体一般包括三个过程：①示范或演示技能，通常称为"我做（I do it）"，即教师向学生演示技能；②提供提示或指导练习，通常称为"我们做（We do it）"，即教师指导学生完成技能；③提供自主练习，通常称为"你做（You do it）"，即学生在没有教师帮助的情况下完成技能。这三个过程清楚地展示了对学生的期望，让学生在提高成功率和信心的基础上练习技能，并在教师布置课堂作业或家庭作业之前，让其有机会证明自己能够独立完成技能，并达到较高的成功率。

示范（我做）

演示是一种强大的教学方法。如果你所教授的技能包含要遵循的步骤和动作，那么开展教学的最佳方式，就是向学生展示他们应该做什么。演示由两个部分组成：演示（demonstrating）技能和描述（describing）动作（即当下的行动和决定）。动作的描述通常被称为"出声思考"（think-aloud）。出声思考能够让学生在解决问题或完成任务时进行自我提问、自我指导和自我决策。除了有演示和描述，一个好的示范必须：①清晰、一致、简洁；②根据技能的复杂性设定演示环节的次数；③有学生参与。接下来我们分析有效示范涉及的每个变量。

清晰、一致、简洁

出声思考有助于学生内化并记住新技能所涉及的步骤和决策，所以它应该只包括解决问题或完成任务的关键步骤。同时为了保证出声思考的有效性，你的描述应该清晰明了，措辞应该简明扼要、前后一致。

下面是一项简单技能的描述，这项技能是书写字母表中的一个字母，我们用这个错误示例来说明它是如何违反了有效示范的原则的：

同学们，看我示范如何清晰书写小写字母 h。首先我把铅笔放在实线上面，然后我画一条直线，笔直向下，到达底部的实线上。然后我把铅笔放在我刚刚画的线上，就在虚线的正下方。然后我画一个拱门，直到它碰到虚线，然后继续向下弯曲到底部这条线上。看着，我再做一遍。我从最上面的线开始，画一条垂直线到实线。然后我把铅笔放在线上，画一条曲线到中间这条线，然后往下走。

虽然在教学知识点上，这位教师对书写字母 h 的演示是准确的，但描述过于拗口。记住，教师都希望学生在最初写字母时使用这些口语（当然，在学生掌握技能以后就不需要使用发出声音的方式）。对于这种类型的基本技能，有效的出声思考最好只包括对关键动作的简短描述。出声思考越简洁，学生就越有可能记住步骤和过程。此外，在上述示范中，教师前后使用了不同的词语描述相同的步骤，这也会降低清晰度。第一次使用的是"笔直向下，到达底部的实线上"，第二次则是说"画一条垂直线"；"弯曲"和"拱形"两个词交替使用；"中间这条线"和"虚线"也是如此。其实只要学生的口语词汇中有这个词，短语或单词并不一定哪个更好，重点是选择最适合学生的措辞并重复使用。下面是一个较好的范例，它使用了简短、一致的语言，并强调关键动作：

同学们，注意看我书写小写字母 h，并认真听。从顶部开始写，向下写到底线，向上弯曲到中线，然后向下写到底线。再看一遍。从顶部开始，向下到底线，向上弯曲到中线，然后向下到底线。

这个范例中的做法就比前面非例子中的做法更简洁、一致，学生也更容易记住。虽然教师前后使用了相同的关键词，但第二次示范比第一次简短。对于某些技能，在第一、第二次示范之后，只要关键动作单词还在，出声思考就可进一步简化。因此，如果需要进行第三次演示，教师可以说"向下、曲线向上再向下"，这样更容易记住！

提供多次示范

除非新技能非常简单或与之前学习的技能相似，否则通常需要多次示范。示范次数取决于目标技能的复杂程度、学生学习新技能的难易程度、学生在学科领域的背景知识，以及（在某种程度上）示范所需的时间。但是，演示不应过度。学习困难学生的教师通常会反复示范。但遗憾的是，教师越来越熟练地掌握了这项技能，学生却并非如此。所以一旦学生表现出熟练迹象，教师就应该开始指导练习。

学生参与示范过程

第一次示范技能或策略之后，后续的示范可以通过向学生提问的方式让其参与进来，学生依据在第一次示范中习得的知识或之前掌握的背景知识来回答。例如，示范完如何计算不进位的两位数加法问题后，教师可能会说：

现在请你们帮我做一道题。（教师在黑板上写竖式42+33。）我应该先加哪一列？个位。2加3是多少？5。（教师在个位上写5。）接下来我要加哪一列？十位。4加3是多少？7。（教师在十位上写7。）42加33是多少？75。

需要注意的是，教师仍然是示范这项技能的人。同时，学生是在回答有关教学内容的问题，而非操作新的技能。

这些问题以及倾听学生回答而得出的信息体现出三个关键的教学功能：①让学生积极参与课堂；②让学生练习关键内容；③检验学生的理解情况。许多学生很难长时间被动听讲，所以让学生参与进来是当务之急。在教师演示过程中请学生提供"帮助"可以提高学生的专注力和对关键内容的练习。

以这种方式让学生参与课堂，也能为教师提供课堂上的重要信息。如果学生正确回答了问题，说明他们对解决问题、完成任务或使用技能的关键步骤有了初步的了解，你就可以继续推进教学。如果学生回答得不正确，你也能知道学生是在哪些步骤或过程有困难，进而在后续课程之前解决这些问题。

通常在对技能或策略进行一到三次示范操作后，你可以通过提问的方式让学生参与到示范中。当然，如果学生已经掌握新技能中的子技能，你也可以更早地让学生参与进来，减少观看和聆听示范的时间。现在让我们回到两位数进位加法的例子。教师让学生参与第一次示范，如下文所示：

朝我这里看，我将向你们展示解决两位数进位加法问题的步骤。现在我想让你们运用学过的知识帮助我。（教师在黑板上写竖式46+27。）读这道题。46加27。我们先加哪一列？（教师要求集体回答。）个位。在大脑里加一下。（停顿。）大家告诉我和是多少？13。正确，是13。

当一列的总和大于9时，需要进位。进位时，我们在个位列写一位数字3，然后把十位数字1加到十位数列，并计算这一列。现在我们已经计算了个位数列，那么接下来要加哪一列呢？十位。在大脑里用1加4加2。（停顿。）大家告诉我和。7。正确。（教师在十位数列中写7。）大家读一下问题和答案。46加27等于73。

这个范例中，教师让学生参与第一次演示，就学生已经熟练掌握的技能提出问题。对于新内容则是进行演示而不提问。对新内容演示一两次后，教师可以就新内容开展提问。例如：

- 如果和大于 9，需要做什么？<u>进位</u>。
- 一列之和为 13，我在"个位"数列写几？ <u>3</u>。
- 我把一个十拿到了哪里？<u>十位数列</u>。

几次示范之后，当学生能准确回答问题时，就可以让学生练习这项技能了。下一节指导练习部分会明确指出，这种练习不是把作业单或任务分配给学生，要求其自己练习，而是教师会继续和学生一起练习。

提示或指导练习（我们做）

直接教学课程中开展初始练习活动的目的是为学生提供成功且自信地使用技能的机会。由于高水平的成功与学习速度的提高有关，学生在开始练习新技能或较难的技能时，通常需要教师提供支持。随着学生展示出成功表现时，这些支持或支架将逐渐撤除。初始支持的程度和撤除的速度取决于学生的表现（即成功水平）。

通常，指导练习是在提示下进行的。这些提示可以看作是在练习新技能时，对于要做什么的指示（directions）、线索（clues）、暗示（cues）或提醒（reminders）。提示有很多形式，其中最高级别的是身体提示。身体提示通常适合发育严重迟缓的学生，或用于教授纯动作型任务（如系鞋带或扣扣子）。例如，在向一个有明显学习和运动障碍的学生演示如何写字母 h 后，教师可以把自己的手放在学生握笔的手上，引导学生说："向下，向上弯曲，向下。"帮助学生写出 h。类似地，教练教授挥击棒球的技能时，可能会握住年轻球员手里的球棒，引导球员击球，同时说："眼睛盯着球，向后，向前，击中球。"

大多数情况下，口头提示被用于教授学业技能。教师在学生练习新技能时给予的口头提示包括：明确的指令（告诉他们要做什么）、问题（问他们要做什么）或提醒（提醒他们要做什么）。为了阐明口头提示的作用，让我们回到之前的例子——教授学生不进位加法的问题。在演示一些题目之后，教师可以通过提问引导学生按照策略步骤解决问题。请注意，尽管教师提供了循序渐进的提示，但学生仍然是实践技能的主体。

（教师在黑板上列竖式写下问题：34+21。）在你们的纸上写下这个问题。确保将十位和个位数字排列整齐。(教师在教室走动，检查数字是否对齐。)我们先加哪一列？个位。4 加 1 得多少？5。在个位列上写下 5。(教师停顿。)我们接下来加哪一列？十位。3 加 2 得多少？5。在十位列上写下 5。(教师停顿。)34 加 21 等于多少？55。

在做提示时，口头提示的措辞应与演示过程中使用的措辞相一致，以避免混淆。同样，在指导学生进行更多练习时，措辞也需要保持一致，因为你正在强化希望学生内化的认知常规。

视觉提示以书面形式呈现（例如海报、黑板、电子白板或个别提示卡），具有与口头提示相同的功能：提高学生在练习新技能时的成功率。常见的视觉提示主要指呈现出各种程序或步骤的海报，包括科学实验步骤、写作步骤（如选择主题、头脑风暴、列提纲、写作、校订、分享）或监测理解情况的步骤（如重读、回看、继续阅读、用自己的话叙述）等。

视觉提示可以用于技能策略的初始示范，也可用于指导学生练习策略，还可用于后续的策略步骤提醒。在应用 2.2 中，请注意教师是如何在示范和指导练习时使用视觉提示（策略图）的。此外，请注意在这节课的示范和指导练习环节中，教师是如何使用相似的措辞顺利推进教学的。

【应用 2.2】

分析：课程开篇、示范、提示和指导练习

说明：仔细分析这节课的示范和指导练习环节，思考以下问题。
1. 课程开篇中有哪些好的做法？
2. 示范过程中有哪些好的做法？
3. 指导练习过程中，教师是如何提示学生的？

然后将你的思考与参考答案进行比较（参见本书应用练习反馈部分）。

背景信息

授课对象：补充阅读课的七年级学生。

教学基础：在之前的课程中，学生学习了如何利用问题中的措辞来形成一部分答案的技巧。前一天，他们阅读了一篇关于甘地（Gandhi）的文章。

教授技能：学习一种回答书面简答题的理解策略。该策略包括以下步骤。
1. 阅读问题。
2. 将问题转化为答案的一部分，并写下来。
3. 想出答案或在文章中找到答案。

4. 补充完整答案。
5. 重新阅读答案。自我提问：它是否合理？问题的所有部分都得到回答了吗？

教学目标：学习在所有课程中回答书面问题的策略。
长远目标：通过有效的阅读理解/学习技能策略，改善学生学业表现，实现高效阅读。
先备技能：能准确阅读文章并将问题转化为一部分答案。

注：引自 Archer, Gleason & Vachon（2005）。Copyright 2005 by Sopris West Educational Services. 经许可改编。

课程开篇

吸引学生注意。我们开始上课吧。

阐明教学目标。今天你们将学习一种回答书面问题的策略。这种策略采用了将问题转化为答案的一部分的技巧，这是我们在之前的课程中重点讲解的。

讨论目标技能的重要性。很多时候，你们需要书面回答问题。回答时通常需要写完整的句子或段落。例如，在我们的阅读项目中，每读完一篇文章后，你需要写出阅读理解问题的答案。当你在校外回答与工作申请相关的问题时也可以使用这一策略。现在请你列举需要回答书面问题的课程或场合。（教师观察，学生记录想法，教师将学生名字和对应的想法打在幻灯片上。）现在与你的同伴分享你的想法。如果你的同伴提出了你没想到的好想法，把这些想法加到你的清单中。（教师观察并继续将学生增加的想法打到幻灯片上。）

来一起看看同学们的想法。（教师和学生一起朗读想法：科学课、社会研究课、英语课、健康课、州测验、夏令营戏剧营申请、童子军徽章文件记录。）是的，这些都是你可以使用这一策略做出书面回答的场合。

复习关键的先备技能。在我们学习这个策略之前，让我们回顾一下如何把问题转化为答案的一部分。（教师在屏幕上展示问题："甘地接受的法律教育对他后续的活动至关重要，原因是什么？"）请将问题转化为一部分答案，写在你的纸上。（教师观察。）现在与你的同伴分享你的这部分答案。（教师观察。）克洛艾，请读出你的这部分答案。<u>甘地接受的法律教育在许多方面对他后续的活动至关重要</u>。很棒的答案，你在这部分答案中使用了问题中的词语，而且，你清楚地理解了问题的要求。阿登，请读出你的答案。<u>甘地接受的法律教育对他后来的活动至关重要，理由如下</u>。你的答案也非常出色。

课程主体

介绍策略。让我们学习一下回答书面问题的策略。（教师指向策略图。）大家读一下第一步。<u>仔细阅读问题</u>。是的，首先你要仔细阅读问题。读一下第二步。<u>将问题转化为答案的一部分并写下来</u>。这是我们一直在练习的技能：使用问题中的词语编写答案。读一下第三步。<u>思考答案或在文章中找答案</u>。有时你可能已经知道答案，但通常你需要回顾文章或章节来找到答案或找更多例子来解释你的答案。读一下第四步。<u>把答案补充完整</u>。现在你可以完成你的答案了。读一下第五步。<u>重新读一遍答案</u>。向自己提问：答案合理吗？问题里的所有部分都回答了吗？当然，完成后你也应该重读一遍，确保答案合理且完整。

示范（我做）。现在该我示范这个策略的使用了。读一下第一步。<u>阅读题目</u>。（教师展示问题。）和我一起读这个问题。<u>当甘地在南非生活时，他有哪些非暴力不合作的行动？</u>读一下第二步。将问题转化为答案的一部分并写下来。这是我的这部分答案。（教师展示这一部分答案。）和我一起读它。当甘地在南非生活时，他进行了几次非暴力不合作行动。注意我在答案中使用了问题中的词语。读一下第三步。思考答案或在文章中寻找答案。我将重读一下文章。（教师看文章。）这里有一个例子：甘地在火车上拒绝坐三等座位，最后被扔下了火车。下一个部分里，文章讲述了甘地不顾被打，仍拒绝从驿站马车上下来的故事。现在我有了答案的思路。读第四步。补充完整答案。（教师展示完整答案。）读一下我的完整答案。在南非生活期间，甘地进行了几次非暴力不合作行动。在其中一次事件中，甘地购买了一张头等车票，但被告知要挪到三等座位，他拒绝了。读一下最后一步。重新读一遍答案。向自己提问：答案是否合理？是否回答了所有的问题？再读一下我的答案。在南非生活时，甘地进行了几次非暴力不合作行动。在其中一次事件中，甘地购买了一张头等车票，但被告知要挪到三等座位，他拒绝了。当我重新阅读我的答案时，我发现它读不通且不完整。答案暗示了甘地进行了几次非暴力不合作，但我只提供了一个例子。这是我更改后的答案，请读一下。在南非生活时，甘地进行了几次非暴力不合作行动。在其中一次事件中，甘地购买了一张头等车票，但被告知要挪到三等座位，他拒绝了。另外有一次，甘地即使被殴打，也拒绝坐在脏乱的车厢踏板上。这两种情况下，他都没有用暴力回应，没有争斗、喊叫或辱骂司机。现在答案是完整的。

指导练习（我们做）。告诉他们怎么做。（教师和学生一起读屏幕上的问题："为什么甘地能够在英国、南非和印度从事法律工作？"）让我们一起使用这个策略。和我一起读问题。（教师和学生一起读题。）为什么甘地能够在英国、南非和印度从事法律工作？将问题转化为答案的一部分并写下来。（教师在教室里走动并提供指导。）向你的同伴读出你的这部分答案。（教师监督。）马尔科姆，读一下你的这部分答案。甘地能够在英国、南非和印度从事法律工作是因为……很棒，你在答案中使用了问题中的措辞。现在思考答案或回顾文章，暂时不要去写东西。（教师监督。）每组两名同学，互相告诉对方答案，1号同学先说，2号同学再说。从你这部分的答案开始。（教师监督。）达尔莎，告诉我们你的答案。甘地能够在英国、南非和印度从事法律工作是因为这三个国家都是大英帝国的一部分。这些国家都受到同一法律的约束。很棒。现在每个人都补充完整你们的答案。（教师监督。）重新阅读答案，问自己答案是否合理、是否回答了所有问题。如果答案读不通或没有答完问题，就进行修改。（教师监督并反馈。）每组的两名同学轮流告诉对方答案。同学们，请仔细听，确保答案通顺并且完整。（教师监督。）

指导练习（我们做）。询问他们怎么做。（教师在屏幕上呈现问题：为什么南非的印度人生活困难？）每组的1号同学，告诉你的同伴，对于这个问题我们首先要怎么做。（教师停顿。）伊莎贝拉，我们第一步应该做什么？阅读问题。很好，大家跟我一起读这个问题。为什么南非的印度人生活困难？（教师和学生一起阅读问题。）每组的2号同学，告诉你的同伴，下一步应该做什么。（教师监督。）阿舍，第二步是什么？把问题转化为答案的一部分并写下来。好的，大家开始写吧。（教师监督和指导。）先1号同学，再2号同学，把你们的这部分答案读给对方听。（教师监督。）1号同学，告诉你的同伴策略的第三步是什么。（教师监督。）昆汀，是什么呢？要么想出答案，要么在文章中找到答案。很好昆汀，这就是下一步。同学们，我希望你们回到文章中，这样就可以为你们的答案找些例子了。(教师监督。) 艾娃，第四步是什么？<u>把答案补充完整。</u>好的，同学们，请把你们的答案补充完整。(在学生回顾文章和书写的时候，教师监督和指导。) 最后，你需要再次阅读答案。告诉你的同伴，当你重新阅读你的答案时应该问自己什么？(教师监督。) 麦迪逊，你应该问自己什么？<u>答案是否说得通？是否回答了所有问题？</u>重读你的答案，必要时加以修改。(教师监督。) 现在向你的同伴读出答案。对你同伴的答案做出反馈。(教师监督。) 扎卡里，请向大家读出你的答案。<u>印度人在南非的生活之所以困难，是因为他们被视为外来种族。例如，南非的白人认为印度人这一种族"低劣"。因此，印度人面临许多不平等待遇，比如只能坐在火车的三等车厢或者车厢外的座位上，而不能像白人乘客一样坐在车厢里面。</u>你的答案写得很好，使用了问题中的词语，回答了所有问题，并且说得通。

指导练习（我们做）。提示他们怎么做。(教师在屏幕上展示问题："甘地支持哪些非暴力活动？") 和我一起读这个问题。<u>甘地支持哪些非暴力活动？</u>现在使用策略回答这个问题。确保你的答案包含问题中的词语，并重读文章。完成后，重新阅读你的答案，确保它完整并合理。(教师监督和指导。) 将你的答案读给你的同伴听。(教师监督。) 贾思明，请读出你的答案。<u>甘地在南非和印度对英国政府的抗议行动中支持许多非暴力活动。这些活动包括遭受袭击时拒绝还击、散发传单、收集请愿书、组织印度人以非暴力的方式抗议英国的做法，以及在火车和马车上拒绝让座。</u>贾思明，你的回答经过了深思熟虑。你的答案包含了问题中的措辞，而且你还在文章中找到了例子进行补充。

如前所述，以某个支持水平开始提示，并根据学生表现逐渐撤除（淡化）。最高水平的口头提示本质上是告诉学生如何逐步完成任务或解决问题。在应用2.2中的第一个指导练习部分，教师告诉学生在应用策略回答问题时应该怎么做，使得学生几乎不可能犯错。如果这项技能对学生来说不难，可能就没必要从如此高的提示水平开始。根据你对学生的了解决定是否使用高水平的提示。

如果初始提示水平较高，那么在撤除过程中，下一个提示是询问（asking）学生该做什么，而不是告诉他们怎么做。在应用2.2中教师用平行问题替代对下一个题目的提示（实际上是指令和问题的混合体），并且使用了近似的措辞。鉴于其循序渐进的性质，这个提示仍然是相当高水平的，需要学生表现出更多的技能。

当学生能够正确回答策略步骤的关键问题并准确执行步骤时，教师可以进一步撤除提示，教师只需简单地提醒（reminding）学生进行关键操作。例如，在应用2.2中回答最后一道题时，教师提醒学生将问题转化为答案的一部分，并回顾文章内容。

与决定开始时给予哪个水平的提示相似，快速撤除提示的决策也基于学生正确回答的频率。但也可能出现这样的情况，你撤除了提示，却发现仍有几位学生犯错，这可能是因为撤除支持的力度过大，你需要在学生回答下一个问题时再重给一点支持。

在指导练习中，提问对于促进学生理解和检验学习情况也很有用。这些问题通常采用"为什么"或"怎么样"的形式。例如，教师会向个别学生提问："为什么要将问题中的措辞纳入答案？""为什么回顾文章？""为什么要重新阅读你的答案？"

在直接教学课程的指导练习部分，密切观察学生的反应非常重要，主要有两个原因：首先，由于撤除提示的进度取决于学生的表现，因此了解学生的掌握情况至关重要。其次，通过监督学生的反应，可以提供纠正性反馈，这是学习的关键环节。第 7 章将详细介绍监督学生和提供反馈方面的内容。当学生以较高的准确率完成技能操作之后，就进入了课程主体的第三部分（最后一个部分），即自主练习。

自主练习（你做）

直接教学课程中自主练习的目的是检查学生是否能在没有任何身体、口头或视觉提示的情况下完成技能。学生在小组教学环节就可以进行独立练习的初步尝试，这样你就可以密切监督学生的表现并给予必要的反馈。这个过程很简单：给学生布置一些任务，这些任务与课程主体中示范和指导练习部分的任务类似，要求学生独立完成。最好让学生一次只做一个题目，就检查他们的答案并给出反馈，直到学生能够连续准确地完成为止。如果等学生完成所有题目后才检查他们的答案，那么某些学生在此期间多次犯的错误可能就很难得到纠正！在确定了学生可以在没有提示的情况下准确完成技能后，就可以进入课程的最后一部分——课程结尾。

总之，在有关技能或策略的教学中，课程主体包括示范、指导练习和自主练习（或者叫作"我做""我们做""你做"）。在示范阶段，你需要清晰、一致、简洁地展示和描述技能，并通过提问让学生参与进来。在进行指导练习时，你可以通过逐渐撤除的身体、口头或视觉提示支持学生。最后，再以自主练习来检验学生的理解情况并进行监督。

直接教学课程主体的三个环节不是一成不变的，而是要基于技能的复杂程度和学生的先备知识做灵活调整的。在许多课堂中，这三个环节可能在整节课中仅出现一次，但也可能在整节课中重复出现多次。例如，教学生读单词时，教师可能会说：

现在我先读这个单词：ssssaaaammm（我做）。和我一起读：ssssaaaammmm（我们做）。你来读：sssaaaammmm（你做）。快速读一下。Sam。

然后教师可以不断重复这三个环节教学生读其他单词，如 man、map、sat 和 fat。

在教授更加复杂的策略时，这三个环节可能会持续数天。例如，在第一天，你为学生示范如何写一个段落。第二天，你重复示范，但让学生参与进来"帮助"你。

第三天，你通过非常明确的口头提示指导学生写一个段落。第四天，你通过提问而不是告诉学生怎么做，继续进行指导练习。这种指导练习会重复进行，但最多持续三天，具体持续时间取决于学生的熟练程度。第八天，在学生开始写作之前，你先提醒他们注意策略步骤。第九天，学生进行独立写作，但仍然在你的监督下进行。

直接教学课程的结尾

课程的结尾部分很简短。通常，教师会先对所学内容做一个简要复习（review）。例如，应用2.2中的课程可能以下面的复习来结束。需注意，复习与课程的其他部分一样，并非静态而应是具有互动性的，应要求学生回答教学内容相关的问题。

在许多课程中你都需要回答问题，那么就可以使用这个策略。在阅读问题后，你可以将问题转化为_____？一部分答案。告诉你的同伴在答案里使用问题中的措辞的好处。（教师监督。）在写下一部分答案后，接下来你应该做什么？（教师给出思考时间。）威廉？要么想出答案，要么找到答案。很好。接下来完成你的答案并重新阅读。告诉你的同伴，你在重新阅读答案时应该问自己什么？（教师监督。）安伯？你需要问自己，你的答案是否说得通，是否回答了所有问题。

在简要复习后，通常会对接下来要学的内容做一个简短的预告（preview）："明天我们将用更难的问题再次练习这个策略。"

课程结尾的最后环节是布置独立作业（independent work），目的是让学生对新学的技能或以前学过的技能进行更多的练习。当然，不是所有课程都用布置与新技能相关的课堂作业或家庭作业作为结尾。正如前文有关教授段落写作策略的例子中的情况，许多技能太复杂了，无法用一节课教完。因此，如果学生还不能完成有关新技能的独立作业，那么布置有关之前教授过的技能的自主练习任务可能更为合适。

在课程结束时布置自主练习任务（前提是学生在无提示练习中表现出高准确率），应该遵循以下几个指导原则。首先，如果独立作业中含有课堂上练习过的相同题目（例如，通过使用相关策略回答文章的附加问题），则可以简单地要求学生在课堂将其完成或作为家庭作业。如果独立作业与课上所做的练习在形式上略有不同，那么建议介绍一下这种新形式及答题说明，同时核实学生是否理解了作业的要求（而不是简单地问他们："大家都明白该怎么做吗？"）。此外，依据作业和学生情况，你可以示范其中一个题目，或让学生在小组教学环节完成一个题目，以便及时检查其准确性。第 8 章将详细介绍提供适当的独立练习（即课堂作业和家庭作业）这一主题。

图 2.1 的流程图概括了直接教学课程的各个步骤。你可以利用该流程图完成后面的应用活动。为了阐明如何将这种课程结构应用于不同年级的各种技能和策略教学，我们提供了三节直接教学课程示范（应用 2.3、2.4 和 2.5）。在学习时，我们建议你扮演教师的角色，大声朗读这些课程，或向有意愿的朋友或同事教授这些课程。

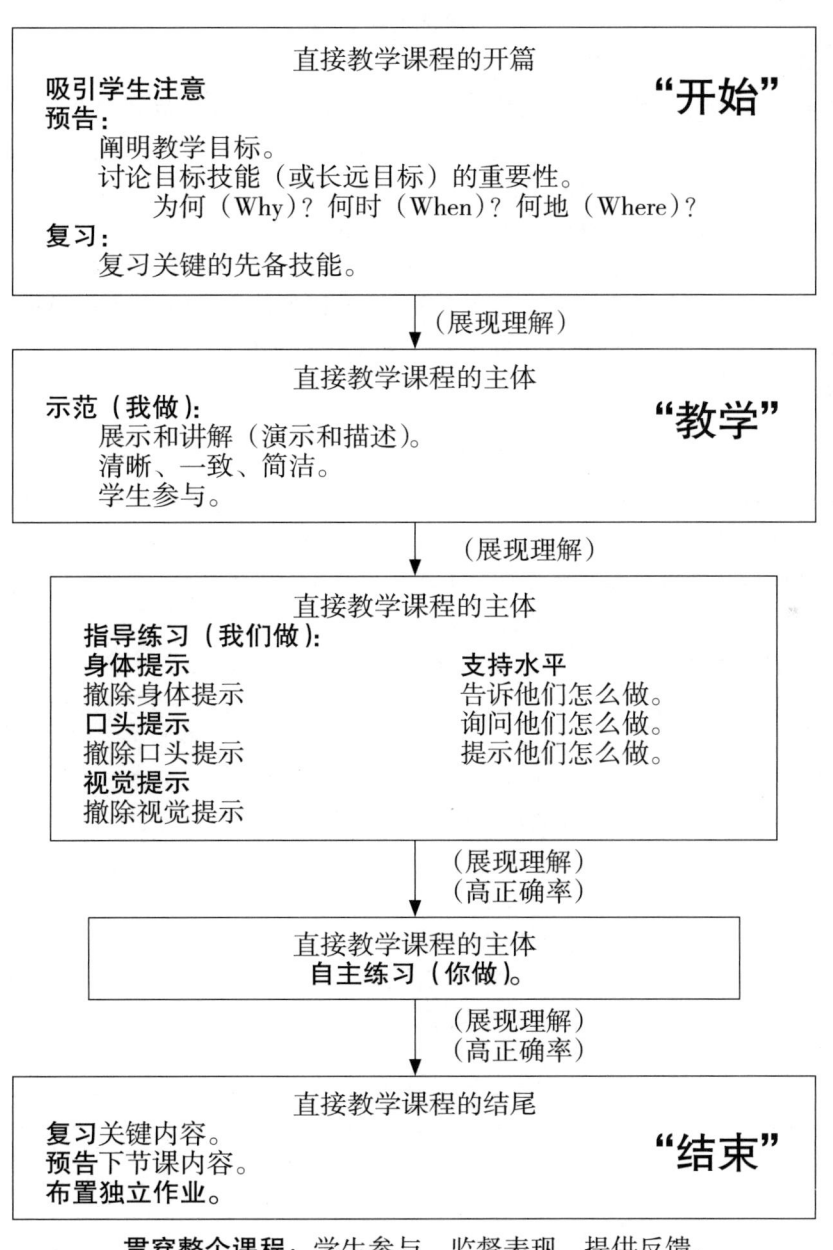

图 2.1　直接教学课程的结构

【应用2.3】

课程示范：有关括号的代数课

说明：大声读出课程内容，或者向朋友或同事教授这节课。然后回顾并记录在课程开篇、主体和结尾部分已验证的示范做法。最后，将你的观察结果与我们的观点进行比较（参见本书应用练习反馈部分）。

背景信息

授课对象：代数初级课堂的八年级学生。

教学基础：在之前的课程中，向学生介绍了变量、表达式的概念以及如何评估简单表达式。

教授技能：运用运算顺序的第一步。

教学目标：学习运算顺序的第一步，即先计算括号中的运算。

长远目标：学生将学习所有运算顺序：①括号；②指数；③从左到右的乘除法；④从左至右的加减法。他们还会学习一种记忆术，帮助他们记住运算顺序：①请（Please）；②对不起（Excuse）；③亲爱的（My Dear）；④莎莉阿姨（Aunt Sally）①。

先备技能：计算简单表达式。

课程开篇

吸引学生注意。同学们请将其他材料收起来，只保留你们的数学笔记、铅笔和数学书。（教师停顿。）请抬起头看这里。

阐明教学目标及其重要性。今天我们将继续学习变量和表达式。你们将学习如何在表达式中运用括号。这个知识点在解决代数方程时非常重要。

复习关键的先备技能。我们首先进行一些复习。同学们，请告诉你的同伴什么是变量。（教师观察并点名一位学生回答。）变量是表示数字的符号。是的，变量是一个表示数字的符号。看一下这两个表达式：3+x 和 y−6。在第一个表达式中，变量是什么？是 x。是的，x 是代表数字的符号。同学们，第二个表达式中的变量是什么？是 y。正确。

让我们再回顾一下表达式的定义。（教师在幻灯片上呈现定义。）

> 表达式：
> - 数学陈述
> - 可以使用：
>   - 数字
>   - 变量
>   - 或两者结合

（教师在幻灯片上呈现以下内容。）

---

① 编注：P、E、M、D、A、S 分别对应括号、指数、乘法、除法、加法、减法英文单词的首字母。

```
1. 2
2. X
3. ♥
4. 2+6−y
5. □
```

将每一个项目与定义进行核对。在纸上写下哪些是表达式。（教师观察并向个别学生提问。）为什么 2 是一个表达式？因为它是一个数字。为什么 X 是一个表达式？因为它是一个变量。为什么心形图案不是一个表达式？因为它不是一个数学陈述。它既不是一个数字，也不是代表数字的变量。为什么 2+6−y 是一个表达式？因为它同时包含了数字和变量。为什么方块不是一个表达式？因为它不是一个数学陈述。而且，它既不是数字也不是变量。

哇，你们真的掌握了这些概念！那让我们更深入地学习表达式吧。

课程的主体

示范（我做）［教师在幻灯片上写 5×(6+3)。］看这个表达式。当一个表达式包含多个运算时，可以使用括号来表明应先算哪个。所以在一个表达式里，我们先找括号并计算括号内的式子。在这道题中，6+3 在括号内，所以我会先算它。6+3 是多少？ 9。（教师在 6+3 下面写 9。）在我完成括号内的运算后，就可以进行剩下的运算。5×9 是多少？ 45。所以这个表达式的值是 45。

看这个表达式。［教师写 (5×6)+3。］注意它与上一题具有相同的数字和运算符，但是括号的位置不同。我首先进行括号内的运算。同学们，5×6 等于多少？ 30。（教师在 5×6 下面写下 30。）现在我可以进行剩下的运算。30+3 等于多少？ 33。请注意，当括号位置不同时，表达式的值也会不同。

［教师在幻灯片上写 63−(4−3)。］请同学们帮我解决这个问题。我应该先算括号内还是括号外？ 括号内。4−3 等于多少？ 1。（教师在 4−3 下面写下 1。）现在，我进行其余的运算。63−1 等于多少？ 62。

指导练习（我们做）。让我们一起做一些题。请跟上我的思路，这样我们才能正确地完成这些题目。［教师在幻灯片上写 (63−4)−3。］把这个表达式写在纸上，但不要解答。我们是先算括号内还是括号外？ 括号内。请在纸上写下 63−4 的答案，放下铅笔就表示我们可以继续往下进行了。（教师在 63−4 下面写下 59。）核对你的答案。现在进行其余的运算。（教师监督并写下 56。）这个表达式的值是 56。注意，当括号位置不同时，表达式的值也会不同。

［教师在幻灯片上写 15−(9+6)。］把这个表达式写在纸上。完成后放下铅笔。我们是先算括号内还是括号外？ 括号内。很好，写出该表达式的值。（教师在教室走动并监督学生，然后在幻灯片上写下答案，让学生检查自己的答案。）

［教师在幻灯片上写 (15−9)+6。］把这个表达式写在纸上。我们是先算括号内还是括号外？ 括号内。计算该表达式的值。（教师监督并给予反馈。）看这两个表达式。它们具有相同的数字和运算符号，但值却不同。你会发现先计算括号内式子的规则多么重要。

［教师在幻灯片上写 (35−5)−(4+2)。］抄写这个表达式。我们是先算括号内还是括号外？ 括号内。是的，这里有两组括号。先完成两组括号内的运算，然后相减。计算该表达式

的值。(教师监督并给予反馈。)

[教师在幻灯片上写(9+16)－(16-8)。]抄写这个表达式,并写出该表达式的值。别忘了,先完成括号内的运算。(教师监督并给予反馈。)太棒了。

自主练习(你做)。算出题目 A 的值。写完后,把铅笔放下。(教师监督并提供反馈。在题目 B 上重复此过程。)现在完成其余的题目,然后我们一起检查答案。(教师监督并给予整个小组反馈。)

A. (6×5)－4
B. 6×(5-4)
C. (5+6)×(8-2)
D. (13-3)×(10-5)
E. (9×2)-8

课程的结尾

复习。今天你们学习了代数策略的第一步,叫作运算顺序。首先,我们先完成_____里面的运算,大家知道吗?括号。是的,我们必须先完成括号内的运算,然后再计算括号外的。

预告。明天我们将学习运算顺序中的第二个顺序:指数。

独立作业。请打开你们的代数课本到第 5 页。完成 A 组中的题目。明天开始上课时我会检查你们的作业。

【应用2.4】

课程示范:把握段落主旨

说明:大声读出课程内容。然后回顾并记录,在课程开篇、主体和结尾部分,教师是如何让学生参与其中的。最后,将你的观察结果与我们的观点进行比较(参见本书应用练习反馈部分)。

背景信息

授课对象:五年级学生。
教授技能:把握段落主旨,为学习概括策略做准备。
    步骤 1:阅读段落。
    步骤 2:向自己提问,"这个段落的主旨和细节是什么?"
    步骤 3:用自己的话表达主旨和细节内容。
教学目标:当学生阅读一篇基于其年级阅读水平编写的选段时,能够把握每个段落的主旨。
长远目标:学生能够概括与其年级水平相当的阅读选段中的段落主旨和细节。
先备技能:四年级及四年级以上的阅读水平;理解主旨句一词的意思。
    注:基于 Schumaker, Denton & Deshler (1984)。

课程开篇

吸引学生注意。同学们,请把其他东西收起来,拿出你们的概括策略资料夹。

阐明教学目标及其重要性。今天我们将继续学习概括策略。在这节课中，我们将关注策略的第二步：学习如何把握一段文字的主旨。确定主旨是指了解这段文字的"要点"。相比于记住段落的所有信息，记住主旨要容易得多。现在和你的同伴说一说，概括策略有什么作用。（教师监督并点名一位学生回答。）有助于理解和记忆读过的内容。很好，确定主旨和细节，然后用自己的话表达出来，这有助于你更好地理解和记住读过的内容。现在和你的同伴说一说，可以在何时、何处使用这个策略。（教师点名学生，获得如下回答。）可以在科学、社会研究和健康课程中使用这个策略，或者在阅读事实材料时使用。很好！几乎任何时候，只要你需要阅读某些内容，并且理解和记忆这些内容又非常重要时，你都可以使用概括策略。

复习重要的先备技能。让我们复习一下什么是主旨句。这里有两个段落，每个句子都有一个编号。在你的答题板上写下第一个段落的主旨句编号。完成后看向我，让我知道你已经准备好展示你的答案了。好的，让我看看你们的答题板。你们都选择了第1句。为什么呢？（教师点名一位没有举手的同学回答）。第1句说了这段话的主题。非常好！（对第二个段落重复此过程。）

课程主体

示范（我做）。我要向你们展示明确段落主旨时需要遵循的步骤。请仔细观察和听讲。（教师给每人分发一篇包含有关"独木舟"的段落的文章，并在屏幕上展示这篇文章。）策略的第一步是阅读段落。让我们一起读第一段。（教师和学生一起朗读。）

为了找到主旨，我需要向自己提问并通读段落。首先，我会问自己："这个段落是关于什么的？"这个段落是关于独木舟的，段落中的所有句子都围绕独木舟展开。其次，我会问："它告诉我关于独木舟的哪些信息？"它告诉我独木舟的外观。请听我说出主旨。这个段落讲述了独木舟的外观。

如果我不确定如何回答这两个问题，我可以从两个地方寻找答案。首先，我可以看段落的第一句话。为什么要看第一句话呢？（教师点名一位学生回答。）第一句通常是主旨句。非常好，是的，第一句通常是主旨句，会陈述段落主旨。然后，我再看其他句子，看第一句中的关键词是否被重复使用。例如，在这个段落中，词语"独木舟"重复出现，所以我可以确定这个段落是关于独木舟的。再次强调这个段落的主旨：这个段落讲述了独木舟的外观。请复述一遍。这个段落讲述了独木舟的外观。

大家和我一起读第二段。（教师和学生一起朗读。）现在，请注意观察和听讲，我要找到这个段落的主旨。首先，我问自己："这个段落是关于什么的？"这个段落是关于美洲原住民的。其次，我问自己："它告诉我关于美洲原住民的哪些内容？"我不确定它讲述了美洲原住民的哪些内容。我可以从两个地方寻找答案。首先，我可以看段落的第一句话。它说："美洲原住民用树木制造独木舟。"这句话十分有用。我还可以看看是否有关键词或短语被重复使用。是的，短语"美洲原住民"重复出现了三次，所以我确定这个段落是关于美洲原住民的。有了这些额外信息，我可以陈述主旨了。这个段落讲述了美洲原住民如何用树木制造独木舟。请复述一遍。这个段落讲述了美洲原住民如何用树木制造独木舟。

（教师让学生参与示范。）好的，我现在要确定第三段的主旨，但这次我希望你们能够帮助我。我们先一起大声朗读第三段。（教师和学生一起朗读。）读得很好！

现在，为了明确主旨，我首先要问自己什么问题？（教师点名一位没有举手的同学回答。）这个段落是关于什么的？是的，我要先问自己这个段落是关于什么的。它是关于单人独木舟的。接下来，我要问自己什么问题？（教师点名一位没有举手的同学回答。）这个段落讲述了关于单人独木舟的哪些内容？非常好！我要问自己这个段落讲述了关于独木舟的哪些内容。它告诉我制造单人独木舟的过程。请听主旨：这个段落讲述了制造独木舟的过程。请复述一遍。这个段落讲述了制造独木舟的过程。

如果我不确定主旨是什么，我应该看哪个句子？（教师示意齐声回答。）第一句。很好！为什么我要看第一句？（教师点名一位没有举手的同学回答。）它通常是主旨句。当我看这个句子，我发现它在讲述单人独木舟。还有什么方法可以帮助我确定主旨？（教师点名一位没有举手的同学回答。）可以查看是否有重复的关键词。又答对了，我会寻找其他句子里是否有重复的关键词。我看到"单人独木舟"多次被提到。请听主旨：这个段落讲述了如何制造单人独木舟。你们已经掌握了确定段落主旨的步骤，现在你们该尝试练习了。

指导练习（我们做）。告诉他们怎么做。 读下一段，读完抬头看我。现在我们来确定主旨。首先，问自己，"这个段落讲的是什么？"大家知道这个段落是关于什么的吗？（教师示意齐声回答。）桦树皮独木舟。没错，它讲述的是桦树皮独木舟。接下来，问自己，"这个段落讲述了桦树皮独木舟的哪些内容？"同学们，和你的同伴说一说。（教师点名一位没有举手的同学回答。）它讲述了制造桦树皮独木舟的方法。很聪明！

现在假设你仍然在思考主旨是什么，那么你可以看第一句。这样做是因为它可能是什么句子？（教师示意齐声回答。）主旨句。很好，第一句通常是主旨句。现在，看看其他句子，主旨句中的词语是否在段落的其他地方重复出现。（教师停顿。）有哪些关键词重复出现？（教师点名一位学生。）单词"桦树皮"重复出现。那思考一下，段落的主旨是什么？（教师给出思考时间。）同学们，告诉你的同伴主旨是什么。这样开头：这个段落讲述了……（教师监督。）安东尼，说出主旨。这个段落讲述了如何用桦树皮制作独木舟。是的，我赞同，现在请将主旨写在段落下方。（教师监督。）

指导练习（我们做）。询问他们怎么做。 读下一段，读完抬头看我。现在让我们明确主旨。每组的1号同学，告诉你的同伴：我们首先要问什么问题？（教师监督。）格蕾丝，你来说？这个段落是关于什么的。很好，这是第一个问题。同学们，那这个段落是关于什么的？（教师示意齐声回答。）独木舟。是的，它在讲述独木舟……但具体来说是关于现代独木舟的。每组的2号同学，告诉你们的同伴，接下来你应该问自己什么。（教师监督。）菲利克斯？这一段讲述了关于现代独木舟的哪些内容。1号同学，告诉你的同伴这个段落讲述了关于现代独木舟的哪些内容。（教师点名一位没有举手的同学回答。）艾娃？它讲述了不同类型的现代独木舟。正确！你们会关注段落中的哪些地方来确定主旨呢？（教师给出思考时间。）1号同学，告诉你的同伴主旨是什么。这样开头：这个段落讲述了……（教师监督。）汉密尔顿，你来陈述主旨。这个段落讲述了不同种类的现代独木舟。正确，我同意，请大家在段落下方写下主旨。（教师监督。）

指导练习（我们做）。提示他们怎么做。 好的，让我们再做一个练习。阅读下一段，找出主旨。记住要提出的两个问题，有需要的话，在段落中寻找关于主旨的线索。最后在段落下方写出主旨。（教师监督。）布莱恩，请陈述段落主旨。这个段落讲述了现代独木舟的娱乐用途。

很好。谁在提出两个问题后找到了主旨？有同学需要查找主旨句和重复的关键词确认主旨吗？

自主练习（你做）。 大家都非常出色地执行了确定主旨的步骤。现在我想看看你们是否能独立完成。这里有另外四个段落。请确定第一个段落的主旨，将其写在段落下方。完成后，把铅笔放下，这样我就知道你已经完成了。（教师监督并向学生提供反馈。随后再提供一个段落，监督的同时提供反馈。学生能够准确把握前两个段落主旨时，要求他们完成最后两个段落的任务，教师继续监督并提供纠正性反馈。）

课程结尾

复习。 你们做得特别棒。你们切实掌握了如何使用策略程序来确定主旨。每组的2号同学，告诉你的同伴为什么把握段落主旨很重要。（教师监督，然后点名一位学生。）你可以记住主旨……而且确实能让你深入思考这个段落。1号同学，告诉你的同伴，为了确定主旨，你要问自己什么问题？（教师点名一位没有举手的同学回答。）马库斯？你需要问自己：这个段落是关于什么的？它讲述了那个主题的哪些内容？很好，如果你难以找到主旨，可以看哪里？（教师点名另一位学生回答。）你可以阅读第一句，也可以寻找重复的关键词。

预告。 明天我们将继续学习概括策略。你们将学会如何捕捉及把握与段落主旨相关的细节。

独立作业。 今晚的家庭作业，我希望你们选择任意一门课程的教科书，确定连续三个段落的主旨。对每个段落，都写下主旨。明天我会检查你们的作业，然后讨论这种方式的实际效果如何。

【应用2.5】

课程示范：三节连贯的关于句子合并的课程

说明： 许多技能和策略需要分几天教授。因此，示范、指导练习和自主练习可能不会都在一节课上进行并完成。在接下来的三节课中，学生会学习如何将两个句子合并。先阅读这三节课的每一节的内容，然后再次阅读，同时注意教师在课堂开篇、主体和结尾的变化，并猜测为什么有这些变化。最后，将你的观察结果与我们的观点进行比较（参见本书应用练习反馈部分）。

背景信息

授课对象： 写作方面有学习障碍的七年级学生。
教授技能： 合并含有形容词的句子。
教学目标： 学生能够通过在词干上加一个形容词来合并两个句子。
长远目标： 学生能够将二到五个句子合并起来，从而写出更长、更复杂的句子，并避免表达上的冗余（redundancy）。
先备技能： 能够识别形容词；名词前正确使用 "a" 和 "an"。

注：改编自 Archer, Gleason, & Isaacson（2008）。Copyright 2008 by Spris West Educational Services. 经许可改编。

幻灯片和学生稿纸上的内容

1. Bristol Park has a vast, grassy <u>expanse</u> surrounded by <u>rows</u> of towering <u>trees</u> and fragrant <u>flowerbeds</u>.

2. In <u>spring</u>, multicolored tulips, yellow daffodils, and blue irises fill many <u>beds</u>.

3. 添加 a 或 an：

a. ___ rose
b. ___ red rose
c. ___ incredible rose
d. ___ elegant rose
e. ___ yellow rose
f. ___ artificial yellow rose

句子合并题目

1. Start（起始）: Josh has a train set with 80 feet of tracks.
Add（添加）: The train set is electric.

第 1 天

课程：句子合并

课程开篇

吸引学生注意。同学们，看这里，我们开始上课。

阐明教学目标。在这几天的语言艺术课上，我们将每天练习如何合并句子。你将学会如何将两个、三个、四个，甚至五个句子合并成一个完整的句子。

讨论目标技能的重要性。合并句子后，我们会得到更长的句子，这些句子往往更复杂、更完善，也更能引起读者的兴趣。此外，合并句子往往会减少表达上的冗余。冗余是指信息的重复。

在合并句子时，会加深了解英语语法，习得所谓的"语感"——对句子以及句子结构的理解。你还会发现，合并句子是一种可以用来提高段落写作质量的技巧。现在每个人都和自己的同伴说一说，学习句子合并的重要性。（教师点名个别学生回答。）

复习关键的先备技能。我们的第一个句子合并活动涉及形容词（adjectives）——用于详细描述名词的词汇。在这些句子中，我已经用下划线标出了名词。如果在句子中有描述这些名词的形容词，请圈出来。（教师监督并对答案给予反馈。）

当我们想表示只有一个事物时，我们会在名词前加上冠词"a"或"an"。什么时候我们会使用冠词"a"呢？（教师点名一位学生。）<u>当单词以辅音音素开头时</u>。对。那么什么时候我们会使用冠词"an"呢？（教师点名一位学生。）<u>当单词以元音音素开头时</u>。看第三题，加上冠词"a"或"an"。确保冠词与冠词后面的单词是搭配的。（教师监督并提供反馈。）

现在，让我们一起合并包含形容词的句子。

课程主体

示范（我做）。看这里。（教师将学生的注意力引向幻灯片。）我们现在要合并句子。我们从一个"起始"句子开始。跟我一起读"起始"句子。<u>Josh has a train set with 80 feet of tracks.</u>（乔希有一套轨道为80英尺长的火车模型。）[①] 现在读一下要"添加"的句子。<u>The train set is electric.</u>（这

---

① 编注：书中句子和段落的译文仅供参考。

Create（创作）：

套火车模型是电动的。）单词 electric（电动）是对火车模型的描述。我用下面画线标出了"electric（电动）"这个词。现在我要把"electric（电动）"加到"起始"句子中。因为"electric（电动）"是对火车的描述，我会把这个词插入到"火车"之前。（教师在"^"符号上方写上"electric"。）现在我要把冠词"a"改成"an"，因为"electric"以元音音素开头。读一下新句子。Josh has an electric train set with 80 feet of tracks.（乔希有一套轨道为 80 英尺长的电动火车模型。）然后在"创作（Create）"后面写下新句子。

指导练习（我们做）。 让我们一起合并句子。找到第二题。读一下"起始"句子。The tracks cover the garage floor.（轨道覆盖了车库地板。）读一下要"添加"的句子。The tracks are winding.（轨道是蜿蜒的。）在"winding（蜿蜒）"的下面画线。现在写下你"创造"的句子。（教师监督并在幻灯片上展示"创造"的句子。）读一下"创造"的句子。The winding tracks cover the garage floor.（蜿蜒的轨道覆盖了车库地板。）

2. **Start（起始）：** The tracks cover the garage floor.
Add（添加）： The tracks are winding.
Create（创作）：

3. **Start（起始）：** Buildings line the tracks.
Add（添加）： The buildings are tiny.
Create（创作）：

找到第三题。跟我一起读"起始"句子。Buildings line the tracks.（建筑物沿着轨道排列。）读一下要"添加"的句子。The buildings are tiny.（建筑物很矮小。）我们会在哪个单词下面画线？Tiny（矮小）。写下你"创造"的句子。（教师监督并在幻灯片上展示"创造"的句子。）读一下"创造"的句子。Tiny buildings line the tracks.（矮小的建筑物沿着轨道排列。）

（重复相同的教学程序，完成第四题。）这些"创造"的句子组成了一个段落，让我们读一下。Josh has an electric train set with 80 feet of tracks. The winding tracks cover the garage floor. Tiny buildings line the tracks. Josh pretends that the train delivers things to the miniature buildings.（乔希有一套轨道为 80 英尺长的电动火车模型。蜿蜒的轨道覆盖了车库地板。矮小的建筑物沿着轨道排列。乔西假装用火车将物品运送到矮小的建筑物那里。）

4. **Start（起始）：** Josh pretends that the train delivers things to the buildings.
Add（添加）： The buildings are miniature.
Create（创作）：

课程结尾

复习。 你们今天在合并句子方面做得非常出色。现在和你同伴说一说合并句子的意义。（教师监督，然后点名学生回答。）句子会变得更长，更完善。段落中不会出现重复的表达。句子会更加妥帖……就像成熟的写作者写的那样。

预告。 明天我们将继续学习合并带有形容词的句子。

第 2 天

课程：句子组合

幻灯片和学生稿纸上的内容

课程开篇

看向这里，今天我们要合并含有形容词的句子。现在和你的同伴说一说我们希望合并句子的原因。（教师点名个别学生。）

句子合并题目

1. **Start（起始）**: Many people in Union City are immigrants.
   Add（添加）: The immigrants are Cuban.
   Create（创作）:

课程主体

指导练习（我们做）。让我们来一起合并这些句子。找到第一题，读一下"起始"句子。Many people in Union City are immigrant.（联合城的许多人是移民。）读一下要"添加"的句子。The immigrants are Cuban.（这些移民是古巴人。）你要用下划线标出哪个词？Cuban（古巴人）。很好，写下你"创造"的句子。（教师监督。）把你"创造"的句子读给同伴听，确保它是通顺的。（教师在幻灯片上展示"创造"的句子。）读一下"创造"的句子。Many people in Union City are Cuban immigrants.（联合城的许多人是古巴移民。）

2. **Start（起始）**: Life in Union City is a change for them.
   Add（添加）: The change is huge.
   Create（创作）:

找到第二题。读一下"起始"句子。Life in Union City is a change for them.（联合城的生活对他们来说是一种改变。）读一下要"添加"的句子。The change is huge.（这个改变是巨大的。）你要用下划线标出哪个词？huge（巨大）。很好，写下你"创造"的句子。（教师监督。）每组的 1 号同学，给你的同伴读一下你"创造"的句子，确保它是通顺的。（教师在幻灯片上展示"创造"的句子。）读一下这个"创造"的句子。Life in Union City is a huge change for them.（联合城的生活对他们来说是一种巨大的改变。）

3. **Start（起始）**: They had to leave many belongings behind.
   Add（添加）: Their belongings are precious.
   Create（创作）:

找到第三题，完成它。不要忘记在你添加的词下面画线。（教师监督。）每组的 2 号同学，给你的同伴读一下你"创造"的句子，确保它通顺。（教师在幻灯片上展示"创造"的句子。）读一下"创造"的句子。They had to leave many precious belongings behind.（他们不得不留下许多珍贵的物品。）

4. **Start（起始）**: However, they feel very welcome in their country.
   Add（添加）: Their country is new.
   Create（创作）:

自主练习（你做）。找到第四题，独立完成它。（教师监督。）每组的 1 号同学，给你的同伴读一下你的句子。（教师随后在幻灯片上展示"创造"的句子。）读一下"创造"的句子。However, they feel very welcome in their new country.（然而，在他们的新国家，他们感到非常受欢迎。）

现在让我们一起读一下编辑后的段落。Many people in Union City are Cuban immigrants. Life in Union City is a huge change for them. They had to leave many precious belongings behind. However, they feel very welcome in their new country.（联合城的许多人是古巴移民。联合城的生活对他们来说是一个巨大的改变。他们不得不留下许多珍贵的物品。然而，在他们的新国家，他们感到非常受欢迎。）

课程结尾

你们在合并含有形容词的句子方面做得非常出色。明天你们会做更多的独立练习。

第3天

| 幻灯片和学生稿纸上的内容 | 课程：句子合并 |

课程开篇

大家注意，今天我们要继续合并含有形容词的句子。

句子合并题目

1. Start（起始）: The meadow is an environment.
Add（添加）: The environment is lively.
Create（创作）:

课程主体

指导练习（我们做）。找到第一题。读"起始"句子。The meadow is an environment.（草地是一个环境。）读要"添加"的句子。The environment is lively.（这个环境生机勃勃。）你会在哪个单词下面画线？ lively（生机勃勃）。很好，写下你"创造"的句子。（教师监督。）每组的1号同学，给你的同伴读一下你"创造"的句子，确保它通顺。（教师随后在幻灯片上展示"创造"的句子。）读一下"创造"的句子。The meadow is a lively environment.（草地是一个生机勃勃的环境。）另外还要检查一下，你是否把"an"改成了"a"，与lively进行搭配。

2. Start（起始）: Butterflies flit from flower to flower.
Add（添加）: The butterflies are colorful.
Create（创作）:

3. Start（起始）: White-footed mice scurry through the grasses.
Add（添加）: The grasses are tall.
Create（创作）:

自主练习（你做）。找到第二题，独立完成它。（教师监督。）每组的1号同学，给你的同伴读一下你的句子。（教师随后在幻灯片上展示"创造"的句子）。读一下"创造"的句子。Colorful butterflies flit from flower to flower.（色彩斑斓的蝴蝶在花朵之间飞来飞去。）

继续做第三题和第四题。（教师监督并提供反馈。）

找到第三题。每组的1号同学，给你的同伴读一下你编辑的句子。（教师在幻灯片上展示"创造"的句子。）读一下新句子。White-footed mice scurry through the tall grasses.（白脚鼠在高草丛中匆匆穿行。）

4. Start（起始）: A hawk swoops down and grabs one of the mice.
Add（添加）: The hawk is red-tailed.
Create（创作）:

找到第四题。每组的2号同学，给你的同伴读一下你编辑的句子。（教师在幻灯片上展示"创造"的句子。）请读新句子。A red-tailed hawk swoops down and grabs one of the mice.（一只红尾鹰俯冲下来，抓住其中一只老鼠。）

现在让我们一起读一下编辑后的段落。The meadow is a lively environment. Colorful butterflies flit from flower to flower. White-footed mice scurry through the tall grasses. A red-tailed hawk swoops down and grabs one of the mice.（草地是一个生机勃勃的环境。色彩斑斓的蝴蝶在花朵之间飞来飞去。白脚鼠在高草丛中匆匆穿行。一只红尾鹰俯冲下来，抓住其中一只老鼠。）

课程结尾

明天你们将学习，如何在合并句子时为一个名词添加两个或多个形容词。

本章小结

本章所阐述的直接教学课程结构是基于与学生学习和成就相关的研究性教学原则。课程的所有环节设计旨在通过直接教学和支架教学法，保持学生的参与度并提高成功率。

课程开篇要向学生明确呈现学习内容，阐明学习目标的意义。此外，还要确认学生是否具备学习新内容所需的先备技能，并将新旧知识联系起来。在介绍技能或策略的课程主体环节，通过具体示范，向学生演示如何使用该技能，以及关键的思维过程（例如，自我指导、自我提问），使教学内容清晰明了。接着让学生参与示范过程，确保他们对新技能有基本的理解，从而增加他们在指导练习过程中取得成功的可能性。在提示或指导练习中可提供必要的支架，以确保较高的成功率。当学生向独立使用新技能迈进时，可以根据学生的表现逐渐撤除这些提示。最后，学生需要证明他们能够独立解决问题或应用技能，此时你可以提供必要的纠正性反馈或指导。然后，当你确信他们已经熟练掌握并能取得成功时，你才可以让学生进行独立练习。课程结尾环节时要复习关键内容。

在教授技能和策略时，课程的开头和结尾大都近似，但在教授词汇和规则时，课程的主体就会有差异——这是接下来两章的主题。在结束本章之前，请运用你的知识完成应用 2.6 和 2.7。

【应用 2.6】

找出潜在问题并制订解决方案

说明：以下是直接教学中教师行为的简要描述。请找出教学行为中的潜在问题，然后说明如何进行纠正（即可能的解决方案）。将你的回答与本书应用练习反馈部分的答案进行比较。

1. 在课程开篇复习先备技能时，教师让 8 名学生中的 3 名到黑板前解题。
2. 在讨论为什么要掌握本课的目标技能时，教师告诉他们所有的理由。
3. 在示范解决两位数加法问题的新技能时，教师先示范一次，然后询问大家是否理解。
4. 在示范需要进位的两位数加法问题的新技能时，教师先示范一次，然后直接进入指导练习。
5. 在指导练习环节，教师首先进行高水平的口头提示（即"告诉"），然后说："大家做得很好。下一道题自己做。"

【应用 2.7】

设计一节直接教学课程

说明：选择一项相对简单的技能进行直接教学。编写一个学习目标，简要解释学习这项技能的重要性。明晰你期望学生达成的目标后，思考并确定学习这项技能的重要先备条件，然后确认你要让学生完成哪些任务来复习其中一项先备技能。而后写下你在为学生示范这项技能时的言行。接着，描述你如何提示这项技能以及如何逐渐撤除提示。最后，描述课程的结尾环节。

第 3 章　设计教学：词汇和概念

在第 2 章中，我们针对策略和技能教学介绍了一种灵活的教学设计。本章我们将关注词汇和概念的教学设计。因为词汇与概念的教学实践方式相似，都需要学习者辨别是否需要应用所学的词汇或概念，因而将二者归为一类进行介绍。例如，学习 furious（暴怒的）这个词汇时，尽管学生已经知道了这个词汇的基本概念 mad（疯狂）和 angry（生气），但他们必须要确定何种感觉可以被称为 furious（"如果你的弟弟毁坏了你的飞机模型，你可能会感到愤怒"），以及何种感觉不应被称为 furious（"如果你的弟弟在你生日时送给了你一架飞机模型，你不会感到愤怒"）。类似地，当学习 perpendicular（垂直）这个词汇时，由于这个单词和它的基本概念是还未学习过的，学习者必须要区分垂直的例子（两条直线相交成 90°角）和垂直的非例子（例如，两条直线相交成 40°角），非例子中的描述可能缺失了一个属性，也可能只满足定义中的一部分要求。事实上，学习者只有学会了何时应用、何时不应用某个词汇或概念，才真正理解了该词汇或概念。

有很多经过研究验证的方法可以扩大学生的词汇量，包括在给学生读书时嵌入对陌生词汇的简要解释；教给学生学习单词的策略，比如利用上下文的线索和单词构成要素（前缀、后缀、词根），确定单词的含义；在词汇表、词典或者网络资料中查找单词的意义；鼓励广泛阅读等。然而，出于以下多种原因，我们讲解的重点将放在词汇的直接教学上。

1. 直接、有趣的词汇教学能促进学生词汇量的增加（Tomesen & Aarnoutse, 1998; White, Graves, & Slater, 1990）。

2. 对目标词汇进行有意教学可以增强学生对包含目标词汇的文本的理解（McKeown, Beck, Omanson, & Pople, 1985; Stahl & Fairbanks, 1986）。事实证明，词汇教学可使学生对新文本的理解程度提高12%（Stahl & Fairbanks, 1986）。同样，有研究者（Jenkins, Stein, & Wysocki, 1984）发现，如果在课文生词出现之前就教授这些词汇，那么学生理解生词的能力会提高1/3。

3. 对六年级及六年级以下年级的学生，可以直接解释的单词约占他们所学单词的80%，这有助于词汇的直接教学（Biemiller, 2001）。

4. 即使到了高年级，学生从广泛的阅读中理解的词义越来越多，但是直接教学仍然是词汇习得的重要方式。

5. 词汇的直接教学对于有阅读困难的学生尤为重要，因为他们的阅读量偏少，更难通过上下文线索理解词义（Beck, McKeown, & Kucan, 2002）。

研究者们已经对有效词汇教学的特点达成了广泛共识（National Reading Panel, 2000; Stahl & Fairbanks, 1986）。第一，词汇教学必须超越传统的程序，即让学生抄写单词清单、在词汇表中查找这些单词、抄写这些单词的定义、学习单词的定义。第二，词汇的直接教学，就像所有的直接教学一样，必须是明确的，还要清晰地呈现词义和在语境中使用的例子（Baker, Simmons, & Kame'enui, 1995）。第三，如果要使词汇教学对词汇量和阅读理解能力产生显著影响，就需要让学生多次接触目标词汇（Beck, Perfetti, & McKeown, 1982; Nagy, 1988; Stahl & Fairbanks, 1986）。有研究者（McKeown et al., 1985）发现，与目标单词接触10次就能切实提高阅读理解能力。为了使学生与目标单词有更多的接触，教师必须安排足够的教学时间。虽然为每个单词分配30分钟有些过长，但根据学生对单词的熟悉程度和学习难度以及所需的理解深度，初始教学可能需要保证5～15分钟的时长（Jenkins, Matlock, & Slocum, 1989）。此外，教学必须提供有关单词意义的信息（定义）和说明如何及何时使用该单词的例子（语境信息）（Stahl, 1999）。第四，学生必须积极参与单词的教学活动和随后的复习。本章后面提供的课程示例中包含了这些内容。现在，我们首先要讨论的是词汇的直接教学准备工作。

为词汇的直接教学做准备

在进行词汇教学之前，教师必须做好三项准备：① 选择对学生目前和将来都有用的适当的词汇；② 确定如何向学生教授每个单词的含义；③ 举例说明每个单词的应用，并在必要时使用非例子。

选择用于直接教学的适当词汇

很多词汇术语都可用在所有学科的教学中（如语言艺术、数学、科学、社会研究、健康、消费科学、艺术、体育、音乐等学科）。事实上，我们面临的挑战并不是词汇匮乏，而是词汇的数量过多。因此，你必须仔细区分那些需要扩展的、强化的，需要进行直接教学并反复复习的单词，与那些只需进行简短讲解的单词，因为对后一类单词的学习是为了促进即时理解，无须长时记忆。即使需要教授的词汇数量可能取决于单词的难度、学生的能力水平、他们学习新词汇的难易程度以及你认为他们需要的理解深度，但是一些研究者建议应针对每个特定的故事、章节的一部分内容或将要介绍的知识体系，深入教授 3～10 个词汇（Stahl & Fairbanks, 1986）。因为工作记忆有限，所以词汇的数量必须有所限制。

然后，你的任务就变成了判断哪些单词值得花费更多的教学时间进行扩展（或精讲）、直接教学和后续复习。有四条指导原则帮助你选择单词。当你准备精讲某些单词时，或者当你必须在规定的单词表中区分哪些单词应该精讲、哪些应该简要讲解时，请使用这些指导原则。

指南 1：选择生词

选择学生不认识的单词是一条显而易见的准则，但是课程教材也会将一些学生已经认识的单词列进新词词汇表。对于这些单词只需带学生快速地复习一下，或者根本无须投入教学时间。例如，四年级的一篇阅读课文将 secret（秘密）一词列为新词。然而，到了四年级，所有的学生都会有过秘密、听过秘密，甚至泄露过秘密，他们对 secret 一词相当熟悉。因此，无须再对 secret 这个单词展开教学。

指南 2：选择对理解课文或整个单元很重要的单词

一般来说，实施词汇教学是为了提高学生对叙事性或说明性段落的理解，或提高对数学、科学或社会研究等学科的知识单元的理解。因此，应该考虑到所选词汇对于该段落或知识单元的重要性。如果对三年级教材课文的理解关键在于理解 contagious（传染性的）一词，那么就应该讲解该单词及其基本含义。如果科学课教材里有一个章节的重点是 photosynthesis（光合作用）和 cellular respiration（细胞呼吸），那么在阅读该章之前了解这些术语将有助于理解。

指南 3：选择学生将来会听、读、写和说的单词

选择对学生来说现在和以后都最有用的单词。例如，为了让学前班学生做好听《讨厌的瓢虫》(*The Grouchy Ladybug*, Clarle, 1996) 这个故事的准备，教师选择了以下单词开展教学：ladybug（瓢虫）、aphids（蚜虫）、friendly（友好的）、grouchy（好抱怨的）。相较于 ladybug、aphids 这两个单词，学生将来会有更多的机会使用 friendly、grouchy 这两个单词，而 ladybuy、aphids 则可以通过书中的图片快速教授。

类似地，一位初中语文教师在讲一篇文章之前初步选定以下单词作为预习内容：remote（遥远的）、malicious（恶意的）、presumptuous（傲慢的）、composure（镇定）、forester（护林人）、hyacinths（风信子）、Welsh rarebit（威尔士干酪吐司）、verge（边缘）、distressed（痛苦的）、contentment（满足）、rheumatism（风湿病）。考虑到教学时间有限，单词数量必须合理。教师首先删除了学生已经知道的单词 distressed，然后又删除了 forester 这个单词，因为根据学生现有知识（即明白 forest 的意思），这个单词很容易理解。接下来，教师认为即使学生对 hyacinths、Welsh rarebit、rheumatism 等单词不了解，也不会影响他们对文章的理解，在讲读文章时告诉学生这些单词的意思就好。教师将就 remote、malicious、presumptuous、composure、contentment 这些学生将来也可以使用的单词进行直接教学。

有人 (Beck et al., 2002) 认为，不同的单词具有不同的实用级别，并将这些级别称为层级 (tiers)。第一层级的单词是一些常见的单词，如 food（食物）、chair（椅子）、run（跑）、table（桌子），大多数学生都知道这些单词，几乎不需要任何教学。第二层级的单词是成熟的语言使用者和读者经常使用的单词，但我们的学生却不认识。学生一般能理解第二层级单词的基本概念，但并不熟悉这个新单词。例如，学生可能不熟悉 furious（暴怒的）、infuriated（激怒）或 enraged（触怒）等单词，但可能充分理解其基本概念，即 mad（疯狂）或 angry（愤怒）。小学课堂上的第二层级单词可能包括 jubilation（joy）（欢乐）、defraud（cheat）（欺骗）、calculate（figure out）（计算）、arrange（layout）（布置）、innocent（not guilty）（无辜的）。在小学班级中和有特殊需要学生的班级中，教学时必须强调第二层级中实用性高的单词，以便学生能在其他场景中或其他时候得以最优泛化应用。在中学阶段，第二层级单词可能包括 analyze（study）（研究）、contrast（see differences）（对比）、fundamental（important or crucial）（重要的或关键的）、equivalent（same）（相同）等词汇。为了满足中学课堂的语言要求，学生必须熟练掌握这类词汇，也就是通常所说的"通用学术词汇"。对中学教师来说，一个有用的工具是学术词汇表（the Academic Word List），其中有570个高频、实用性强的词汇，这些词汇经常出现在各种学术文章中（Coxhead，2000）。该词汇表还介绍各种词汇家族的成员［例如，concept（概念）词族包括 conception、concepts、conceptual、conceptualization、conceptualize、conceptualized、conceptualizes、conceptualizing、conceptually］。

一般来说，第三层级的单词是仅在一个领域中使用的低频词汇，并在学科内容领域类的课程中进行教授。例如，社会研究中的 totalitarian（极权主义）和 judicial review（司法审查）；语言艺术领域中的 foreshadowing（伏笔）和 vignette（短文）；几何中的 diameter（直径）、arc（弧）、chord（弦）；科学中的 condensation（凝结）、evaporation（蒸发）和 precipitation（沉淀）。虽然第三层级单词的使用频率不及第二层级的单词，但它们能强化学科内容领域学习的背景知识，具有重要的功能。因此，第二层级和第三层级的单词在教学中都占有一席之地，在小学课堂上强调的是第二层级的单词，在学科内容的教学中则强调的是第三层级单词的教学。不过，即使第三层级单词在中学学科内容领域的课堂上至关重要，也应尝试增加一些通用的第二层级单词的词汇课程，以扩大学生的一般学术词汇量。例如，一本高中历史书在关于中世纪的章节之前，列出了以下单词作为教学内容：feudalism（封建主义）、fief（封地）、vassal（封臣）、primogeniture（长子继承权）、manorialism（庄园制）、serfs（农奴）、chivalry（骑士精神）。虽然学习这些词有助于理解这一章的内容，并了解基本的背景知识，但学生在其他场合一般不太会遇到这些单词。为了扩充单词表，教师可以添加 analyze（分析）一词，这个单词在各种场合都非常有用。

指南 4：选择难学的和需要解释的单词

最后，应该利用额外的教学时间，直接教授并复习那些学生可能会觉得难学的单词。许多潜在因素都会增加一个单词的难度，让我们来分析其中的一些因素。

标示未知概念的词语

如果目标词标示的是一个未知概念，那么它的学习难度可能要大于标示已知概念的单词。例如，下面的新单词只需要最少的教学时间，因为在学生的"个人词典"中已经有这些词的同义词：crockery（plates, cups, dishes）（陶器，盘子、杯子、碟子），ravenous（very hungry）（极饿的，非常饿），numerous（many）（众多，很多），flawless (perfect)（完美无瑕，完美）。即使不知道单词的同义词，只要对这个单词的概念非常熟悉，也只需要很少的教学时间：residence（住所，一个人居住的地方）、pester（纠缠，一次又一次地烦扰某人）和 humiliation（蒙羞，一种羞愧或愚笨的感觉）。对于中等水平的学生来说，不熟悉的单词如 succinct（简明扼要的）或 ubiquitous（无处不在的）可能学起来会比较困难，但是，这些单词可能只需要较少的教学时间，因为学生知道这两个单词的基本概念。另一方面，如果单词及其基本概念完全陌生，几乎可以肯定会需要更多的教学时间。学生在学习这些学科领域的单词或术语时需要详细的教学：

科学：angular momentum（角动量）、dynamic friction（动摩擦）、magnetic field（磁场）、thermodynamics（热力学）

社会研究：branches of government（政府部门）、checks and balances（制衡）、ethnocentrism（种族中心主义）

健康：complex carbohydrates（复合碳水化合物）、lactose intolerance（乳糖不耐受）、antibiotic（抗生素）、resistance（抵抗力）、epidemic（流行病）

数学：cardinal number（基数）、denominator（分母）、parallelogram（平行四边形）、tessellation（镶嵌）

艺术：asymmetry（不对称）、complementary colors（互补色）、impressionistic art（印象派艺术）、representational art（具象派艺术）

概念未明的词汇术语通常属于第三层级词汇。但是，一些第二层级词汇的基本概念也可能不为学生所知。例如，他们可能不仅不认识 concede（承认）和 altruistic（利他的）这两个单词，也不熟悉它们的基本概念。

无法通过文章上下文线索充分理解的词汇

在阅读连贯文本时，如果上下文提供的线索不足或没有线索，学生就会遇到许多无法根据上下文理解其含义的单词。如果其中一个单词对段落理解至关重要，你就需要提供深入的教学。但是，如果本章提供了目标单词的明确定义、大量示例和详尽解释，则可以减少预习的内容（在之前的教学中可提醒学生注重该单词的重要性，使他们更加关注文本想要传达的意思）。

与抽象概念相关的词汇

与抽象概念相关的词汇——只存在于思维中的概念——比可以用图片、实物或演示等具体方式讲解的概念要难学得多。比如以下从初中语文教材中选出的这几组词，compulsion（强迫）一词可能比 gnarled（扭曲的）更难，transformation（转变）比 brooch（胸针）更难，incorporate（包含）比 tourniquets（止血带）更难，devotion（奉献）比 roamed（漫步）更难。

反映复杂概念的词汇

在判断一个单词对学生来说是否更难学会时，要考量这个单词的复杂程度。要判断一个概念是简单还是复杂，有三个变量特别重要：定义中属性的数量、定义中必须理解的概念数量，以及理解该单词所需的相关概念数量。

这里所说的属性是指，如果要使一个例子能够代表一个概念，则定义的例子中必须具备的部分。对属性较多的概念，学习者必须考虑每个属性。学习者还需要了解定义中包含的其他概念。研究以下数学术语的定义，并考虑每个术语的复杂程度。

variable（变量）
- 一个字母或符号
- 表示一个或多个数字

ordered pair（有序对）
- 一对数字
- 定位一个点
- 在坐标平面上
- 第一个数字表示水平移动的距离
- 第二个数字表示垂直移动的距离

变量是一个相对简单的概念，只有两个属性，定义中包含的概念都是已知的。有序对的概念相对更难，定义中包含多个属性，需要另外理解点、坐标平面、水平和垂直等概念。

复杂性不仅随着属性和包含概念的数量增多而增大，而且随着相关概念的数量增多而增大。例如，某本教科书是这样定义 branches of government（政府部门）的：

政府部门
- 按照美国宪法构建
- 划分政府权力
- 包括立法、行政和司法部门

要真正理解政府部门这一术语,学生需要理解定义中的概念,如 constitution(宪法)、legislative(立法的)、executive(行政部门)、judicial(司法的),以及许多相关概念,如 Presidency(总统)、Congress(国会)、House of Representatives(众议院)、Senate(参议院)、Supreme Court(最高法院)、constitutional(宪法的)、unconstitutional(违背宪法的)、republic(共和国)、democracy(民主)、delegated powers(授权)、separation of powers(三权分立制度)、checks and balances(制衡)、veto(否决权)、legislation(立法)。由于这一术语很复杂,在段落阅读前需要向学生作介绍、在阅读中需要进行讲解、在阅读后需要对其进行进一步讨论和扩展。

发音困难的单词

有些单词比较难学是因为学生没有听过这些单词,它们的发音不符合字母拼读法(不按规则发音),或者这些单词的音很难发。如果很难发音,学生就很难理解单词的含义,也难以记忆。因此,在教学中要选择学生需要练习发音的单词,以及需要学习其含义的单词。

无论是学前班教师还是高中化学教师,都不应假定学生可以轻松地发音。这种"自以为是"的行为势必会妨碍学生对词汇的掌握。在词汇教学中应确保加入单词发音练习,包括示范新单词的发音。根据需要与学生一起多次练习发音,并让他们自己多做发音练习。这种练习也有助于中使用这些新词汇。如果学生对自己的单词发音有信心,他们就更有可能在口语中使用这个单词。

需要额外解释的词语

最后,必须注意可能给学生造成混淆的术语,特别是具有多种含义的单词,以及不同于字面解释的习语、短语或表达。例如学音乐的学生会将 staff(工作人员)视为一组教师,学社会学的学生将 division(除法)的概念转化为一种数学运算,而不是分权(a division of powers),学数学的学生认为 negative number(负数)是一个"坏"数字。同样,如果缺乏对这些内容的直接教学,学生很可能会从字面上理解习语。例如，学生可能会把"The experienced secretary really knows the ropes"（这位经验丰富的秘书真的知道诀窍）这句话理解为"这位秘书周末喜欢攀岩"。

你必须决定每天要通过延长时间、教学和复习来强调哪些词汇。事实上，选择词汇可能是词汇教学中最重要的环节。让我们以应用3.1、3.2和3.3中的中小学课程示例实践这些指导原则。课程示例中包括说明、所选词汇，以及相关决策及其理由。你的观点可能与我们的并不一致。在选择单词时，要强调那些还未学习过的、对内容至关重要的、对将来有用的以及比较难的单词。

【应用 3.1】

初级阅读词汇的选择

教师带二年级的学生阅读德里克·曼森（Derek Munson, 2000）的《敌人派》(*Enemy Pie*)。在阅读过程中，教师会给学生简要解释一些新单词。读完之后，教师会对4个单词进行详细、直接的教学。按照选择单词的四个基本原则，从下面列出的单词中选择4个单词。然后阅读下方列出的选择和理由。

说明：圈出4个单词，进行详细、直接的词汇教学。

perfect（完美的） trampoline（蹦床） recipe（食谱） disgusting（恶心的）
earthworms（蚯蚓） ingredients（配料） horrible（可怕的） nervous（紧张的）
invited（邀请） relieved（释然的） boomerang（回旋镖）

情境：阅读课
年级：二年级
材料：德里克·曼森（Derek Munson, 2000）的《敌人派》(*Enemy Pie*)

词汇	教学程度	理由
perfect（完美的）	不安排教学，或简短教学	二年级学生可能知道 perfect 的意思。你可以在阅读中快速复习一下。
trampoline（蹦床）	阅读时简短教学	trampoline 不属于二级词汇，它有一个具体的指代。在阅读时，你只需要指向蹦床的图片即可。
recipe（食谱）	阅读时和阅读后简短教学	对于二年级学生来说，recipe 可能是一个陌生的单词，但它对学生理解文章至关重要，而且将来可能会派上用场。鉴于它与食物的联系——一个二年级学生非常熟悉的概念，这个单词并不难学！阅读的时候，给出一个简短的解释，之后通过介绍这个单词、它的含义和一些例子提供简短的教学。"这个单词是 recipe。念一下。recipe（食谱）。食谱是告诉人们如何制作食物的。如果你想做蛋糕，你可以看一个蛋糕食谱。如果你要做馅饼，你可以看一个馅

		饼_____。recipe（食谱）。如果你要做肉卷，你可以看一个肉卷_____。recipe（食谱）。"
disgusting（恶心的）	扩展教学	对于二年级学生来说，disgusting 可能是一个生词，但它对于句子理解至关重要，而且对学习者很有用，因此，disgusting 是适合用来精讲的绝佳单词。想想二年级的学生可以在什么时候使用这个单词吧。
earthworms（蚯蚓）	阅读后简短教学	蚯蚓是一个复合词，所以可以很容易地进行讲解。让学生拆解蚯蚓的两个单词，然后分析第二个单词与第一个单词的关系。"读这个复合词中的两个单词。（泥土）（蠕虫）。要弄清楚复合词的意思，我们先看第二个单词。蚯蚓是泥土中的蠕虫。"
ingredients（配料）	阅读时和阅读后简短教学	你应该在教授完 recipe 后马上教授 ingredients，这样可以减少教学时间。这个单词的难点不在于它的意思，因为它与一个已掌握的概念（食物）有关，它的难点在于它的发音。因此，应该多次练习发音。"这个单词是 ingredients（配料）。跟我一起说。ingredients（配料）。说三遍。ingredients（配料），ingredients（配料），ingredients（配料）。什么单词？ingredients（配料）。食谱中会讲做什么菜放什么料。如果一个蛋糕食谱告诉你放面粉，那么面粉就是一种_____。ingredients（配料）。如果你把鸡蛋搅进面糊里，鸡蛋就是一种_____。ingredients（配料）。如果你把牛奶倒进面糊里，牛奶就是一种_____。ingredients（配料）。"
horrible（可怕的）	不安排教学	二年级学生可能知道这个单词。他们可能读过《亚历山大和他最糟糕的一天》（*Alexander and the Terrible, Horrible, No Good, Very Bad Day*, Viorst, 1972）这本书，并且可能在某个时候，有人跟他们说太可怕了。
nervous（紧张的）	扩展教学	nervous 是扩展教学的绝佳选择。这个单词在今后的学习中也很有用。学生可以用来形容自己的感受，也可以在写作中使用。
invited（邀请）	视情况教学	这个单词是否教学取决于学生群体和班级环境。在多数情况下，学生可能会因为收到过聚会邀请而熟悉这个单词，但学生也有可能没有被邀请过参加特别活动。
relieved（释然的）	扩展教学	relieved 是精讲的绝佳选择，因为这个单词学生可能完全不熟悉，然而对文章的理解又至关重要，而且对二年级学生很有用。例如，当考试取消时，学生可以说"I am

		so relieved（我如释重负）"。在教授完 nervous 之后再教 relieved，效果会更好，这样可以让学生知道，当困难的事情过去之后，他们的心情会发生怎样的变化。
boomerang（回旋镖）	阅读时简短教学	当然，一看到这个单词，我们中的许多人可能就会跃跃欲试，准备实施为期六周的关于澳大利亚土著居民的单元教学，但简短的指导可能会更明智。展示一张图片并描述回旋镖在今天的用途就足够了。

【应用3.2】

五年级章节读物的词汇选择

教师计划在学生阅读《桥下的家庭》(*The Family under The Bridge*, Carlson, 1958/1986) 第一章之前，对4个单词进行详细、直接的词汇教学。对于其余的单词，将提供非常简短的教学或不安排教学。在阅读我们的理由之前，从下面列出的单词中选择4个单词。

说明： 圈出4个单词，进行详细、直接的词汇教学。

monsieur（绅士）　cathedral（大教堂）　cowered（蜷缩）　hidey-hole（躲藏处）
hyacinths（风信子）　can't abide（无法容忍）　dignity（尊严）　Gypsy（吉普赛人）
fastidious（挑剔的）　loitering（徘徊）　adventure（冒险）　quay（码头）

情境： 阅读课
年级： 五年级
材料： 娜塔莉·萨维奇·卡尔森（Natalie Savage Carlson）所著《桥下的家庭》(*The Family under The Bridge*) 的第一章

词汇	教学程度	理由
monsieur（绅士）	简短教学	这个单词可以快速教授，因为学生已经掌握其同义词 mister。教学重点可以放在单词的发音上。
cathedral（大教堂）	简短教学或不安排教学	教学时，可以为 cathedral 加上一个简短的形容，如 "an important cathedral（一座重要的大教堂）"，再配上一张图片即可。
cowered（蜷缩）	阅读前扩展教学	虽然 cowered 一词在口语中很少使用，但在文学作品中却经常用来描述人物的动作。此外，这个单词对于文章理解至关重要，五年级学生可能还不知道这个单词。
hidey-hole（躲藏处）	不安排教学	根据上下文和单词的结构，学生比较容易能够推断出这个单词的意思。
hyacinths（风信子）	不安排教学	这个单词出现在描述花车的段落中。因此，学生会很容易从上下文中推断出这个单词的意思。

can't abide （无法容忍）	阅读前扩展教学	这个单词需要进行教学的原因有多个。它表达了流浪汉阿曼德（Armand）对儿童的看法——这是故事情节的核心。另外，这也是五年级学生可以在口语和写作中使用的词语。
dignity （尊严）	阅读前扩展教学	作者用dignity描述阿曼德如何回应孩子们对他的嘲笑，让读者深入了解阿曼德的性格。五年级的学生可能不知道这个单词，但它确实很有用。
Gypsy （吉普赛人）	简短教学	许多五年级学生都不了解这个民族。吉普赛人社区在后续章节中是一个非常重要的因素，因此需要对Gypsy一词进行简短教学。
fastidious （挑剔的）	视情况实施扩展教学	fastidiously（挑剔地）用来形容阿曼德的一个行为。虽然fastidious不是一个常见词，但五年级学生可能会对这个单词感兴趣。
loitering （徘徊）	阅读前扩展教学	这是一个非常完美的五年级精讲词汇。想想看，教师可以在什么时候使用这个单词，"不要在饮水机前闲逛""我们走了……不闲逛了"。
adventure （冒险）	不安排教学	五年级学生基本都知道这个单词。
quay （码头）	简短教学	整本书中都用quay标记塞纳河沿岸的建筑。这是一个低频词汇，但鉴于其含义具体明了，因此简短教学应该足够。在介绍时应将其与塞纳河联系起来。谷歌上有大量巴黎塞纳河沿岸码头的图片。向学生展示这些图片和其他有关巴黎的图片，不仅有助于扩展学生的词汇量和知识，还能增强学生对该书的兴趣。

【应用3.3】

初中社会研究课的词汇选择

学生正在准备阅读社会研究教科书中题为"地理的五个主题"的一章。如果你没有这本教科书，就很难进行词汇选择。请阅读我们的评论，了解如何在学科内容领域的教科书中选择单词进行教学。

情境：初中社会研究课。

材料：《世界文化与地理》（World Cultures and Geography, 2005），第二章第一节：地理的五个主题（The Five Themes of Geography）

词汇	教学程度	理由
theme （主题）	扩展教学	虽然这个单词没有列在本章的建议词汇中，但应该教授它的原因有很多：这个单词是本章的中心概念，学生可能并不认识它，但它可以用在许多教学环境中。
continent （大陆）	不安排教学或简短教学	理想情况下，初中生应该已经掌握了这个单词的概念。可以通过让学生列举各大洲来评估教学的必要性。
location （位置）	不安排教学	初中生可能知道这个单词，或者可以快速解释为"一个地方在哪里"。
latitude （纬度）	复习	最近教过，但应该重新复习。
longitude （经度）	复习	应该重新复习。
absolute location （绝对位置）	扩展教学	最有效的方法是将 absolute 作为 exact（精确）的同义词来教授，利用经度和纬度解释 absolute location（绝对位置）。然后可以利用 absolute（绝对）讲解 absolute temperature（绝对温度）和 absolute altitude（绝对高度）的含义——这些词汇在文章中也能找到。也可以引入 absolute（绝对）的另一个含义（即完全没有限制）并引申出 absolute power（绝对权力）、absolute freedom（绝对自由）、absolute proof（绝对证据）、absolute justice（绝对正义）、absolute truth（绝对真理）、absolute monarch（绝对君主）、absolute knowledge（绝对知识）、absolute requirement（绝对要求）等。
relative location （相对位置）	扩展教学	与 absolute 一样，引入 relative（相对的）（与其他事物的比较，而非精确）的含义将有利于将术语泛化，如 relative location（相对位置）、relative effectiveness（相对有效性）、relative darkness（相对黑暗）、relative value（相对价值）、relative age（相对年龄）、relative humidity（相对湿度）等。形容词 relative 在教学中尤为重要，因为许多学生一听到 relative（作为名词，有亲戚的意义）这个单词就会想到阿姨、叔叔、堂兄弟姐妹和祖父母。

决定如何表达单词的含义

除了仔细挑选单词进行扩展教学、直接的词汇教学，你还需要清晰、准确地表达每个单词的含义。有五种方法可以表达单词的含义：①为单词做一个"学生友好型解释"（student-friendly explanation）；②指导学生确定词汇表或课文定义中，单词所包含的关键属性；③通过探究单词前缀、后缀或词根的含义讲解单词；④引导英语学习者识别同源词；⑤综合使用以上四种方法。你所选择的方法将取决于学生的年级、你所教的科目以及学生的语言水平。让我们来探讨前四种方法。

为单词做一个"学生友好型解释"

在向学生教授单词，尤其是第二层级的单词时，明智的做法是使用通俗易懂的定义，对定义的描述中只包含学生已知的单词，还要向学生说明单词的用法。这些通常被称为"学生友好型解释"（Beck et al., 2002）。向四年级学生教授的单词attention（注意），你可以在常用词典中找到其定义：

attention（注意）：① The act or state of attending through applying the mind to an object of sense or thought.（通过把心思应用于感官或思想对象上的注意行为或状态。）；② A condition of readiness for such attention involving a selective narrowing of consciousness and receptivity.（为这种注意做好准备的状态，包括意识的选择性和接受性。）

尽管这个定义十分准确，但对于四年级学生或不知道"注意"这一术语的人来说，这个定义肯定是不充分的。首先，这个单词是通过使用一个衍生词（attending）来定义的。此外，定义中还有许多学生可能不知道的单词，包括object（对象）、sense（感觉）、condition（状态）、readiness（准备）、selective（选择性的）、consciousness（意识）、receptivity（接受性）。你需要编写一个学生友好型解释。编写学生友好型解释的一个绝佳策略是在专门面向英语学习者的词典中查找单词。例如，这是《朗文美式英语词典》（*Longman Dictionary of American English*, 2006）给出的定义：

attention: the act of listening or looking carefully.（注意：仔细听或仔细看的行为。）

专门面向英语学习者的词典中的释义往往比我们快速生成的释义更好。因此，每位教师都应该有一本这样的词典，比如《柯林斯COBUILD学生词典和语法字典》（*Collins COBUILD Student's Dictionary Plus Grammar*, 2005）或《朗文美式英语词典》（2006）。两家著名的英语学习词典出版商也将其电子版放在网上，供教师和学生免费使用：《海因勒的纽伯里屋美式英语词典》（*Heinle's Newbury House Dictionary of American English*）（nhd.heinle.com）和《朗文当代英语词典》（*Longman Dictionary of Contemporary English*）（www.ldoceonline.com）。无论你是自己生成定义还是在词典中查找，都可以通过造句重新表述定义，这是非常有用的，它可以说明一个单词的用法，如"When you give something your attention, you listen and look carefully.（当你集中注意力时，你会仔细地听和看。）"

现在轮到你来编写学生友好型解释了。

应用 3.4 为你提供了这方面的练习。

【应用 3.4】

编写学生友好型解释

首先，阅读词典或术语表上对单词的定义及其补充示例和随附的学生友好型解释。然后阅读其余的定义，并编写学生友好型解释。要将一些定义转化为学生友好型解释，需要对其进行大量修改；而有一些定义则几乎无须修改。请确保你的学生友好型解释通俗易懂，包含学生熟悉的单词，以及每个单词的用法。如果你有英语学习词典，请将其作为辅助工具。完成后，将你编写的学生友好型解释与本书应用练习反馈部分的解释进行比较。

对象与情境	词汇：词典或术语表的定义	学生友好型解释
二年级学生朗读	disgusting (adj.): to cause to feel disgust; to cause revulsion, repellent, offensive [恶心的（形容词）：使感到恶心；令人反感引起厌恶、反感、冒犯]	If you think something is disgusting, you think it is unpleasant or unacceptable. You REALLY dislike it. (Developed from definition provided in *Collins COBUILD Student's Dictionary,* 2005)（如果你认为某样东西令人作呕，你就会认为它令人不快或无法接受。你真的不喜欢它。）（根据 2005 年版《柯林斯 COBUILD 学生词典》中的定义改写。）
五年级学生阅读小组	loitering (v.): to linger in an aimless way; spend time idly [徘徊（动词）：漫无目的地闲逛；虚度光阴]	You loiter when you stand or sit in a public place with no real purpose. When you just hang out, you loiter. （当你在公共场所站着或坐着而没有真正的目的时，你就是在徘徊。当你只是闲逛时，你就是徘徊。）
九年级学生全球研究	conglomeration (n.): ① the act or process of conglomerating; ② an accumulation of miscellaneous things [聚集物（名词）：① 聚集的行为或过程；② 杂七杂八的东西的堆积]	When a large group of different things are gathered together in an untidy or unusual way, it is a conglomeration. (Developed from definition provided in *Cambridge Advanced Learner's Dictionary*)（当许多不同的事物以一种不整齐或不寻常的方式聚集在一起时，它就是一个聚集物。）（根据《剑桥高阶词典》中的定义改写。）

二年级学生朗读	nervous (adj.): easily agitated, excited, or irritated; apprehensive [焦虑的（形容词）：容易激动、兴奋或烦躁；忧虑]
五年级学生阅读课	cower (v.): to crouch from something that menaces or dominates [畏缩（动词）：躲避威胁或控制]
七年级学生语言艺术课	sublime (adj.): of such magnificence, grandeur, or exquisiteness as to inspire great veneration [崇高的（形容词）：如此壮丽、宏伟或精美绝伦，令人肃然起敬]
十一年级学生科学课	empirical (adj.): based on, related to; verifiable by experience, experiment, or observation [经验的（形容词）：基于……，与之有关的；可通过经验、实验或观察进行验证]

指导学生确定词汇表或课文定义中，单词所包含的关键属性

虽然第一种方法做学生友好型解释对第二层级词汇非常有效，但在教授学科内容领域词汇，特别是第三层级词汇中代表知识体系的特定术语时，第二种方法也很有用。对于第三层级词汇，可以从课文或词汇表中提供的定义开始。引导学生在课文或词汇表中找到每个单词的定义，将定义分解成数个关键属性（部分），并让学生在词汇日志中记录单词和属性。例如，如果数学课本将 perimeter（周长）定义为"测量围绕一个形状或物体一周的长度"，学生可以将其分解为三个属性：

周长

1. 测量

2. 长度

3.围绕形状或物体一周

要将某物视为周长，必须同时具备这三个属性。只要不是一种测量、不是一段长度、没有围绕一个形状或一个物体一周，它就不是周长。

这种方法有几个优点。首先，列出单词和关键属性有助于学生分析更复杂概念的含义。其次，学生可以使用属性列表确定某物是该概念的例子还是非例子。最后，学生学会了一种记录单词和定义的策略，即使教师没有就这些新单词提供直接教学，他们也可以使用这种策略自学。

通过探究基本词、前缀、后缀或词根讲解单词

第三种介绍新单词含义的可行方法是关注单词的词素（morphemes）或意义单位。学生可以利用单词的基本词、词根、前缀或后缀，确定单词的含义。在教授 action（行动）这个单词时，你可以让学生注意 act 和名词后缀 ion。同样地，embarrassment（尴尬）包含基本词 embarrass 和名词后缀 ment；reconstruction（重建）包括基本词 construct、意为"再一次"的前缀 re 和名词后缀 tion；hydroelectric（使用水力发电的）包含意为"水"的希腊语词根 hydro。在这些元素中，前缀特别有助于确定单词含义，原因如下：

1.前缀在单词的开头，很容易识别。

2.发音和拼写一致。

3.它们能改变一个单词的意思，把 heat（热）改成 preheat（预热），把 test（测验）改为 pretest（预先测验）。

4.常见的前缀约占所有前缀的 97%，有 20 个：un, re, in (im, il, ir)，意为"不"；dis；en, em；non；in, im，意为"在"；over；mis；sub；pre；inter；fore；de；trans；super；semi；anti；mid；under（White, Sowell, & Yanagihara, 1989）。

后缀的含义通常是非常抽象和令人困惑的（例如，ment 可以表示"……的条件""……的质量""……的状态"），只有少数例外（例如，less、able 和 ful）。在对衍生后缀进行教学时应该强调它们经常改变原词的词性。例如，加了 ion 后，动词 reflect（反映）变成名词 reflection（反映）；加上 ly 后，形容词 quick（快的）变成副词 quickly（迅速地）；加上 al，名词 inspiration（灵感）就变成形容词 inspirational（启发灵感的）。

希腊语和拉丁语词根（例如，astronomy、astrophysics、astronaut、astronomer 中的 astro）也可以用来确定单词的含义。但是，应当注意到：

1. 希腊语和拉丁语词根只出现在少数单词中。
2. 单词的原意和现代用法之间的关系往往模糊不清，因此很难一概而论。
3. 许多词根不止一种拼写，妨碍了对词根的识别。

尽管存在这些挑战，当目标词汇中出现希腊语和拉丁语词根的时候，学生还是应该学习。例如，语言艺术教师在讲授 chronology（年代学）这个单词时，可以利用这个机会讲解希腊语词根 chron 的意思是"时间"，也可以讲解后缀 ology 意为"研究"。或许教师稍加提示，学生就可以得出结论：chronology 是研究历史和年代的学科。同样，在科学领域，许多单词都包含希腊语或拉丁语词根，教师可以通过提供前缀 micro（小）和希腊语词根 scope（看）的含义介绍 microscope（显微镜），让学生明白它是用来观察微小事物的工具。

这种方法有很多好处。首先，学生学习的词素可以泛化到其他单词。例如，在讲解了 chron 和 chronology 之后，学生可以探索 chron 在 chronicle（编年史）、synchronize（同步）和 anachronism（过时的人/风俗/思想）中的用法。其次，学生能够了解英语的各种起源及其发展基础。最后，对前缀、后缀和词根的学习提高了学生的"词意识"（word consciousness）（对单词的认识）及对英语语言的兴趣。但是，有一个重要的注意事项：结合词素的意义所做的字面解释往往不足以理解一个词的现代用法。例如，单词 manufacture（制造）包含 man（意为"手"）和 fac（意为"制造"），其字面意思就是"手工制作某物的行为"，这与单词目前的用法大相径庭。有经验的教师会把这个分析和学生友好型解释结合起来讲解，比如"物品是在工厂里制造出来。通常物品是人在工厂里用机器制造出来的"。也就是说，在介绍一个单词的含义时，你需要使用不止一种方法。

指导英语学习者识别同源词

第四种介绍词义的方法是识别同源词，或者两种语言中在拼写、语义和句法方面相似的词（Carlo et al., 2004; Hiebert & Kamil, 2005）。换言之，这些单词在两种语言中具有相似的拼写、含义和用法。对于学习英语的西班牙语使用者来说，这是一个特别有用的策略，因为这两种语言中的许多单词都源于拉丁语。据估计，有

10000到20000个西班牙语—英语同源词，并且这些同源词占学科教科书中词汇的三分之一（Nash, 1997）。专家（Lubliner & Hiebert, 2008）在研究《学术词汇表》中的570个单词时发现，70%的单词是形态上显而易见的同源词。以下是一些西班牙语—英语同源词的例子：

英语	西班牙语
combination（结合）	combinación
university（大学）	universidad
splendid（壮丽的）	espléndido

到了高年级，随着拉丁词根单词数量的增加，讲西班牙语的学生会遇到越来越多的同源词，尤其是在科学和社会学科中。例如，学生可能会在学习中遇到这些单词：

英语	西班牙语
discrimination（歧视）	discriminación
glacier（冰川）	glaciar
culture（文化）	cultura

尽管同源词可以丰富正在学习英语的西班牙语学习者的词汇量，但是教师主导的词义教学仍然十分必要。首先，即使是拼写上的微小变化，如pause（暂停）和pausa，也会降低一些学生识别英语—西班牙语同源词的能力（Nagy, García, Durgunoglu, & hankin-bhatt, 1993），这就需要教师指出其中的相似之处。其次，有许多假同源词，它们的拼写相似，但意思不同。请看这些例子：

英语	西班牙语
carpet（地毯）	carpeta（文件夹）
embarrassed（尴尬）	embarazada（怀孕的）
exit（出口）	éxito（成功）

设计例子和非例子

只给学生一个定义，哪怕是一个学生友好型的解释，对其掌握词汇的帮助仍是不够的。学生还需要一些使用词汇的例子，当概念较难时，还需要以非例子明确概念是什么以及不是什么。这些例子与非例子可以是具体的、直观的或是口头的。

设计例子

尽管具体例子有时可能不易获得，但是在可行的情况下，它们的展示是非常有价值的。例如，讲解珍妮·蒂瑟林顿（Jeanne Titherington, 1990）的《南瓜，南瓜》（*Pumpkin, Pumpkin*）时，向学生展示真实的 vine（藤蔓）会比展示一幅图片更有感染力。另一种使概念具体化和生动化的方法是表演。在教授 saunter（漫步）时，教师可以在教室里走动演示概念。在讲解 despondent（沮丧的）和 jubilant（喜气洋洋的）等词汇时，可以用面部表情和身体姿势表现情绪。

通常，你可以使用图片、插图作为例子和"谈话要点"来说明一个概念。这些直观的例子可以从现行的教科书、其他印刷材料或互联网中找到。例如，在教授 anxiety（焦虑）这一单词时，可以从网上下载一个学生被家庭作业压得喘不过气的照片，或者一个焦虑地在全班同学面前做报告的孩子的照片，就很有帮助。

很多情况下，即使你怀疑自己的艺术天赋，也可以通过画草图来提供直观的例子。例如，在教授 diameter 一词时，可以画一个有圆心的圆，然后加上一条代表直径的线。一幅图胜过千言万语，事实真的是这样的。

一般来说，你可以将具体的、直观的例子与口头解释结合使用。然而，在许多情况下，你可以只举一个口头例子（一个故事或情境）说明词汇。例如，在教授 concentration（专注）这个单词时，你可以举以下口头例子。

When you look or listen carefully and with interest, you **concentrate**. When you look or listen carefully, you_____. Concentrate. For example, yesterday in the library, Matt read his book even when people were talking near him. He really knows how to_____. Concentrate. This morning, MacKenzie did her whole math paper without even looking up at the clock. MacKenzie really knows how to_____. Concentrate. If you sat down at the kitchen table and did your homework without stopping to watch TV or pet the dog, you would show that you can really_____. Concentrate.

当你饶有兴趣地仔细观察或聆听时，你就会专注。当你仔细看或听的时候，你_____。专注。例如，昨天在图书馆，即使人们在马特旁边说话，他也在读书。他真的知道如何_____。专注。今天早上，麦肯齐完成了她的数学作业，甚至都没有抬头看时钟。麦肯齐真的知道如何_____。专注。如果你坐在厨房的桌子旁做作业，没有停下来看电视或抚摸狗，就证明你真的能够_____。专注。

设计非例子

教授一个更具挑战性的术语时（特别是基本概念比较困难或未知时），或者检查对某个词汇术语的理解时，你可以使用例子和非例子明确词汇或概念的范畴。按照以下步骤设计非例子：

• 步骤 1：分析术语的定义，确定定义的关键属性或关键部分。识别概念的关键属性是设计例子和非例子的关键。例子必须包括所有关键属性，但非例子应至少缺失一个关键属性。

简单的词汇术语可能只有一个关键属性。例如，furious 一词被定义为"非常生气"，credulous（轻信的）被定义为"相信任何事情"，dearth（匮乏）被定义为"稀缺或缺乏"。如前所述，复杂的概念可能具有许多属性。例如，在数学课上，diameter（直径）的定义是这样的："当一条线段经过圆的圆心，并且线段的两个端点在圆上时，这条线段就是直径。"因此，可以列举出以下属性：

直径
- 一条线段
- 穿过圆的圆心
- 线段的两个端点在圆上

通过应用 3.5 帮你练习确定定义的关键属性。

【应用 3.5】

确定定义的关键属性

针对第 3～5 个定义，确定关键属性。完成后，将你确定的关键属性与我们在本书应用练习反馈部分中的解释进行比较。

定义	关键属性或属性
conglomeration（聚集物） 当许多不同的事物以一种不整齐或不寻常的方式聚集在一起时，它就是一个聚集物。	conglomeration（聚集物） • 许多不同的事物 • 聚集在一起 • 以不整齐或不寻常的方式

contentious（好争论的）
一个好争论的人是一个总是准备要争论的人。

independent variable（自变量）
自变量是实验中有意改变的变量。

immigration（移民）
移民是指人们进入一个国家并准备在那里生活和工作的过程。

retaliate（报复）
当你以伤害某人来回应其对你造成的伤害或犯的错误时，就是在报复。

contentious（好争论的）
- 随时准备争论

- 步骤2：设计具备所有属性的例子。无论你使用的是具体的、直观的例子还是口头的例子，所有的关键属性都需要在例子中体现出来。让我们回到之前举例的概念——diameter。你可以画一个圆，标出一个圆心，再画一条代表直径的线段，然后解释："通过圆心画一条线段，线段的两个端点在圆上，这条线段就是直径。"在讲授democracy（民主制度）时，你可以说："美国有一种政府制度，有资格的公民可以在自由选举中投票，选出联邦政府的代表。因此，这种政府形式被称为民主制度。"对于furious，你可以使用这个例子："如果你的弟弟在你的作业上画画，你不得不重新做作业，你可能会非常生气。你可能会大发雷霆。"

在教授一个新词汇时，你需要提供大量的例子确保学生不会产生误解。例如，如果对survive（幸存）一词的唯一解释是"一个家庭在车祸中幸存下来"，学生可能会得出幸存与车祸有关的结论。同样，如果只通过在幻灯片上画图形解释perimeter，学生可能无法将这一概念推广到门、相框或房间陈设的度量上。

- 步骤3：设计缺少一些关键属性的非例子。如前所述，非例子用于确定概念的边界——它是什么，它不是什么。像例子一样，非例子可以是具体的、视觉的或口头的，但至少排除一个关键属性。正如下一节的课程示例所示，非例子可以用来帮助引入概念（特别是更具挑战性的、复杂的概念）并检查学生的理解情况。

应用3.6为你提供了一些设计例子和非例子的实践练习。

【应用 3.6】

设计例子和非例子

完成后,将你的例子和非例子与我们设计的例子和非例子进行比较(参见本书应用练习反馈)。

关键属性或属性	例子	非例子
conglomeration(聚集物) • 许多不同的事物 • 聚集在一起 • 以不整齐或不寻常的方式	马丁女士在前门旁边放了一个篮子,里面装着报纸、垃圾邮件、狗骨头、跑鞋、化妆品和植物种子。这是一个聚集物。	马丁女士的前门旁边放着一大篮子的垃圾邮件。这不能称为聚集物,因为篮子中是同一种物品。 在家里的每个房间,马丁女士都有自己的收藏品,包括贝壳、浮木、珍本书籍、茶杯、象牙珠宝和中式餐具。这不是一个聚集物,因为这些物品虽然不同,但并没有全部聚集在一起。
contentious(好争论的) • 随时准备争论	不管面对什么问题、什么人,瑞金特女士都愿意争辩。瑞金特女士是爱争论的。	不管面对什么问题、什么人,瑞金特女士都是思想开放,态度积极,希望了解其他人的观点。瑞金特女士不爱争论。
independent variable(自变量) • 实验变量 • 有目的的改变	四组3号杂交玉米种植在同样的土壤里、有同样的日照量,但浇水量不同。自变量是浇水量。浇水量是有目的地改变的。	日照量不是自变量,因为它不是有意改变的。 土壤类型不是自变量,因为它不是有目的的改变。 每组玉米的生长量不是自变量。虽然生长量会因浇水量的不同而不同,但是实验人员并没有有意改变它。
immigration(移民) • 进入一个国家的人们 • 准备在那里生活和工作		
sufficient(充足) • 足够		
retaliate(报复) • 伤害某人 • 回应某人对你造成的伤害或犯的错误		

直接词汇教学的程序

词汇教学的准备工作（选择词汇、确定表达单词含义的方法、设计例子和非例子）完成后，就可以开始直接教学了。在这本书中，我们一直强调使用有效且高效的教学程序，优化学生的学习，同时也为教师的日常教学提供支持。在这一主旨下，本章针对词汇介绍一种简单而有效的教学方法。这种基本的词汇教学程序，与其他研究者提出的程序相似（Beck et al.,2002; Biemiller, 2001; Carnine et al., 2009; Diamond & Gutlohn, 2006; Frayer, Frederick & Klausmeier, 1969; Marzano & Pickering, 2005），包含以下步骤：

- 步骤1：介绍单词。常规程序的第一步是告诉学生单词的发音，或指导他们解码（decoding）单词。正如前面所讨论的，如果学生不能准确地发音，就很难理解这个单词的意义，也很难在认知中储存、检索单词。如果单词的发音难度大，教师应示范单词的发音并让学生多次跟读。
- 步骤2：讲解单词。接下来，使用前面探讨过的方法讲解单词。
  - 选项1：提供一个学生友好型解释。
  - 选项2：引导学生分析单词中有意义的部分。
  - 选项3：让学生确定术语表定义中的关键属性。
  - 选项4：帮助英语学习者识别同源词，并将第一语言翻译成新学的第二语言。
- 步骤3：举例说明。用一些具体的、直观的或口头的例子说明这个概念，注意在例子中体现所有关键属性。
- 步骤4：检查学生的理解情况。通过让学生积极讨论单词来检查他们对概念的理解，有几种方法特别有用。
  - 选项1：让学生区分例子和非例子，并解释为什么这些示例是例子或非例子。
  - 选项2：让学生自己举出例子。
  - 选项3：向学生提出一些需要深入理解单词含义才能回答的问题，而不是简单地复制单词的定义就能回答的问题。

为了更好地理解直接词汇教学的程序，请仔细阅读表 3.1 和 3.2 呈现的课程示例。请注意，两个示例中都执行了基本教学程序的四个步骤，并根据所教概念的性质进行了细微的调整。在表 3.1 的课程示例中，八年级学生正在准备阅读哈丽特·塔布曼（Harriet Tubman）传记的节选文章。教师对 elude（回避）展开教学，这个单词对理解文章至关重要。需要注意的是，表中给出了几个例子，其中包括一些与文章中这个单词的用法直接相关的例子，这有助于加深学生的理解。另外，还让学生思考 elude 的同义词，增加学习的深度。在表 3.2 的课程示例中，教师通过拆解单词的语素（auto, bio, graph）讲解单词 autobiography（自传）。然后，教师用学生友好型解释重申单词的含义。按照基本教学程序完成 autobiography 一词的教学后，教师协助学生学习更多含有 auto 的单词。

表 3.1　基本教学程序：初中

课程背景： 八年级语言艺术 **教学情境：** 准备阅读哈丽特·塔布曼（Harriet Tubman）传记的节选文章
步骤 1：介绍单词。 　　（教师展示单词。）这个单词是 elude（躲避）。什么单词？elude。我们把它读成 "e lüd"。再说一遍。elude。
步骤 2：讲解单词。 　　**选项 1：提供一个学生友好型解释。** 　　如果你避开某人或逃离某些人，你就是在躲避他们。如果你避开某人或逃离某些人，你就是在_____。躲避他们。
步骤 3：举例说明。 　　如果逃跑的奴隶能够躲避追捕他们的巡逻员，那么这些奴隶就能够逃脱巡逻员的追捕。如果一个罪犯能够逃脱并躲避警察 10 年，那么这个罪犯就成功_____。躲避他们。在捉迷藏游戏中，如果其他玩家抓不到杰森，他就能_____。躲避他们。
步骤 4：检查学生的理解情况。 　　**选项 1：让学生区分例子和非例子。** 　　请拿出你的"是"和"不是"卡片。我会问一个问题。当我说"给我看"的时候，就举起那张"是"或那张"不是"的卡片。 　　如果一个奴隶想要躲避巡逻员，他会抗议市场上的买卖奴隶的行为吗？（停顿。）展示给我看。（学生举起"不是"卡片。）每组的 1 号同学，告诉你的同伴，为什么逃跑的奴隶不会抗议市场上的买卖奴隶行为。如果他们在市场上抗议买卖奴隶的行为，他们就会被注意到并被抓住。

(续表)

如果一个奴隶想要躲避巡逻员，他会只在晚上行动而在白天躲起来睡觉吗？（停顿。）展示给我看。（学生举起"是"卡片。）每组的 2 号同学，告诉你的同伴为什么奴隶只在晚上行动，而在白天躲起来睡觉。在你的解释中使用 elude 这个单词。<u>如果他们只在晚上活动，白天睡觉，他们就能躲避巡逻员。</u> 　　**选项 3**：问一些需要深入思考单词含义的问题。 　　如果你是一个奴隶，你想躲避巡逻员，你会在早上还是晚上离开？<u>在晚上。</u>每组的 2 号同学，告诉你的同伴为什么晚上会更好。开头请用：如果你想躲避巡逻员，最好在晚上离开，因为……<u>如果你想避开巡逻员，最好在晚上离开，因为天黑了，巡逻员可能在家睡觉。</u> 　　如果你是一个奴隶，你想躲避巡逻员，你应该走马路还是穿越森林离开？<u>穿越森林。</u>每组的 1 号同学，告诉你的同伴为什么穿越森林离开会更好。开头请用：如果你想躲避巡逻员，最好穿越森林离开，因为……<u>如果你想躲避巡逻员，最好穿越森林离开，因为你可以躲在树干后面或树叶堆下面。在路上，你无处可躲。</u> 　　想想在哈丽特·塔布曼的文章中是如何使用 elude 这个单词的。（教师给出思考时间。）现在和你的同伴交流一下。<u>当哈丽特逃跑时，她躲过了追捕她的人和狗。当哈丽特帮助其他奴隶通过地铁逃跑时，她帮助他们躲开了巡逻员。</u>
扩展——同义词：介绍或让学生列出新单词的同义词。允许使用参考资料。 　　和你的同伴一起，列出与 elude 同义的单词或短语。鼓励大家使用字典或词典。[教师监督并在幻灯片上记录单词。然后与全班同学分享以下同义词：evade（逃避）、avoid（躲避）、escape from（逃离）、run away from（逃跑）、dodge（躲闪）、shake off（摆脱）、break loose（挣脱）、get away（逃脱）。]

表 3.2　基本词汇教学程序：中年级

课程背景：五年级语言艺术 **教学情境**：介绍新的体裁——自传
步骤 1：介绍单词。 　　（教师展示单词。）这个单词是 autobiography（自传）。什么单词？<u>autobiography。</u>
步骤 2：讲解单词。 　　**选项 2**：引导学生分析单词中有意义的部分。 　　[教师在 autobiography 中用下划线强调 biography（传记）。] 我们刚读完一本传记。每组的 1 号同学，告诉你的同伴什么是传记。（教师监督。）是的，传记是由他人撰写的关于某人一生的描述。（教师在 autobiography 中圈出 auto。）auto 的意思是 "self（自我）"。auto 是什么意思？<u>自我。</u>所以自传是一个人写的对自己一生的描述。
步骤 3：举例说明 　　如果我写我的一生，那就是_____。<u>自传。</u>如果一个国家的领导人写自己的生活，

(续表)

他会写一篇_____。自传。

步骤 4：检查学生的理解情况

　　选项 1：让学生区分例子和非例子。

　　请拿出你的"是"和"不是"卡片。当我说"给我看"的时候，就举起那张"是"或那张"不是"的卡片。芭芭拉·克莱默（Barbara Kramer）撰写了《迈克尔·福克斯：生命的勇气》(Michael J. Fox: Courage for Life)。请思考，这本书是自传吗？给我看你们的答案。（学生举起"不是"卡片。）正确。这不是自传，因为是别人写的。迈克尔·福克斯写了很多关于自己生活的书，包括《永远向上看》(Always Looking Up)。这本书是自传吗？给我看你们的答案。（学生举起"是"卡片。）是的，迈克尔·福克斯写的是他自己的生活。

　　巴拉克·奥巴马（Barack Obama）在一本名为《父亲的梦想》(Dreams from My Father)的书中讲述了他的一生。这本书是自传吗？给我看你们的答案。（学生举起"是"卡片。）每组的 1 号同学，告诉你的同伴你是怎么知道这是一本自传的。<u>这本书是关于奥巴马的，而且是奥巴马写的。</u>加伦·托马斯（Garen Thomas）写了关于奥巴马的《是的，我们能做到》(Yes We can)。这本书是自传吗？给我看你们的答案。（学生举起"不是"卡片。）每组的 2 号同学，告诉你的搭档你是怎么知道这不是一本自传的。<u>这本书是关于奥巴马的，但是是别人写的。</u>

　　选项 3：问一些需要深入思考单词含义的问题。

　　人们选择写自传的原因有很多。想一想这些原因。（教师给出思考时间。）和你的同伴一起想一些理由。（教师监督。）每组的 1 号同学，我将请你们中的一些人向你们的同伴报告。（教师点名学生。）

扩展——单词部件：介绍包含该单词部件的其他单词。

　　[教师在黑板上写 automobile（汽车）。]我们来看看其他包含 auto 的单词。这个单词是 automobile。什么单词？<u>automobile</u>。automobile 的同义词是什么？<u>car（汽车）</u>。auto 是什么意思？<u>自我</u>。mobile 意为"移动"。你认为 car（汽车）为什么又被称为 automobile（汽车）？每组的 1 号同学，告诉你的同伴你的理解。（教师点名一位学生。）<u>你可以自己开汽车从一个地方到另一个地方，而火车自己开不了。</u>

　　[教师在黑板上写 autocrat（独裁者）。]这个单词是 autocrat。什么单词？<u>autocrat</u>。独裁者是政府的领导者。你认为独裁者领导的是专制国家还是民主国家？每组的 2 号同学，告诉你的同伴。（教师监督并提问学生。）<u>auto 的意思是自我，所以，独裁者就是一个人掌权的独裁政权。</u>

　　[教师在黑板上写了 autograft（自体移植）。]这个单词是 autograft（自体移植）。什么单词？<u>autograft</u>。如果一个人在火灾中烧伤了皮肤，他可能需要进行移植，在烧伤部位移植新的组织。如果这个人接受了自体移植，皮肤从哪里来？告诉你的同伴。（教师点名。）<u>来自患者身体的其他部位。例如，如果手臂烧伤，可以从腿部取皮进行自体移植。</u>

　　[教师在黑板上写 autograph（亲笔签名）。]这个单词是 autograph。想想 auto 的意思。如果我写下你的名字，是亲笔签名吗？每组的 1 号同学，告诉同伴你的想法。（教师点名一

(续表)

> 位学生。）不是，因为 auto 的意思是 self（自我），所以我必须自己写名字。如果你写下自己的名字，这算亲笔签名吗？每组的 2 号同学，告诉同伴你的想法。（教师点名一位学生。）是的，因为 auto 的意思是自我，我是自己签的名。

使用应用 3.7 来设计你的词汇课，按照基本教学程序进行教学。

【应用 3.7】

设计用基本教学程序教学的词汇课

按照本章介绍的基本教学程序，针对一个你可以教授的第二层级单词进行教学。你可以选择下列单词及其学生友好型解释，也可以选择其他单词。

词汇	学生友好型解释（根据 2005 年版《柯林斯 COBUILDS 学生词典》中的定义改写）
outrageous（骇人的）	如果用骇人的来形容某件事情，就是在强调它是不可接受的或非常令人震惊的。
refusal（拒绝）	拒绝是坚定地表示或表明你不会做、不允许做或不接受某件事的行为。
lavish（奢华的）	如果用奢华来形容某样东西，意思是这样东西花费了人们大量的时间、精力或金钱，使其尽可能令人印象深刻。

现在，让我们把注意力转向更复杂的概念上，这些概念中涉及的单词不常见，学生可能也搞不清楚它们的基本概念。在这种情况下，我们将对基本教学程序进行扩充，不仅要呈现概念的例子，还要用非例子更好地传达概念的边界（它是什么以及它不是什么）。

在第 2 章中，我们介绍了直接教学课程主体的三个主要步骤，包括示范（我做），指导练习（我们做）和指导练习（你做）。如果重新复习以前的词汇课，你会发现这里只用了两个步骤：我做（介绍单词，讲解单词，用例子进行说明）；你做（检查学生的理解情况）。但是，当这个概念不太熟悉或理解比较困难时，增加一个我们做的步骤是很有用的。在该步骤中，你可以通过提出有关关键属性的问题，引导学生分析概念的例子和非例子。

在表 3.3 的课程中，几何教师在讲解 chord（弦）时采用了比之前的课程示例更密集的教学。首先，将术语表中的单词分解为几个部分或几个关键属性来讲解含义。接下来，使用例子和非例子对概念进行说明，确保学生理解（我做）。然后教师引导学生分析例子和非例子（我们做）。最后，学生自己列举概念的例子和非例子，以巩固相关的知识（你做）。因为弦有不止一种含义，教师在课程开始时花了一点时间将数学中使用的弦与它作为音乐术语和弦这一更常见用法区分开来。

表 3.4 是为期四周的单元学习的开始课程。这位高中教师首先介绍了 genocide（种族灭绝）一词，这是理解该单元的核心概念。然后，教师和学生一起使用一种特定类型的组织结构图介绍所有主要概念。在教师进行教学的过程中，学生口头回答问题，同时填写组织结构图。

考虑到所期望的理解深度，这种初始指导是非常重要的。随后在整个单元中复习该术语，并开展一个高潮活动：制作语义地图（semantic mapping），即用另一种组织结构图将其他单词和概念与核心概念（本例中为种族灭绝）联系起来。语义地图（Heimlich & Pittelman, 1986）可以将复杂概念与其他词语联系起来，加强对复杂概念的认识。学生会生成一个相关单词列表，对单词进行分类，并确定类别标签。留意语义地图是如何用于整个单元的有效复习的。

表 3.3　数学概念：使用例子和非例子

课程背景：八年级几何 **教学情境**：词汇教学
步骤 1：介绍单词。 　　（教师展示单词。）这个单词是 chord（弦）。什么单词？chord。
扩展——多义词：介绍单词的其他熟悉用法。 　　你以前可能听过 chord 这个单词。在音乐中，它是指由三个或三个以上的音符组成的一组音。例如，弹钢琴时可能会用同一只手同时弹奏三个音符。这组音符就是_____。chord（和弦）。弹吉他时，吉他手可能会将三个手指分别按在三根不同的弦上，从而形成一个_____。chord（和弦）。在几何学中，chord（弦）有着完全不同的含义。
步骤 2：讲解单词（我做）。 　　**选项 3**：让学生确定术语表定义中的关键属性。 　　请在术语表中找出 chord 这个单词。（教师监督。）和我一起读一下定义：弦是端点位于圆上的线段。在你的词汇日志中记下单词 chord。（教师监督。）我们将定义分解出几个关键属性。首先，弦是一个_____。线段。我们知道线段是直的。其次，线段的端点位于_____上。圆。请列出这个单词的关键属性。 　　学生的日志应该是这样的： 　　chord 弦 　　• 线段 　　• 端点位于圆上

(续表)

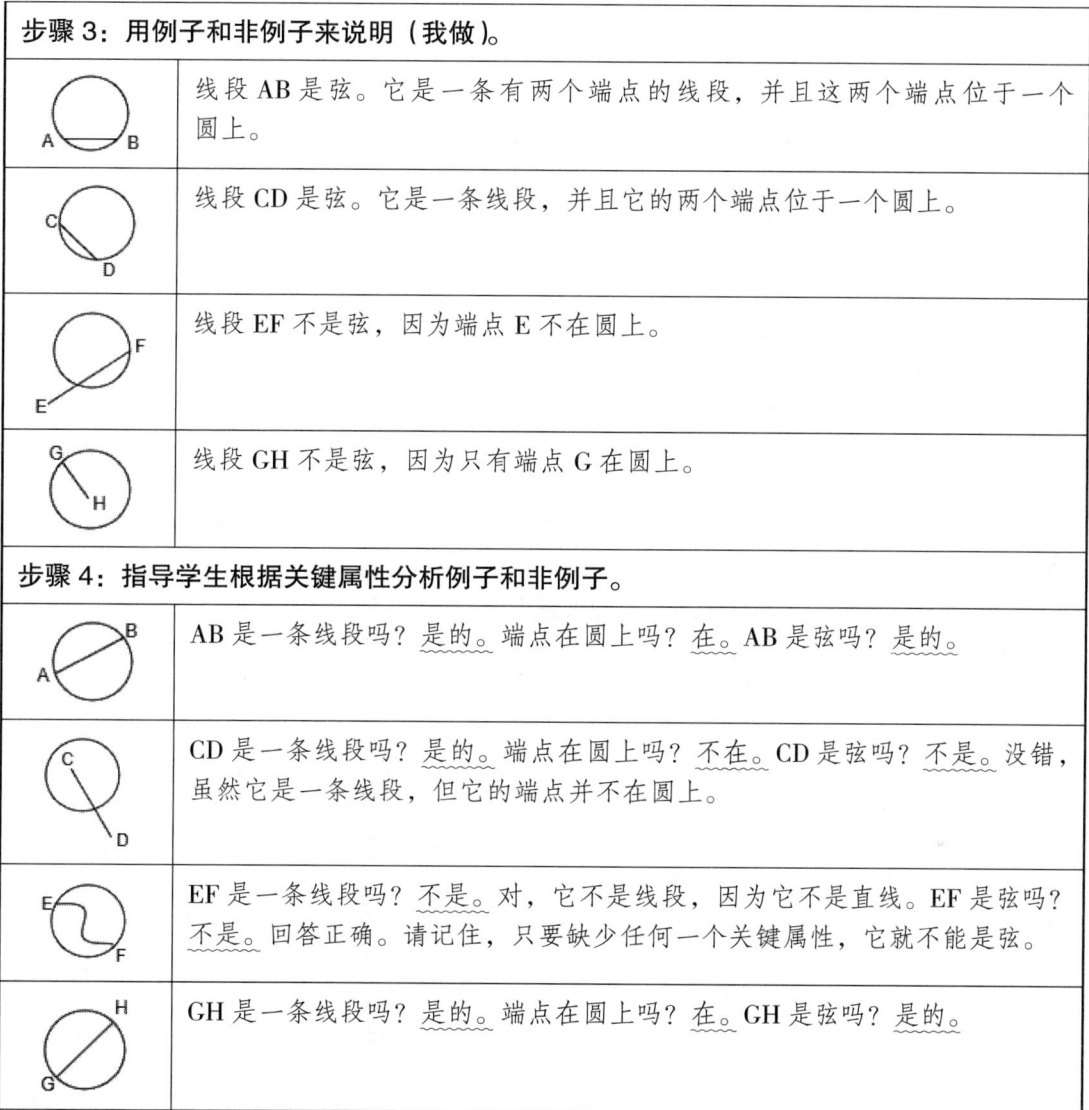

步骤 5：检查学生的理解情况（你做）
　　选项 2：让学生列举例子和非例子。
　　请拿出你们的答题板。在答题板上画一个圆圈。画出三条弦，标记为 AB、CD 和 EF。(教师在学生画三条弦时进行监督。)请检查你同伴画的。确保这三条线都是弦。(教师继续监督。)举起你们的答题板。(教师检查答题板。)请擦掉。
　　现在在你的答题板上画一个新的圆。画三条不是弦的线条。标记 AB、CD 和 EF。(教师在学生画三条不是弦的线时进行监督。)同学们，举起答题板。(教师检查答题板。)每组的 1 号同学，向你的同伴解释为什么你画的每条线都不是弦。每组的 2 号同学，向你的同伴解释为什么你画的每条线都不是弦。

表 3.4 使用组织结构图和语义地图进行复杂概念教学

课程背景：十一年级全球研究 **教学情境**：介绍单元种族灭绝
步骤 1：介绍单词（我做）。 （教师分发空白的组织结构图。）今天我们将开始学习关于种族灭绝的内容。第二次世界大战期间，德国政府杀害了数百万犹太人，企图消灭所有犹太人，实施种族灭绝。这个单元的核心概念是 genocide（种族灭绝）。[教师在幻灯片上写上 genocide 这个单词。] 什么单词？genocide。genocide 是一个名词。
步骤 2：讲解单词（我做）。 　　**选项 2：指导学生分析单词中有意义的部分。** 　　在 genocide 中两个有意义的部分下面画线。（教师在 genos 和 cide 下面画线，并在幻灯片上写上 genos 和 cide。）genos 是一个希腊词，意思是"种族"或"部落"。cide 在拉丁语中的意思是"杀戮"。（教师把这些记录在幻灯片上。）因此，genocide（种族灭绝）指对一个种族的屠杀。（学生填写组织结构图。） 　　**选项 3：让学生确定术语表定义中的关键属性。** 　　（教师在说明每个属性时填写组织结构图。）让我们来探讨一下种族灭绝的含义。首先，种族灭绝是一种蓄意的行为。对民众的杀戮不是随意的，是有意为之。这是故意的。其次，它是系统的。犯下种族灭绝罪行的人有一个计划，他们系统地执行这个计划。再次，genocide（种族灭绝）指的是对一个群体的破坏、杀戮。可能毁灭整个群体，也可能毁灭部分群体。最后，毁灭的群体是基于一个特定特征的，比如民族、种族、国籍或者宗教。请确保填上所有的关键属性。（教师监督。）每组的 1 号同学，假装你的同伴今天没来上课，对着自己解释一下种族灭绝。
步骤 3：用例子和非例子来说明（我做）。 　　你们已经知道二战期间阿道夫·希特勒（Adolf Hitler）领导的德国政府对犹太人的种族灭绝。这些行为被认为是种族灭绝，因为它们是_____。（教师指着组织结构图中填写的属性。）蓄意的和系统的。种族灭绝的目标是基于一个特定的_____去摧毁一个群体。特征。在这个例子中，是宗教。请把这个例子记在你的组织结构图里。（教师监督。） 　　许多德国和其他轴心国士兵，以及许多美国和其他盟军士兵在战斗中丧生。尽管成千上万的人被杀，但这不是种族灭绝，因为他们的目的是赢得战争，而不是基于某种特征摧毁一个群体。记下这个非例子。
步骤 4：检查学生的理解情况（你做）。 　　**选项 1：让学生区分例子和非例子。** 　　准备一下，告诉我这是不是种族灭绝的例子。1994 年，非洲卢旺达的一个族群胡图族发起了一项计划，要杀死卢旺达另一个族群图西族的所有成员。据估计，在很短的时

(续表)

间内，有 80 万图西族人被杀害。这是种族灭绝的例子吗？<u>是的</u>。每组的 2 号同学，告诉同伴你是怎么知道这是种族灭绝的。（教师监督。）你说屠杀图西族人是蓄意的，并且是_____。<u>系统的</u>。图西族人的灭亡是基于一个特定的_____。<u>特征</u>。在这个例子中，是种族。请把这个例子添加到组织结构图里。

2004 年，一场巨大的海啸袭击了印度尼西亚、斯里兰卡和其他环太平洋国家。大约 23 万人死亡。这是种族灭绝的例子吗？<u>不是</u>。每组的 1 号同学，告诉同伴你是怎么知道这不是种族灭绝的。（教师监督。）很好。你说这不是蓄意且有计划地杀害一群人。在这里，海啸是一种自然现象。把这个非例子添加到组织结构图里。

扩展——单词部件：介绍包含该单词部件的其他单词。

genocide 这个单词的一部分是 cide（灭绝）。许多单词都含有 cide，指的是杀戮，例如，suicide（自杀）和 insecticide（杀虫剂）。和你的同伴一起，想想其他包含 cide 的单词，并把它们添加到你的组织结构图里。你可以使用参考资料。（教师监督学生，然后点名提问。）<u>pesticide（杀虫剂）、infanticide（杀害婴儿）、homicide（杀人罪）、herbicide（除草剂）、bactericide（杀菌剂）、rodenticide（灭鼠剂）</u>。

扩展——同义词：介绍或让学生列出新单词的同义词。允许使用参考资料。

虽然没有与 genocide 意思完全一致的同义词，但有几个词的意思相当接近。与你的同伴一起，列出一个同义词列表，并将它们记录在你的组织结构图里。同样，可以使用参考资料。（教师监督学生，然后点名提问。）<u>mass murder（大肆屠杀）、massacre（屠杀）、annihilation（毁灭）、extermination（灭绝）、ethnic cleansing（种族清洗）</u>。

扩展——词汇家族：用一个相关的故事，介绍同一个"词族"中的其他单词。

在组织结构图里找到标记为"词族成员"的单元格。这个词汇家族还有一个单词，是 genocidal（种族灭绝的），一个形容词。在实施种族灭绝时，人们会采取极端行为，例如使他人挨饿或使他人过劳致死。在你的组织结构图里记录 genocidal。

扩展——语义地图：让学生列出、分类并标记与目标概念相关的单词。

过去 4 周，我们一直在学习 genocide。用 5 分钟的时间写下你能想到的任何与 genocide 相关的单词。比如，我马上想到这些词：death（死亡）、extermination（灭绝）、religion（宗教）、Cambodia（柬埔寨）。（教师在幻灯片上列出这些单词。）请开始。（教师在教室里走动，在幻灯片上对应记录学生的名字和其列出的单词。）把你的列表读给你的同伴听。每组的 1 号同学先读，然后 2 号同学读。（教师继续在幻灯片上记录学生的想法，并在想法旁边加上学生的名字。）我们来看看同学们的想法。（教师和学生朗读幻灯片上的单词表。）

现在从你们的合作小组中选出一个记录员。（停顿。）请记录员在你们组的海报中央写上 genocide 这个单词。（教师在幻灯片上做示范。）你们每个人都有一个单词表。把你们的单词分类。你们小组的首要任务是完成单词分类。我先来。我的第一个单词是 death。这个单词的

(续表)

类别可能是"种族灭绝的结果"。（教师在幻灯片上添加了这一类别。）extermination 也可以归为这一类。我的下一个单词是 religion。我将它归类为"群体特征"。 和你的组员一起，提出你们自己的类别。先不要记录你们说过的话。（教师监督，要求记录员报告他们组的分类，并在幻灯片上增加类别。） 现在你们有了分类。每个人在组里轮流说一个自己列表中的单词及相应的类别。请记录员添加到你们组的海报上。请继续，直到我说停止为止。（教师监督。图 3.1 是一个小组共同创建的语义地图。）

表 3.5　完整的组织结构图

概念：genocide（种族灭绝）	
词源分析：genos = 种族或部落（希腊语） 　　　　　cide = 杀戮（拉丁语） 词性：　　名词	
关键属性：• 蓄意的 　　　　　• 系统的 　　　　　• 毁灭 　　　　　• 一个群体（全部或部分） 　　　　　• 基于特定特征（如民族、种族、国籍、宗教）	
例子	非例子
二战中的大屠杀——杀害犹太人	二战中轴心国和盟军的杀戮
1994 年，在卢旺达（非洲）杀害图西族人	2004 年，大约有 23 万人在太平洋海啸中丧生
相关词： suicide（自杀）　　infanticide（杀害婴儿） homicide（杀人罪）　insecticide（杀虫剂） pesticide（杀虫剂）	同义词： mass murder（大肆屠杀）、massacre（屠杀）、annihilation（毁灭）、extermination（灭绝）、ethnic cleansing（种族清洗）
词族成员	
genocidal 种族灭绝的（形容词）	
你的句子	
第二次世界大战期间，希特勒执政的德国政府屠杀了数百万犹太人，发生了种族灭绝事件。	

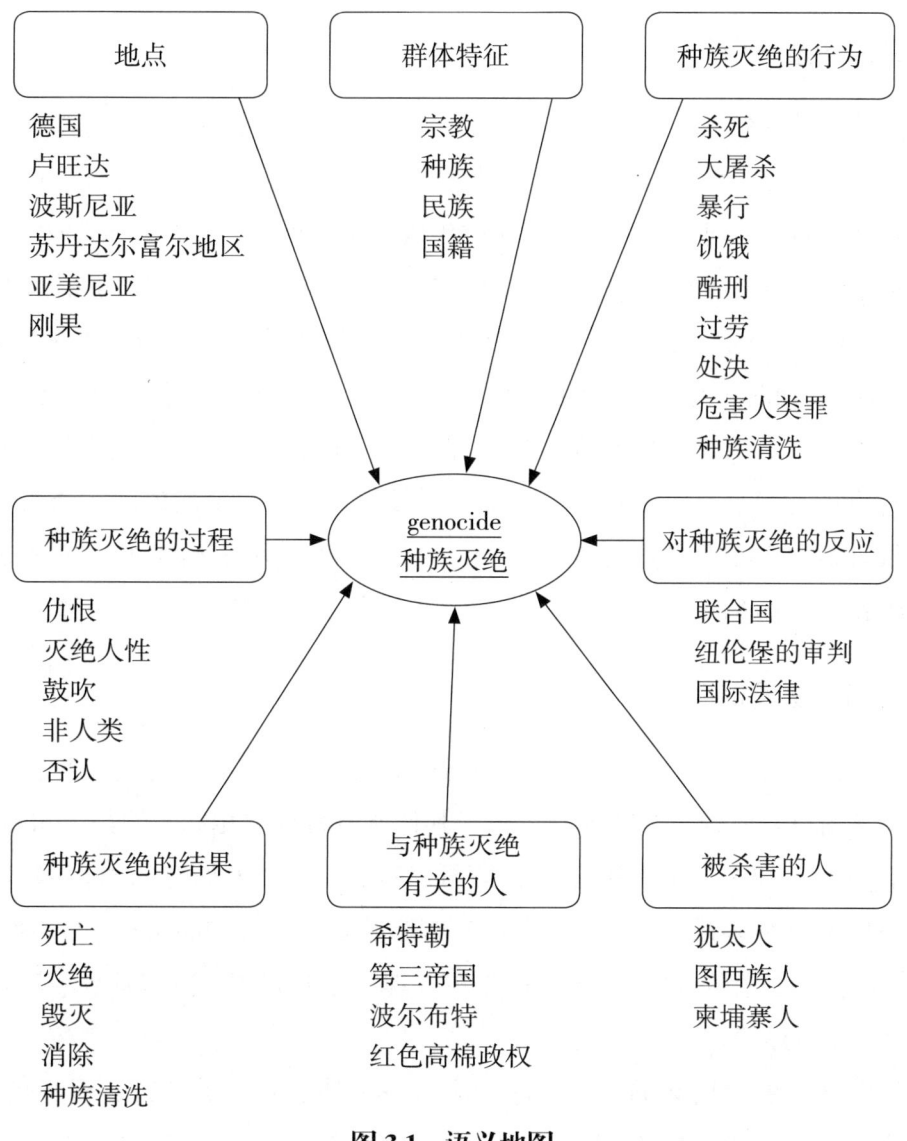

图 3.1 语义地图

词汇教学的扩展

我们介绍了一个简单有效的教学程序，展示如何教授词汇。在阅读前面这些课程示例时，你可能已经注意到我们经常进行课程扩展，以加深对目标单词及其基本概念的理解。我们可以把教学程序看作"蛋糕"，而扩展内容则是"糖霜"。为了确定课程扩展的数量和性质，我们考虑了每个目标单词的重要性、难度和学生所需学习的深度。下面，我们将介绍课程示例中的扩展内容，以及其他可能的扩展形式。

同义词（意思相同）

当你提供了一个精心挑选的同义词——在含义上与词汇表中的单词非常接近并且为学生所熟知的同义词——你就为学生学习新单词提供了便利。你还可以让学生从他们的个人词库、词典或同义词词典中生成同义词列表。当你要求学生列举同义词时，要让他们列出他们听过和使用过的熟悉的单词，而不是列出同义词词典中的所有条目。还要讨论目标词和同义词在含义上的细微差别。例如，在探讨 genuine（真的）的同义词时，有一个小组提供了 honest（诚实的）一词。然后全班讨论了 genuine 和 honest 之间的细微差别。当一件物品真的如其所言时，它是 genuine（真的）（一件真的艺术品，而不是赝品；是一张百元真钞，不是假钞；一个真实的人，看起来很善良，实际上也很善良）。因此，genuine 可以用来描述很多事情或行为，而 honest 通常用来形容一个人。

反义词（意思相反）

与同义词一样，在阐明一个单词的意思时，列举反义词也很有帮助。反义词除了与所教的目标词的一个特征相反外，其他所有特征都相同。例如，affluent（富裕的）（目标词）和 poor（贫穷的）（反义词）都是指一个人拥有的财富的多少，但 affluent 意味着有很多钱，poor 意味着没有多少钱。同样，reluctant（不情愿的）（目标词）和 eager（渴望的）（反义词）都是指处理任务的方式，但前者表示没有热情，后者表示非常有热情。

当你向学生展示反义词时，目标词应是一个他们知道的单词，否则反义词会使人混淆而起不到澄清的作用。例如，在教授 optional（选修的）时，选择反义词 required（必修的）可能比选择 compulsory（必修的）或 mandatory（强制的）更有用，因为后面这两个单词对于学习 optional 的学生来说可能是不认识的单词。同样，当你要求学生列举反义词时，这些单词应该是他们熟悉的（他们听过、读过、说过或写过的单词）。

词族

研究人员（Nagy & Anderson, et al., 1984）建议将教学范围从目标词扩展到所谓的"词族"成员，或在形态和语义上与目标词相关的单词。例如，stable（稳定的）

的词族包括 unstable、stabilize、stabilized、stabilization、stability 和 instability。研究人员（Lubliner & Hiebert, 2008）在分析《学术词汇表》中的 570 个单词时发现，76% 的单词在形态上会有由三个或三个以上相关的单词组成的词族，使得这种介绍词族的做法非常有成效。在讲解词族时，可以使用以下步骤：

- 步骤 1：将目标单词和相关的单词列在黑板、幻灯片或电子白板上，可以更明显地看出形态上的相似。对于许多单词来说，这种相似性更容易"看到"而不是"听到"。例如，wild（野生的）、wilderness（荒野）；protest（抗议）、protestant（新教教徒）；Catholic（天主教的）、Catholicism（天主教）；declare（公告）、declaration（公告）；compile（编写）、compilation（选集）；acquire（获得）、acquisition（获得）。
- 步骤 2：示范每个单词的发音，让学生模仿。
- 步骤 3：用一个上下文连贯的故事介绍单词的意思。当教师指出故事中缺失的单词时，由学生口头补充缺失的单词。

例如，在表 3.6 中，教师在教完 apologize（道歉）一词后，用一个故事向学生介绍了词族的其他成员。

表 3.6　介绍词族

单词表	此招
apologize apologized apologizing apologetic apologetically apology	After lying to Jan, Gwen knew she needed to _____. Apologize. When she was wrong in the past, she always _____. Apologized. Gwen knew that _____ apologizing was the best action. However, she was very angry at Jan and didn't feel very _____. Apologetic. Finally, Gwen did go to Jan and apologetically said that she was sorry. Jan graciously listened to the _____. Apology. （短文大意：在对詹撒谎之后，格温知道她需要道歉。过去，当她犯错时，她总是会道歉。格温知道，道歉是最好的行为。但是，她当时对詹非常生气，并没有什么歉意。最后，格温还是去找了詹，抱歉地说对不起。詹欣然接受了她的道歉。）

单词部件（语素）

在介绍目标单词中的语素（前缀、后缀或词根）时，也可以介绍具有相同语素的其他单词。就像使用词族教学一样，这也是扩展学生词汇量的一种方法，可以帮助他们将所学策略泛化到其他单词的学习中去。

研究人员（Stahl & Nagy, 2006）建议使用图 3.2 所示的单词网络介绍具有关键语素的单词。你可以选择包含新语素的单词，也可以让学生推荐单词。

（向四年级学生展示）

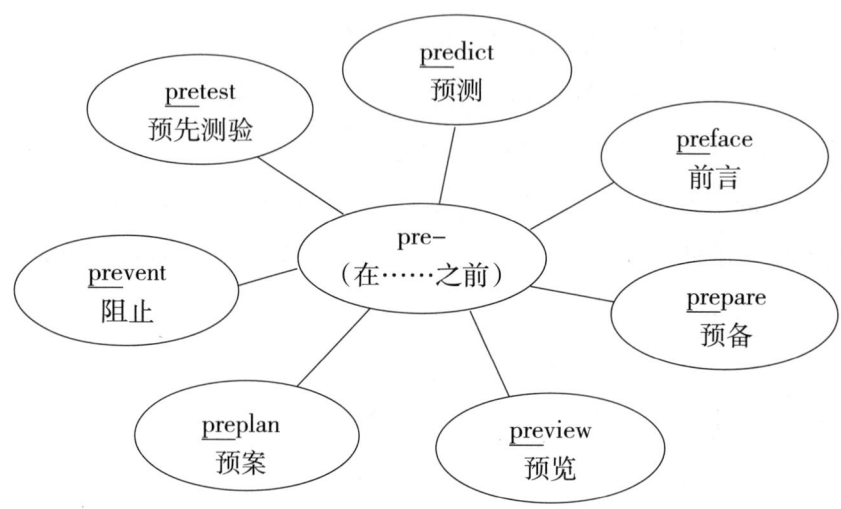

（由六年级学生列举）

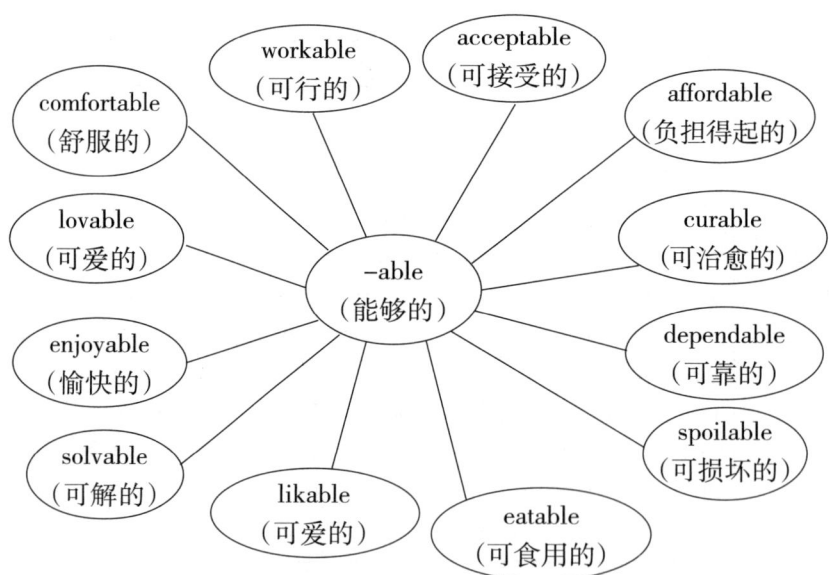

图 3.2　有前缀 pre– 和后缀 –able 的单词网络

多义词

多义词在英语中非常普遍。许多高频词有多种含义。当在会话中使用的意思与学科领域中的专业用法不同时，多义词可能会给学生的理解造成特殊的困难。学生在音乐课上看到 pitch 一词时，有可能想到的是棒球投球，而不是音高；学生在化学课上看到 solution 一词时，有可能想到的是问题的解决方案，而不是溶解了固体物质的液体溶液；学生在做州测验题目时看到 concrete 一词时，有可能想到的是由水泥、岩石和水组成的混凝土，而不是具体的证据，这些都是有可能产生的误解。

研究人员（Graves，2006）建议在引入多义词时遵循以下三个步骤：① 确认单词的已知含义；② 教授单词的新含义；③ 注意单词含义之间的相似之处。

让我们回顾一下表 3.3。在那节课的开始，教师先点明 chord 的音乐含义（和弦），将其与数学术语区分开来。然后，在将 chord 作为几何概念（弦）介绍之后，再指出 chord 的两个含义之间没有语义关系。

组织结构图

组织结构图是帮助学生组织和记忆重要信息的强大视觉表征。如表 3.5 所示，教师可以使用组织结构图介绍主要概念，并让学生记录由教师提供或由学生思考得出的信息。如图 3.3 中的两个例子所示，单词地图是一种最常用的组织结构图（Schwartz & Raphael，1985），适用于任何年级。

词汇日志

二年级及二年级以上的学生应该将阅读、语言艺术和学科内容领域课程中出现的单词记录在词汇日志中。日志中可以包括每个目标单词、其含义（用学生自己的话写）、关于每个单词的其他有用信息（例如，单词部件的意思、同义词、反义词、派生词），以及教师提供的对目标单词的阐释（例如，一幅代表性的画、一个包含目标单词并且能体现其意思的原创句子，或者例子和非例子）。日志可以用于自学、同伴合作学习、课堂复习，也可以作为写作的资源。通常，小学教师会让学生把所有学科的词汇按字母顺序排列在一个日志中，而不是让他们按学科领域单独保存日志。然而，按主题对语义相关的单词进行分组是一个更好的选择，因为这有助于学生的初步学习、记忆、复习。

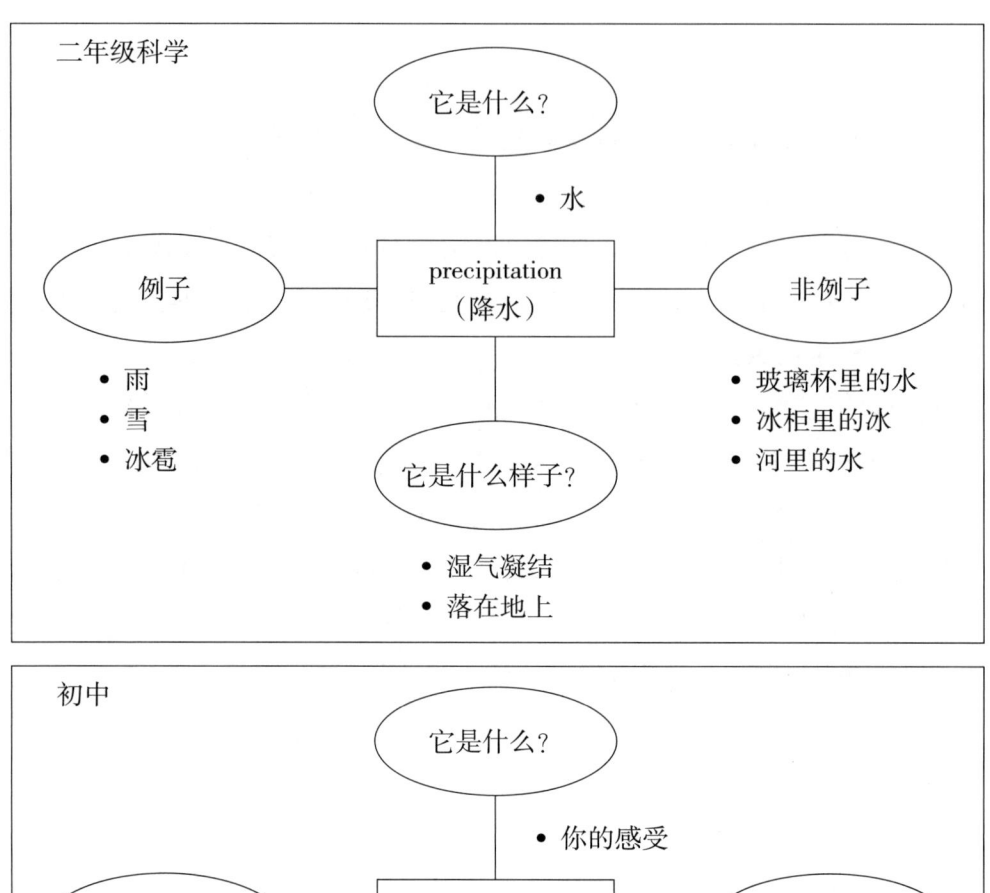

图 3.3 单词地图

词汇表

除了让学生记词汇日志，你还可以在教室里张贴词汇表。这种做法的好处包括：①学生可以快速复习；②方便学生记忆并用于口语中，例如，在你教完 concentrate

（专注）、educated（有教养的）和 impressed（印象深刻）之后，你可能会说，"你做数学作业时真的很专注""你确实变得有教养了""你的论文反映出你付出了很多努力，给我留下深刻的印象"；③让学生在讨论和写作中使用这些词语。

正如我们对词汇日志的建议，单词应该按学科而非字母顺序展示，并在一定程度上提示单词出现的语境和领域。例如，教师可以在标有"Read-Alouds"（大声朗读）的公告板上张贴一本书的封面和相关词汇，或者在"Science Explorations"（科学探索）的标签下张贴主要概念和相关词汇［如 natural resources（自然资源）：renewable resources（可再生资源）、nonrenewable resources（不可再生资源）、energy sources（能源）、conservation（保护）、pollution（污染）、recycling（回收利用）］。

语义地图

绘制语义地图（semantic mapping, Heimlich & Pittelman, 1986），指让学生列出与重要概念相关的词语，对词语进行分类，并讨论词语之间的关系。当核心概念很复杂且与之相关联的术语库很丰富时，语义地图特别有用。随着时间的推移，出现了许多语义地图绘制程序的变体，包括以下几种。

全班活动

教师在黑板一侧写下核心概念。学生提出与核心概念相关的单词和短语。教师向学生解释那些大家不熟悉的概念，列举出更多的单词，并将所有单词记录在黑板上。接下来，学生提出分类类别和相应的标签，记录在黑板的另一边。最后，教师和学生讨论单词之间的关系，将所有的单词放在相应的类别标签下。

同伴、小组或个人项目

使用类似的程序：①学生从一个核心概念开始；②头脑风暴，找出相关的单词和短语；③确定类别和标签；④对单词分类。在学生完成地图绘制后，可以与其他班级成员分享和讨论。让我们重温 genocide 的语义地图（见图 3.1）。

通常，你可以用语义地图帮助学生为阅读某一章节或学习一项知识做好准备。在阅读之前完成语义地图绘制，可以评估学生有关新主题的先备知识。这项活动还可以激活学生的先备知识，增强学生对新主题的兴趣。在阅读之后，你可以指导学生在概念图中添加类别和单词。如图 3.1 所示，绘制语义地图也是总结一个章节或单元关键内容的极好的结束性活动。

概念图

概念图（concept maps），又称思维导图，是一种分层的、可视化的图表，它能显示概念之间的关系，即使是复杂的信息也可一目了然（Novak，1993）。概念本身用圆圈、方框或其他形状表示，概念之间的关系用连接线或箭头表示，这些连接线或箭头表示关系的类型（单向、双向或非定向），连接词则标明关系（例如，类似、过程、例子、包括）。参见图 3.4 的例子。

你可以绘制概念图来介绍或复习关键的概念。一旦学生在"阅读"教师绘制的概念图方面积累了丰富的经验，他们也可以独立或与同学一起绘制概念图。学生绘制的概念图可用于：① 教师评估学生对内容的理解；② 总结所教 / 读的内容；③ 支持对教材的学习。

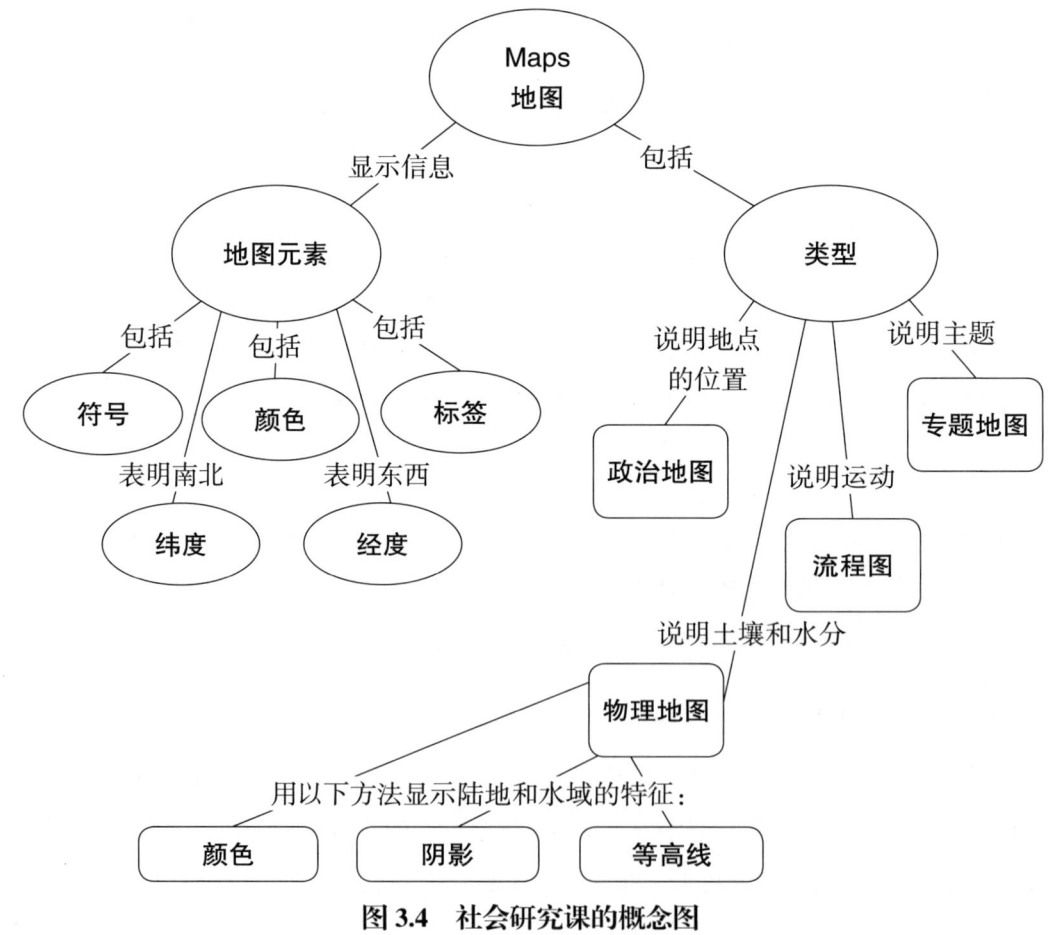

图 3.4 社会研究课的概念图

本章小结

词汇教学是所有年级、所有学科内容领域的教学核心。在本章中，我们从做准备开始到不断复习，概述了词汇直接教学的内容。词汇教学的准备工作从选择还未学习过的、对内容至关重要的、对将来有用的、难以独立掌握的单词开始。接下来，教师确定如何教授：做学生友好型解释，分析单词的定义，或探究嵌入单词中的语素（词根、前缀、后缀）。最后的准备工作包括列举例子和非例子来说明概念。在向学生讲解一个单词的意思时，教师可以使用这些教学步骤：①介绍单词；②讲解单词；③举例说明；④检查学生的理解情况。根据词汇教学所需的加工深度，可以通过在课程中加入精心选择的扩展内容增强教学效果（同义词、反义词、词族、组织结构图、词汇日志、单词墙、语义地图或概念图）。与教学技巧和策略相一致的是，教学过程中必须有计划地安排复习，确保学生不仅能够初步掌握，而且能够长久记住所学知识。

在下一章中，我们将介绍有关规则教学的内容。你会立刻发现规则教学与词汇教学的相似之处，尤其是在使用例子和非例子方面。

第 4 章 设计教学：规则

规则描述了一个普遍原则或一组条件与具体结果或行为之间的关系。通常通过"如果－那么"（If–Then）语句来理解规则：如果发生 A，那么 B 会发生。这种法则关系（lawful relationship）的例子可以在所有领域中找到。（在这些例子中，通常用"当……时"来替代"如果"；"那么"可以是明确呈现，也可以是暗示。）

科学：当加热时，固体、液体和气体都会膨胀。
社会学：如果产品的数量增加，通常价格会降低，反之亦然。
数学：如果一个数的个位数是偶数，则该数可被 2 整除。
阅读（解码）：当字母 c 后面紧跟 e、i 或 y 时，字母 c 发 /s/ 音。
写作（拼写）：当名词以 ch、s、sh、x 或 z 结尾，若要将其变成复数时，添加 es。
写作（标点符号）：如果一个句子是疑问句，则末尾标点符号是问号。
写作（语法）：如果主语是单数，则动词必须是单数形式。如果主语是复数，则动词也必须是复数形式。

与词汇教学一样，当引入规则教学时，教师必须做三件事情：① 选择适当的规则，这些规则不仅目前对学生有用，而且在将来也对学生有用；② 提供导入和练习的例子与非例子；③ 调整教学程序以适应具体的规则。

选择用于直接教学的适当的规则

我们在第 3 章中强调过，用于拓展的词汇、需要直接教学的词汇应该是还未学习过的，对理解文章或学习内容具有重要价值，且在将来也有用。值得进行深入教学的规则也应该符合这些标准。首先，规则应该是还未学习过的。例如，教授七年级学生使用逗号分隔短语或使用逗号分隔系列项目的规则，通常比教授使用逗号分隔日期和年份或城市和省份的规则更重要，因为与分隔日期相关的这些规则学生在之前已经习得。当然，对一些规则的优先排序取决于所教学生的实际技能，有些七年级学生需要学习所有规则。

其次，规则应该对理解所教内容至关重要。例如，在教授关于能量的单元时，热力学第一定律（能量既不能被创造，也不能被销毁）是一个基本规则。当数学教师教授指数时，会讲解指数规则（指数表示将一个数乘以自身的次数）。即使在艺术等学科中也可以确定，关键规则很重要（例如，观察者与物体的距离越远，物体就应绘制得越小）。

最后，学生熟悉规则能够增强未来的能力。这意味着学生将来有很多机会使用这些规则。例如，一位五年级教师在控制要教授的标点规则的数量时，可能会重点强调句末标点和逗号的相关规则，而不是连字符的相关规则。一位高中特殊教育教师可能会重点强调为不同词根的单词添加后缀的拼写规则，而不是选择 ible 还是 able 的规则。同样，一位中学英语教师可能会更强调引号的相关规则，而不是何时在文档中插入 [sic] 的规则[①]。

设计例子与非例子

在第 3 章中，我们说明了新单词的教学程序：① 介绍单词；② 讲解单词；③ 举例说明；④ 检查学生的理解情况。在词汇教学中，我们始终坚持用例子来说明新单词，只有在概念较难的情况下才使用非例子。精心设计的例子和非例子对规则教学同样至关重要。首先，在说明规则时，必须同时使用例子和非例子，保证学生理解概念的边界：规则何时适用，何时不适用。其次，尽管有许多方法可以检查学生对词汇的理解，但区分例子和非例子是验证其对规则理解的最有效程序。为词汇编写例子和非例子的基本步骤同样适用于规则。

步骤 1：分析规则并确定规则的关键属性或部分

请牢记规则是"如果 – 那么"（If-Then）关系：要发生结果或行为，必须具备一

---

① 原注：这个规则是指在引用有拼写或语法错误的材料时插入 [sic]，以表明这些错误是原本就出现在原始材料中的。

个或多个条件（关键属性）。为了设计例子和非例子，必须首先确定规则的关键属性（If），这些属性必须存在，结果或行为才能发生（Then）。应用 4.1 对此进行了示范和实践。

【应用 4.1】
确定规则中的关键属性

说明：阅读前三条规则和相应的关键属性。然后确定最后两条规则的关键属性。完成后，将你的回答与本书应用练习反馈部分的回答进行比较。

规则 1：当名词以 ch、s、sh、x 或 z 结尾，若要将其变成复数时，用 es 代替 s。
关键属性（如果）：名词以 ch、s、sh、x 或 z 结尾。
那么：添加 es（而不是 s）。

规则 2：如果一个数字只能被 1 和它自身整除，则该数字是质数。
关键属性（如果）：
- 除数是 1。
- 除数是数字本身。
- 没有其他除数。

那么：数字是质数。

规则 3：如果进行比较，使用 than。如果表示时间，使用 then。
关键属性（如果）：进行比较。
那么：使用 than。
关键属性（如果）：表示时间。
那么：使用 then。

规则 4：使用逗号分隔三个或三个以上的单词 / 词组。
关键属性（如果）：

那么：用逗号分隔。

规则 5：当单词以元音–辅音–e 结尾，若要添加以元音开头的后缀时，去掉 e。
关键属性（如果）：

那么：去掉 e。

步骤 2：设计具有所有关键属性的例子

在为词汇或规则教学设计例子时，每个例子都必须具备所有的关键属性。此外，无论是词汇还是规则，都需要一系列的例子辅助学生清晰理解。在教授拼写规则时，如果只用 hating、shining、timing 和 requiring 这些单词来举例，学生可能会得出结论：这条规则只适用于词尾为 ing 的情况。同样，如果只在以 What、Where、When 和 Why 开头的句子中讲解问号的使用，学生可能会得出结论，即任何以字母 W 开头的句子结尾都应加上问号，提出这样的句子：We went to the piano concert?（我们去听钢琴音乐会了？）Wayne road his bike to school?（韦恩骑自行车上学？）

让我们重新审视应用 4.1 中提出的规则，并看看如何设计规则教学的例子（参见应用 4.2）。

【应用 4.2】

创建例子以阐明规则

说明：阅读每条规则的例子。注意每条规则都有几个不同的例子。为最后两条规则创建你自己的例子，然后将你的例子与本书应用练习反馈部分的例子进行比较。

规则 1：当名词以 ch、s、sh、x 或 z 结尾，若要将其变成复数时，用 es 代替 s。

关键属性（如果）：名词以 ch、s、sh、x 或 z 结尾。

那么：用 es（而不是 s）。

例子：waltzes（华尔兹舞曲），boxes（盒子），watches（手表），sandwiches（三明治），flashes（闪光）。

备注：所有例子都以 ch、sh、x 或 z 结尾，需要添加 es 而不是 s。此外，这些单词代表了一类用法，它们有不同的长度和结尾。

规则 2：如果一个数字只能被 1 和它自身整除，则该数字是质数。

关键属性（如果）：

- 除数是 1。
- 除数是数字本身。
- 没有其他除数。

那么：数字是质数。

例子：7、13、29、89。

备注：所有例子都是质数，具有所有关键属性。这些数字代表了一个类别，只是数值不同。然而，没有以非常大的质数（例如 541）为例子，是因为要确定这个数除了能被 1 和它本身整除外是否还有其他除数，会耗费很多时间。

规则 3：如果进行比较，使用 than。如果表示时间，使用 then。
关键属性（如果）：进行比较。
那么：使用 than。
关键属性（如果）：表示时间。
那么：使用 then。
使用 than 的例子：
The new rose garden is even more beautiful than the old garden.（新的玫瑰花园比旧的花园更美丽。）
Many commuter trains travel two times faster than most freight trains.（许多通勤列车比大多数货运列车快两倍。）
The hybrid produces corn that is much larger than the original corn variety.（这种杂交玉米比原始品种的玉米要大得多。）
使用 then 的例子：
The new rose garden bloomed earlier; then the old garden bloomed.（新花园里的玫瑰开花得更早，老花园的花开得晚。）
The commuter trains arrived, and then the freight trains pulled into the station.（通勤列车到达后，货运列车进站。）
The hybrid corn was harvested first, and then the original corn variety.（先收割杂交玉米，然后再收割原始品种的玉米。）
备注：通常规则是成对出现的。当一个规则不适用时，另一个规则反而适用。在这种情况下，一个规则的例子（例如使用"than"）可以作为另一个规则的非例子（例如使用"then"）。上述例句内容相似，学生需要认真思考。他们不能随意地说："哦，这个句子也在谈论花园。我猜要用'than'。"

规则 4：使用逗号分隔三个或三个以上的单词 / 词组。
关键属性（如果）：
- 单词 / 词组。
- 三个或三个以上。

那么：用逗号分隔。
你的例子：

规则 5：当单词以元音–辅音–e 结尾，若要添加以元音开头的后缀时，去掉 e。
关键属性（如果）：
- 单词以元音–辅音–e 结尾。
- 后缀以元音开头。

那么：去掉 e。
你的例子：

步骤 3：设计不符合关键属性的非例子

在介绍规则时，例子和非例子都是必不可少的，因为它们有助于定义规则适用和不适用的条件。在第 3 章中，我们提供了许多用于检查学生对词汇理解的方式。然而，在检查对规则的理解时，让学生区分例子和非例子是不可或缺的。

我们可以通过改变规则中的某一个关键属性，设计非例子。如果一个规则有两个关键属性，则只需改变其中一个属性。以删除末尾 e 添加后缀为例：如果单词以辅音-元音-辅音-e（CVCe）结尾，并且后缀以元音开头，那么末尾的 e 就需要删除。"see + ing"就是一个非例子，因为第一个属性已经被改变，即词根并不以 CVCe 结尾。然而，第二个属性是存在的，即后缀以元音开头。另外，"time + less"也是一个非例子，因为单词以 CVCe 结尾，但后缀不以元音开头。这两种情况都是只有一个属性发生了变化。设计有效的非例子要求你仔细思考关键属性，也要求学生深刻思考规则属性，这恰恰是教学的目标。

另一种鼓励学生深度思考的方法是使用最小对比（minimal pairs）。最小对比包括一个例子和一个非例子，它们在一个关键属性上有所不同，而其他所有特征都保持不变。使用最小对比时，学生的注意力应该是在规则的关键属性上，而不是在无关的特征上。例如，在教授关于删除末尾 e 的拼写规则时，可以利用这个方法：

例子：hate + ing = hating

非例子：hate + ful = hateful

在例子和非例子中，使用的都是单词"hate"。因为词根保持不变，词根是否以 CVCe 结尾无关紧要，学生只需关注后缀是否以元音开头。在例子中，后缀"ing"以元音开头。因此，学生应该删除末尾的 e。非例子的后缀是"ful"，不以元音开头。因此，学生不应该删除末尾的 e。简言之，学生不能简单地猜测，得出结论："又是'hate'，我猜又是去掉 e。"他们很快就会明白，自己必须思考，不能只靠猜测。

让我们再次回到应用 4.1 和 4.2 中分析的规则。在阅读应用 4.3 中的非例子时，确定已被删除的关键属性，以及是否使用了最小对比方法。

【应用 4.3】

创建非例子以阐明规则

说明：阅读每组例子和非例子。为最后两组规则编制非例子，然后将你的非例子与本书应用练习反馈部分的非例子进行比较。

规则 1：当名词以 ch、s、sh、x 或 z 结尾，若要将其变成复数时，用 es 代替 s。

例子：waltzes（华尔兹舞曲），boxes（盒子），watches（手表），sandwiches（三明治），flashes（闪光）。

非例子：walls（墙），books（书），fathers（父亲），sandpipers（鹬），flashbacks（闪回）。

备注：例子和非例子的单词结尾字母不同，并且长度各异。非例子以各种辅音结尾，但不包括 ch、s、sh、x 或 z。"sandwiches–sandpipers" 和 "flashes–flashbacks" 可被视为最小对比对，分别包含一个例子和一个非例子，除了在例子中必须添加 es，其他都是相似的。

规则 2：如果一个数字只能被 1 和它自身整除，则该数字是质数。

例子：7、13、29、89。

非例子：9、15、27、90。

备注：在例子与非例子中，数字的位数既有个位数，也有两位数。非例子中的数有很小的除数（2、3、5、9、10），学生可以轻松地确定除了 1 和数字本身之外，这些数还能被其他数（除数）整除。在这里没有最小对比对。

规则 3：如果进行比较，使用 than。如果表示时间，使用 then。

使用 than 的例子：

The new rose garden is even more beautiful than the old garden.（新的玫瑰花园比旧的花园更美丽。）

Many commuter trains travel two times faster than most freight trains.（许多通勤列车比大多数货运列车快两倍。）

The hybrid produces corn that is much larger than the original corn variety.（这种杂交玉米比原始品种的玉米要大得多。）

使用 then 的例子：

The new rose garden bloomed earlier; then the old garden bloomed.（新花园里的玫瑰开花得更早，老花园的花开得晚。）

The commuter trains arrived, and then the freight trains pulled into the station.（通勤列车到达后，货运列车进站。）

The hybrid corn was harvested first, and then the original corn variety.（先收割杂交玉米，然后再收割原始品种的玉米。）

备注：通常规则是成对出现的。当一个规则不适用时，另一个规则反而适用。在这种情况下，一个规则的例子（例如使用"than"）可以作为另一个规则的非例子（例如使用"then"）。上述例句内容相似，学生需要认真思考。

规则 4：使用逗号分隔三个或三个以上的单词/词组。

例子：

- Cameron, Cecilia, Jamie, and Cedric all take the bus to school. （卡梅伦、塞西莉亚、杰米和锡德里克都乘校车上学。）
- Jasmine purchased notebook paper, pens, and a ruler for school. （贾丝明购买了笔记本、钢笔和尺子等学习用品。）
- The children's favorite activities included playing dodge ball, reading library books, painting, working in the garden, and writing stories. （孩子们最喜欢的活动包括玩躲避球、读图书馆的书、画画、在花园里劳动和写故事。）
- Brianna was described as being extraordinarily energetic, hard-working, independent, humorous, and kind. （布里安娜被描述为非常有活力、勤奋、独立、幽默和善良的。）

非例子：

规则 5：当单词以元音-辅音-e 结尾，若要添加以元音开头的后缀时，去掉 e。

例子：

  hate + ing = hating

  shine + ing = shining

  time + ed = timed

  debate + able = debatable

  require + ed = required

非例子：

教授规则的教学程序

在本书中，我们始终强调掌握有效、高效的教学程序的作用，这些程序可以反复使用。正如你预期的，教授规则的教学程序与词汇的教学程序类似，只是有一些细微的差别。

步骤1：介绍规则

必须注意规则的表述。与理解新单词的定义一样，学生必须理解规则的表述。这就要求教师使用已知的术语，并使规则的表达在准确的前提下尽可能简单。通常，在呈现规则时使用"如果-那么"（If–Then）结构最有用，但也可以使用其他结构。在应用4.4中，请从每组中选出最佳的表述。

【应用4.4】

规则的表述

说明：阅读每组表述，选择最能向学生传达规则的表述。确保规则准确无误，用词通俗易懂，规则表述简洁明了。从每组规则表述中选出一个，将你的选择与本书应用练习反馈部分的答案进行比较。

第1组

1. 当单词以字母y结尾时，添加任何后缀之前将y改为i。（如果要加ist，通常只保留一个i。）
2. 当单词以辅音和y结尾时，在添加ing以外的后缀之前，要把y改为i。（如果要添加ist，通常只保留一个i。）
3. 如果单词以y结尾，而y前有一个辅音字母，在添加后缀之前，一定要把y改为i，除非后缀是ing。（如果要添加ist，通常只保留一个i。）

例子：
reply + ed = replied
beauty + ful = beautiful
pacify + ist = pacifist
accompany + ment = accompaniment
accompany + ist = accompanist

非例子：
reply + ing = replying
play + ful = playful
pacify + ing = pacifying
accompany + ing = accompanying

第2组

1. 如果句子中有两个主语，且两个主语都是单数，并用or或nor（而不是and）将它们连接起来，那么就有必要使用一个与之匹配的单数动词。
2. 如果用or或nor作为连词，则应使用单数动词。
3. 当两个单数主语用or或nor连接时，使用单数动词。

例子：
My sister or my brother is fixing dinner tonight. （今晚我姐姐或我弟弟准备做晚饭。）
Neither my sister nor my brother is fixing dinner tonight. （今晚我姐姐或我弟弟都不准备做晚饭。）

步骤 2：用例子和非例子阐明规则

在第 3 章的词汇课程中，词汇都是用例子来说明的，除非一个定义包含许多关键属性或代表一个完整的概念，才会同时使用例子和非例子。相反，在讲授规则时，最好直接同时使用例子和非例子来说明规则，以明确规则的界限。通常我们先用例子解释规则，然后再用非例子进一步明晰规则。

步骤 3：引导学生利用关键属性分析例子和非例子

在大多数词汇课上，你会讲解单词及其含义（我做），然后检查学生的理解情况（你做）。只有像 chord 这样较难或不熟悉的词汇才有必要用到全部的三个教学步骤：我做、我们做、你做。但是，对于规则，你需要通过提问关键属性存在与否，帮助和支持学生对例子和非例子进行初步检查。因此，指导练习（我们做）必须成为教学程序的一部分。

步骤 4：利用例子和非例子检查学生的理解情况

检查学生对规则的理解，可以让他们区分例子和非例子（规则适用与否），或者让他们自己编写例子和非例子。当然，这些安排要在你的监督下进行，以免出错。

请看表 4.1、4.2 和 4.3 中的小学、初中和高中课程示范，了解这种教学方法在规则教学中的应用。同样，如果能大声朗读这些课程，或将其讲给同学、朋友或同事听，则会更有价值。

表 4.1　课程示范 1：拼写规则

情境：四年级教室	
步骤 1：介绍规则。 我们将学习一条关于在词根以 y 结尾时添加后缀的拼写规则：当单词以辅音和 y 结尾时，在添加除 ing 以外的任何后缀之前，先将 y 改为 i。	
步骤 2：用例子和非例子阐明规则。	
例子： cry + ed =	这里有单词 cry，我想加上后缀 ed。cry 以辅音和 y 结尾。（教师指向字母 r 和 y。）我想添加一个除 ing 以外的后缀。（教师划掉字母 y，在其上方写上 i，然后写出 cried。）大家一起拼。c-r-i-e-d。

(续表)

例子： copy + ed =	这里有单词 copy，我想加上后缀 ed。copy 以辅音和 y 结尾。（教师指向字母 p 和 y。）而我要添加的后缀不是 ing。（教师指向 ed。）所以我把 y 改成了 i。（教师划掉字母 y，在上面写一个 i，然后写出 copied。）大家一起拼。c-o-p-i-e-d。
非例子： copy + ing =	这里有单词 copy，我想加上后缀 ing。copy 以辅音和 y 结尾。（教师指向字母 p 和 y。）但我要加上后缀 ing。（教师指向 ing。）所以我不用把 y 改成 i。（教师写出 copying。）大家一起拼。c-o-p-y-i-n-g。
非例子： cry + ing =	这里有单词 cry，我想加上后缀 ing。cry 以辅音和 y 结尾。（教师指向字母 r 和 y。）但我要加上后缀 ing。（教师指向 ing。）所以我不用把 y 改成 i。（教师写出 crying。）大家一起拼。c-r-y-i-n-g。
例子： pacify+ist=	这里有单词 pacify，我想加上后缀 ist。pacify 以辅音和 y 结尾。（教师指向字母 f 和 y。）而我要添加的后缀不是 ing。（教师指向 ist。）所以我把 y 改成了 i。（教师划掉字母 y，在上面写一个 i，然后写出有两个 i 的 pacifiist。）在你拼写 pacifist 之前，请注意，当有两个 i 时，只保留其中一个。（教师划去一个 i。）大家一起拼。p-a-c-i-f-i-s-t。
非例子： play + er =	这里有单词 play，我想加上后缀 er。play 以元音和 y 结尾。（教师指向字母 a 和 y。）play 并非以辅音和 y 结尾，所以我不用把 y 改为 i。（教师写出 player。）大家一起拼。p-l-a-y-e-r。
步骤 3：引导学生利用关键属性分析例子和非例子。	
例子： study + ed =	我们一起拼写一些单词。这里有单词 study，想加上后缀 ed。study 是以辅音和 y 结尾的吗？是的。我要加的是除 ing 以外的后缀吗？是的。我们要把 y 改成 i 吗？是的。请书写 studied。写完后把笔放下。（教师监督。学生写完后，教师在黑板上写 studied。）检查你的拼写。如果你写错了，就划掉重写。（停顿。）大家一起拼。s-t-u-d-i-e-d。
非例子： stay + ed =	这里有单词 stay，想加上后缀 ed。stay 是以辅音和 y 结尾的吗？不是。我们要把 y 改成 i 吗？不用。请书写 stayed。写完后把笔放下。（教师监督。学生写完后，教师在黑板上写 stayed。）检查你的拼写。如果你写错了，就划掉重写。（停顿。）大家一起拼。s-t-a-y-e-d。
例子： funny + est =	这里有单词_____。funny。想加上后缀_____。est。funny 是以辅音和 y 结尾的吗？是的。我要加的是除 ing 以外的后缀吗？是的。我们要把 y 改成 i 吗？是的。请书写 funniest。写完后把笔放下。（教师监督。学生写完后，教师在黑板上写 funniest。）检查你的拼写。如果你写错了，就划掉重写。（停顿。）大家一起拼。f-u-n-n-i-e-s-t。

(续表)

例子： happy + ness =	（教师使用相同的表述引导学生分析这些词汇。）
例子： accompany + ment =	
非例子： accompany + ing =	
例子： accompany + ist =	
例子： vary + ance =	
非例子： vary + ing =	
步骤4：利用例子和非例子检查学生的理解情况。	
例子： mighty + er =	现在轮到你们了。这里有单词_____。mighty。要加上后缀_____。er。请写出 mightier。（教师监督。学生写完后，教师提供反馈。）mighty 是以辅音和 y 结尾的吗？是的。我们要加的是除 ing 以外的后缀吗？是的。我们要把 y 改成 i 吗？是的。（教师在黑板上写 mightier。）检查你的拼写。（停顿。）大家一起拼。m-i-g-h-t-i-e-r。
非例子： replay + ed=	这里有单词_____。replay。要加上后缀_____。ed。请写出 replayed。（教师监督。学生写完后，教师提供反馈。）replay 以辅音和 y 结尾的吗？不是。我们要把 y 改成 i 吗？不用。（教师在黑板上写 replayed。）检查你的拼写。（停顿。）大家一起拼。r-e-p-l-a-y-e-d。
例子： envy + ous =	（教师继续举出更多的例子和非例子，并提供反馈。注意，教师要在每次举例之后都提供反馈，而不是在 6 次举例之后才提供反馈，这样可以提高准确率。）
非例子： envy + ing =	
非例子： enjoy + ed =	
例子： apply + ed =	

(续表)

非例子: apply + ing =	
例子: apply + ance =	

表 4.2　课程示范 2：标点符号规则

情境：八年级教室	
步骤 1：介绍规则。 我们将学习如何用逗号分隔形容词。规则如下：除非最后一个形容词被视为名词的一部分，否则可以用逗号将两个或多个形容词分隔开。使用如下方法进行检验：如果 and（和）在两个形容词之间有意义，就可以用逗号进行分隔。	
步骤 2：用例子和非例子阐明规则。	
例子： mysterious, twinkling star	跟我一起读：mysterious, twinkling star（神秘的、闪烁的星星）。mysterious（神秘）和 twinkling（闪烁）是形容词，修饰 star（星星）。twinkling 不属于名词的一部分。我们通常不会说 "twinkling star"。我们需要用逗号分隔 mysterious 和 twinkling 分开。为了确保正确，我们用 and 来检验。mysterious and twinkling star（神秘而闪烁的星星）是说得通的，所以我们用逗号分隔这两个形容词。
非例子： famous movie star	跟我一起读：famous movie star（著名的电影明星）。famous（著名）和 movie（电影的）都是形容词，用来描述 star（明星）。但是，movie 是名词的一部分。我们通常说 "movie star"（电影明星）。我们不用逗号分隔 famous 和 movie。为了确保正确，我们用 and 来检验。famous and movie star 是没有意义的，所以我们无须使用逗号。
例子： small, dark bedroom	跟我一起读：small dark bedroom（狭小的黑暗的卧室）。small（狭小的）和 dark（黑暗的）是形容词，修饰 bedroom（卧室）。dark 不是名词的一部分。我们需要用逗号分隔 small 和 dark。为了确保正确，我们用 and 来检验。small and dark bedroom（小而暗的卧室）是说得通的，所以我们用逗号分隔这两个形容词。
非例子： small living room	跟我一起读：small living room（狭小的起居室）。small（狭小的）和 living（在使用的）都是形容词，用来描述 room（房间）。living 是名词的一部分。我们通常说 "living room"（起居室）。我们不用逗号分隔 small 和 living。为了确保正确，我们用 and 来检验。small and living room 是没有意义的，所以我们无须使用逗号。

(续表)

步骤3：引导学生利用关键属性分析例子和非例子。	
非例子： yellow school bus	跟我一起读：yellow school bus（黄色的校车）。哪些形容词修饰 bus（公交车）？yellow（黄色的）和 school（学校的）。school 是名词的一部分吗？是的。正确，我们通常说"school bus（校车）"。我们需要用逗号分隔 yellow 和 school 吗？不用。我们用 and 来检验。yellow and school bus 有意义吗？没有。所以我们无须使用逗号。
例子： dirty, broken-down bus	跟我一起读：dirty, broken-down bus（脏的、破旧的公交车）。哪些形容词修饰 bus（公交车）？dirty（脏的）和 broken-down（破旧的）。broken-down（破旧的）是名词的一部分吗？不是。正确，我们通常不会说"broken-down bus"。我们需要用逗号分隔 dirty 和 broken-down 吗？是的。我们用 and 来检验。dirty and broken-down bus 有意义吗？有。所以我们用逗号分隔这两个形容词。
courteous store clerk	（教师继续进行指导练习，对所有例子和非例子使用一致的措辞。为了使例子和非例子更加清晰，我们添加了标点符号。但是，在向学生展示这些内容时不要添加逗号。）
powerful back legs	
powerful, muscular legs	
hot, steaming cocoa	
steaming hot chocolate	
loud rock music	
loud, energetic music	
步骤4：利用例子和非例子检查学生的理解情况。	
delicious sweet cream	跟我一起读：delicious sweet cream（美味的甜奶油）。想想要不要加逗号。（停顿。）要不要加逗号？要。1号同学，向你的同伴解释一下你的答案。（教师点名学生回答。）sweet（甜）不是名词的一部分。因此，你需要用逗号把 delicious 和 sweet 分开。另外，说 delicious and sweet cream（美味和甜的奶油）也是合理的，所以需要使用逗号。
delicious ice cream	跟我一起读：delicious ice cream（美味的冰激凌）。想想要不要加逗号。（停顿。）要不要加逗号？不要。1号同学，向你的同伴解释一下你的答案。（教师点名学生回答。）ice（冰）是名词的一部分。我们通常说"ice cream（冰激凌）"，我们不需要用逗号把 delicious 和 ice 分开。delicious and ice cream 是无意义的。

(续表)

long fur coat	（教师继续检查学生对其余例子和非例子的理解情况。同样，为了使例子和非例子更加清晰，我们添加了标点符号。但是，在向学生展示这些内容时不要添加逗号。）
long, black coat	
tiny log cabin	
tiny, brown cabin	
marvelous, blue opal	
helpful flight attendant	

注：引自 Archer, Gleason & Isaacson (2008)。Copyright 2008 by Sopris West Educational Services。经许可改编。

表4.3　课程示范3：语法规则

情境：高中写作课	
步骤1：介绍规则。 很多同学都问到了 what 和 which 的用法，今天我们就来讨论一下它们的首选用法。当选择的数量是无限的——有很多选择的时候，就会用 what。在选择数量有限时，就会优先使用 which——通常是在某人想到两三个选择或少数已知选择时。	
步骤2：用例子和非例子阐明规则（注：what 的例子可作为 which 的非例子，反之亦然）。	
What is your favorite dessert?	我们来看几个例子。跟我一起读这个句子：What is your favorite dessert?（你最喜欢的甜点是什么？）甜点有无限的选择，所以作者用了 what。
Which dessert do you prefer, apple pie or chocolate cake?	跟我一起读这个句子：Which dessert do you prefer, apple pie or chocolate cake?（你喜欢哪种甜点，苹果派还是巧克力蛋糕？）选择有限，所以用了 which。
What is your email address?	跟我一起读这个句子：What is your email address?（你的电子邮件地址是什么？）1号同学，告诉你的同伴，这里为什么用了 what。（教师点名学生回答。）电子邮件地址的选择是无限的。
Which of your email addresses should I use?	跟我一起读这个句子：Which of your email addresses should I use?（我应该使用你的哪个电子邮件地址？）2号同学，告诉你的同伴，这里为什么用了 which。（教师点名学生回答。）这个人可能有两三个电子邮件地址。已知选择的数量有限。

(续表)

步骤3：引导学生利用关键属性分析例子和非例子。	
_____ airline do you normally fly?	自己读下一句。（停顿。）航空公司的选择是有限的还是无限的？无限的。1号同学，告诉你的同伴，which 与 what 哪个合适。（教师点名学生回答。）what 合适，因为有许多不同的航空公司。
_____ flight are you taking to New York City from Lansing on Thursday afternoon?	自己读下一句。（停顿。）周四下午从兰辛飞往纽约的航班，选择是有限的还是无限的？有限的。2号同学，告诉你的同伴，which 与 what 哪个合适。（教师点名学生回答。）which 合适，因为周四下午从兰辛飞往纽约的已知航班数量有限。
_____ would you like for your birthday?	自己读下一句。（停顿。）生日礼物的选择是有限的还是无限的？无限的。1号同学，告诉你的同伴，which 与 what 哪个合适。（教师点名学生回答。）what 合适，因为生日礼物有无穷无尽的选择。
_____ would you like for your birthday: a new iPod, a DVD player, a Nintendo system, or a watch?	自己读读这句子。（停顿。）生日礼物的选择是有限的还是无限的？有限的。2号同学，告诉你的同伴，which 与 what 哪个合适。（教师点名学生回答。）which 合适，因为已知选择的数量有限。
步骤4：利用例子和非例子检查学生的理解情况。	
_____ sandwich sounds better: tuna, baloney, or peanut butter?	自己读下一句。写下最佳单词：which 或 what。（停顿。）1号同学，告诉你的同伴你选择了哪个单词以及为什么。（教师监督）。我选择了 which，因为只有三个选项。
_____ do you want in your sandwich?	自己读下一句。写下最佳单词：which 或 what。（停顿。）2号同学，告诉你的同伴你选择了哪个单词以及为什么。（教师监督。）我选择了 what，因为几乎可以用任何食材做三明治的馅料。
_____ kind of car does the family drive?	自己读下一句。写下最佳单词：which 或 what。（停顿。）1号同学，告诉你的同伴你选择了哪个单词以及为什么。（教师监督。）我选择了 what，因为汽车有很多种类。
_____ bus will you take to school?	自己读下一句。写下最佳单词：which 或 what。（停顿。）2号同学，告诉你的同伴你选择了哪个单词以及为什么。（教师监督。）我选择了 which，因为只有几路公共汽车可以乘坐去上学。
_____ is better: hot tea or iced tea?	自己读下一句。写下最佳单词：which 或 what。（停顿。）1号同学，告诉你的同伴你选择了哪个单词以及为什么。（教师监督。）我选择了 which，因为只有两个选项。

使用应用 4.5 设计你自己的规则课程。

【应用 4.5】

规则课程的设计

说明：从以下规则中选择一条，或者将你目前正在教授的一条规则，按照课程示范中阐述的四个教学步骤设计一个教学计划。按照本章介绍的指导原则，认真编写例子和非例子。完成后，将你的教学设计与我们在本书应用练习反馈部分提出的建议进行比较。

规则 A. 当单词以元音–辅音–e 结尾，若要添加以元音开头的后缀时，去掉 e。

规则 B. 通过在每个项目后添加逗号（最后一个项目除外）来分隔三个及三个以上的项目。

本章小结

在本章中，我们重点讨论了如何教授规则，即由"如果–那么"语句所代表的法则关系。尽管我们更常教授技能、策略、概念和词汇术语，但在教授规则时，必须通过直接教学来认真教授，因为许多规则关系学生是无法通过其他方式发现的。规则教学首先要选择一条还未学习过的、对教学内容至关重要的且对将来有用的规则。教学的准备工作包括分析规则，确定规则中的结果或行为发生（Then）必须具备的关键属性（If），然后编写包含所有关键属性的例子和缺少一个关键属性的非例子。在直接讲授规则时，要遵循以下四个步骤：①介绍规则；②用例子和非例子阐明规则；③引导学生分析例子和非例子；④利用例子和非例子检查学生的理解情况。使用这些步骤，直接教学既有效又高效。

第 5 章 组织教学

在第 2、第 3 和第 4 章，我们讨论了教学设计方面的内容，而在第 6 和第 7 章，我们将重点讨论能提升学生参与度和注意力的授课方式。教学设计和课程的讲授就好比一出戏剧的创作和演出：先创作剧本，再演出，将剧本内容展现出来。然而，在剧本创作与演出之间，必须搭建好舞台。同样，你只有在课堂上搭建好舞台，才能以促进学生学习的方式授课。搭建课堂舞台包括：① 布置物理环境；② 制定课堂规则；③ 确立并引入教学常规和程序，以指导教师和学生在整堂课中的行为。让我们依次探讨这些问题。

布置物理环境

你是否注意到，当你走进某些教室时，你会感受到在教师的热情推动和学生的参与下所形成的教室"氛围"？这种氛围并不是自动形成的。教师设置了一定的布景，布置了一定的环境，使课堂生活积极有序。反映课堂内容的有趣的公告栏、写有课堂重点的墙报、传达课堂期望的海报、学生作业的展示、教师使用的设备（如高射投影仪、文档扫描仪、液晶显示屏、电子白板）、学生使用的设备（如电脑、听力设备）、摆满教学材料和辅助材料的书柜，以及整体的秩序感和关爱感，这些共同营造出一种积极的氛围，让学生在其中茁壮成长。

要为学生营造这种积极的氛围，就必须考虑成功教学所需的物理环境。尽管不同学科和年级的要求各不相同，但有些一般原则可适用于所有的教学环境。第一，要为特定的活动划定区域。在小学教室或单独的特殊教育教室里，特定的活动可能包括全班教学、小组教学、地板活动、自由选择的游戏和活动、安静阅读和电脑操作。此外，教师还必须告诉学生对每个区域的行动期望。例如，教师可以教导学生，能否进入自由选择区取决于是否提交了完整、准确、整洁的独立作业，而且学生必须保持安静，正确地使用材料，才能继续使用自由选择区。

第二，无论是小组教学还是全班教学，教师都应该与学生保持近距离接触。当学生与教师近距离接触时，教师就更容易与他们建立联系，监督他们的行为，保持他们的注意力，让他们参与到教学中来。在小学阶段，当教师在长方形桌子或马蹄形桌子周围给一个小组授课时，近距离接触学生并不是难题。但是，在教授人数较多的小组时，教师不可能同时接近所有学生。学生往往会把与教师的距离拉得更大。本书的两位作者都曾在课堂上，尤其是在高中课堂上，观察到学生选择坐在教室边上的课桌旁，尽可能远离教师和课堂活动。通常情况下，坐得最远的学生正是教师想要靠近他们以吸引和保持他们的注意力的学生。此外，我们还看到许多中学生在自主选择座位时，会发生座位纠纷，或者会花太多时间去寻找最佳座位，这两种情况都可能导致教学时间的损失。教师直接分配座位通常可以避免这些问题。在小学，可以把学生的名字写在课桌上。在中学，把名字写在课桌上通常不可行，但另一种方法很有效：在每张课桌上写上一个数字。制作一张座位表，标明座位编号和分配到每个座位的学生姓名。学生进入教室时，向他们分发座位表，请他们寻找自己的座位。学生可以通过座位表快速找到自己的指定座位，这也便于教师熟悉学生的名字。分配座位可以让教师指定哪些学生坐在离其最近的地方。正如我们将在第 6 章讨论的，分配座位还可以让教师根据学生当前的功能水平，协调安排最佳的互助同伴和合作学习小组。

第三，在教学过程中，学生应该面向教师。这似乎是显而易见的，但我们都曾在课堂上遇到过这样的情况：学生被分成四人一组，其中一半学生面向的是同桌而不是教师。很明显，如果学生很难与教师进行眼神交流，教师就很难监督他们的行为，他们的注意力就不会那么集中。此外，最近一项关于教室布置的研究得出结论，在座位排列上，行列式比分组式更有利于学生独立完成任务（Wannarka & Ruhl, 2008）。

第四，座位的安排要便于学生与同伴分享答案——这是最有效的主动参与方式之一。可将两张课桌放在一起，便于在教师的指导下同伴合作学习。坐在同张课桌旁边的相邻学生可以互为同伴。第 6 章将概括介绍如何为学生选择同伴。

第五，要将教师和学生的材料整理好，便于取用。教学材料应随手可得——也许可以把投影仪、文档扫描仪、连接到液晶投影仪或电子白板的电脑放在桌子上。

我们都有过这样的经历，从办公桌或教室后面的柜子里拿回丢失的"教师指南"、透明胶片或记号笔。即使在最好的环境中，也会出现管理问题。我们作为教师不能忘记的一句格言是："避免空白，因为他们会填补空白！"（Avoid the void, for they will fill it!）同样，学生的学习材料也应放在离学生近的地方，要么放在他们的课桌上，要么放在他们课桌上的收纳盒里。如果学生必须站起来才能拿取学习材料，就很可能出现管理难题。

教师还应教给学生整理材料的技能、常规的整理方法，便于学生查找和存储资料。三年级及三年级以上学生可以准备一个活页夹，每个科目之间都有分隔，活页夹前部有一个笔袋，用于放置书写工具，活页夹后部有纸张。此外，还可以在活页夹前部放一张日历，用于记录作业、考试日期和任务。从学前班到二年级的学生可以准备一个能够带回家的口袋式文件夹，一面标有"带回家"字样，另一面标有"带回学校"字样，用于存放家长通知和家庭作业。

第六，教师应该管理好教室，以便监督学生的反应，并提供有价值的反馈。如前所述，当教师进行小组教学时，学生围坐在一张马蹄形桌子旁，相互离得很近，教师很容易监督学生的反应并提供反馈。但是，当教师教授一个由28名学生组成的大班级时，监督就变得比较困难了。在这种情况下，教师需要确保自己能够在教室内自由走动。当学生与他们的同伴分享答案时，教师必须能够倾听，还要仔细检查学生的书面回答。如果书架、书桌、设备，甚至狭窄的过道阻碍了教师的行动，教师的效率就会大打折扣。

第七，教师必须能够看到教室的各个角落和所有学生。虽然这一点似乎显而易见，但我们经常看到学生躲在书柜、屏风、工作台和立式黑板后面。当教师看不到学生，学生看不到教师时，管理难题就出现了。试想一下，当你在高速公路上发现路旁有一辆巡逻车时，你自己的行为会发生怎样的变化。

第八，要在教室墙壁上张贴辅助教学工作的材料。每个教室都必须张贴作业日历（或者，在中学阶段，每个阶段都有一张日历），教师或指定的学生可以在班级日历上记录作业的截止日期、考试和表演节目的日期。对于缺席的学生、未清晰理解口头指令的学生、缺席学生的家长或为学生提供支持的人员（如特殊教育教师或助教）来说，这种日历也是一种有效的沟通工具。而且，在教室里张贴的材料可以提醒学生教师在课堂上强调的关键内容以及希望他们应用的策略。这类材料包括：① 词汇表，可以列出所讲解的单词并配以语境提示，如故事第一页的复印件；② 策略海报，可以概述写作策略的步骤、代数运算顺序、科学探究的步骤或学习策略的步骤；③ 评分标准，可以表达教师对书面作业或任务的期望；④ 学科内容 / 参考资料，如地图、元素周期表、显示联邦政府分支机构的海报，或用于写作的强动词清单、高频单词及其替代词语清单；⑤ 规则 / 准则海报，如学生在校行为表现规范；⑥ 通知，如午餐菜单、演出通知或活动时间表。许多教师还会张贴一些格言或谚语，向学生传达应该具有的态度。以下是我们在小学教室里发现的一些告示贴：

- "态度 =100%。"（"Attitude=100%"）（让孩子们将数字与 attitude 中的字母联系起来，并将数字相加）。
- "未达最好，永不停歇。"（"Don't REST until you do your BEST."）
- "只有在字典里，成功才在努力之前出现。"（"The dictionary is the only place where success comes before work."）

我们还在中学课堂上发现了各种座右铭，这些座右铭往往带有幽默感：

- "无聊是一种选择。"（"Boring is a choice."）
- "教师打开了门，但你必须选择进入。"（"Teachers open the door, but you must choose to enter."）
- "漂浮很容易，所有死掉的鱼都是这样顺流而下的。"（"Floating is easy. That's how all dead fish end up downstream."）
- "时间在流逝，你在干吗？"（"Time is passing. Are you?"）（贴在时钟旁边。）

除了张贴材料外，教师还应在教室里展示学生的作品。学生作品的展示面向学生、家长、教辅人员和来访者，传达重点是学业成绩。在小学阶段，可以考虑展示每个学生的最佳作品。学校的每间教室都有一个"个人最佳"布告栏。一周结束时，学生会翻阅返回来的作业，选出代表自己"个人最佳"的作业张贴在布告栏里，并向同伴或全班同学解释他们选择该作业的原因。虽然张贴的作业不可能都是完美的，但这种做法鼓励学生反思自己的学业情况和作业质量。

总之，教室的布置可以营造一种积极的氛围，有助于教师开展高质量的教学。使用应用 5.1 评估你布置的教室，然后分析应用 5.2 中教室布置的例子和非例子。

【应用 5.1】

评估教室的物理环境布置：搭建舞台

说明：使用下表列出的指导原则来评估你布置的教室。

1. 你是否为特定活动指定了区域（例如，全班教学、小组教学、地板活动、自由选择区、安静阅读区、电脑操作区）？	是　否
2. 在教学区，学生是否离你很近？	是　否
3. 你是否制作了座位表并分配了座位？	是　否
4. 在教学区域，学生是否面向你？	是　否
5. 在教学过程中，学生能否轻松地与同伴或小组成员分享答案？	是　否
6. 你是否已整理好教学材料以便查找？	是　否
7. 教学或写独立作业时所需的材料是否便于学生查找？	是　否
8. 是否向学生教授了整理技能（如使用活页夹、文件夹、作业日历）？	是　否
9. 你能否快速、轻松地在教室里走动、监督学生？	是　否
10. 你能看到教室的各个角落和所有学生吗？	是　否
11. 你是否在教室墙壁上张贴了辅助教学的材料（如班级日历、词汇表、策略海报、评分标准、参考资料、规则/准则海报、通知）？	是　否
12. 你展示过学生的作品吗？	是　否
13. 你的教室是否井然有序？	是　否

【应用 5.2】

对教室布置的分析

说明：检查以下三组教室布置。每组都包括一个理想的教室布置的例子和一个有一些挑战的非例子。请检查每组的例子，注意这一布置的可取之处，然后将你的观察结果与我们的观察结果进行比较（参见本书应用练习反馈部分）。接下来，检查相应的非例子，记录下你想提出的所有建议，并将你的观察结果与我们的观察结果进行比较（同样，参见本书应用练习反馈部分）。

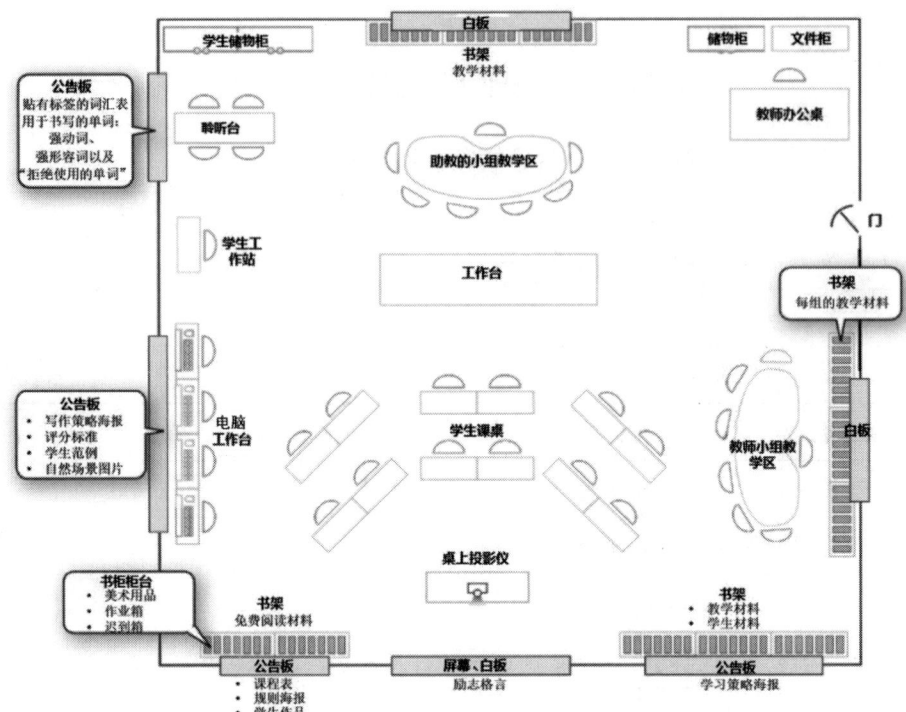

特殊教育教室——例子

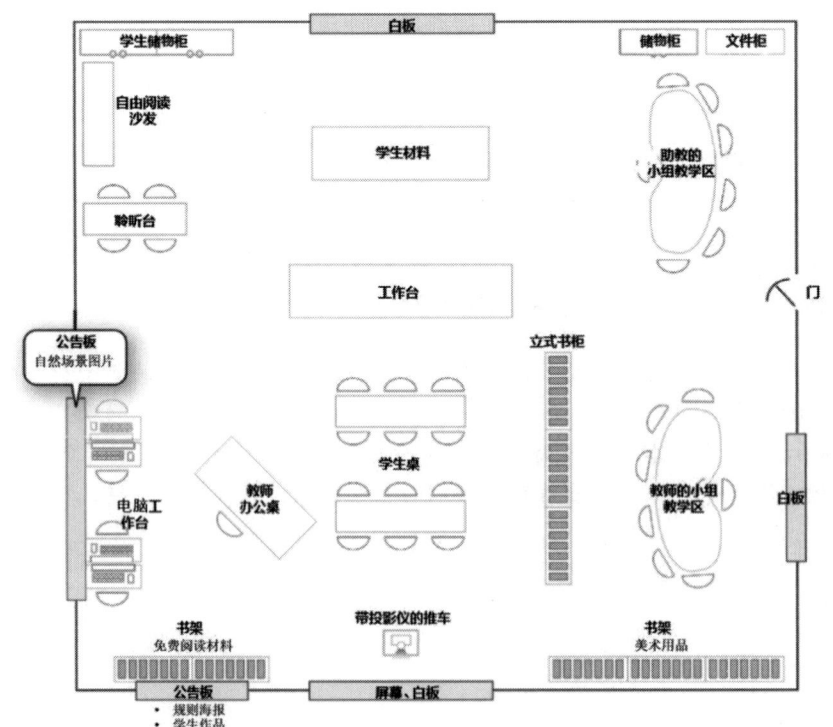

特殊教育教室——非例子

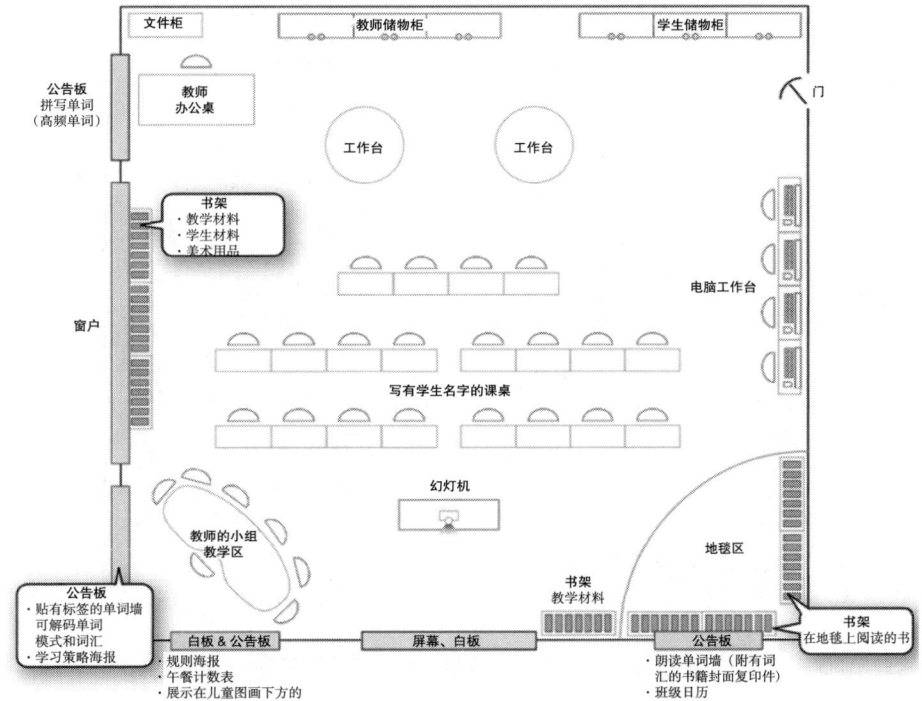

小学教室——例子

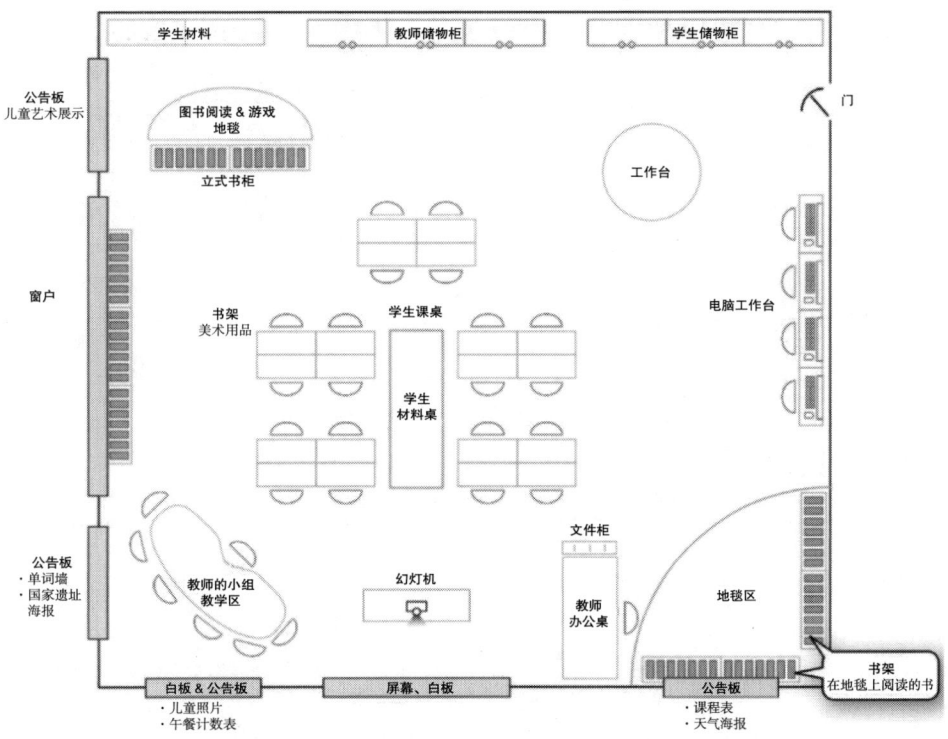

小学教室——非例子

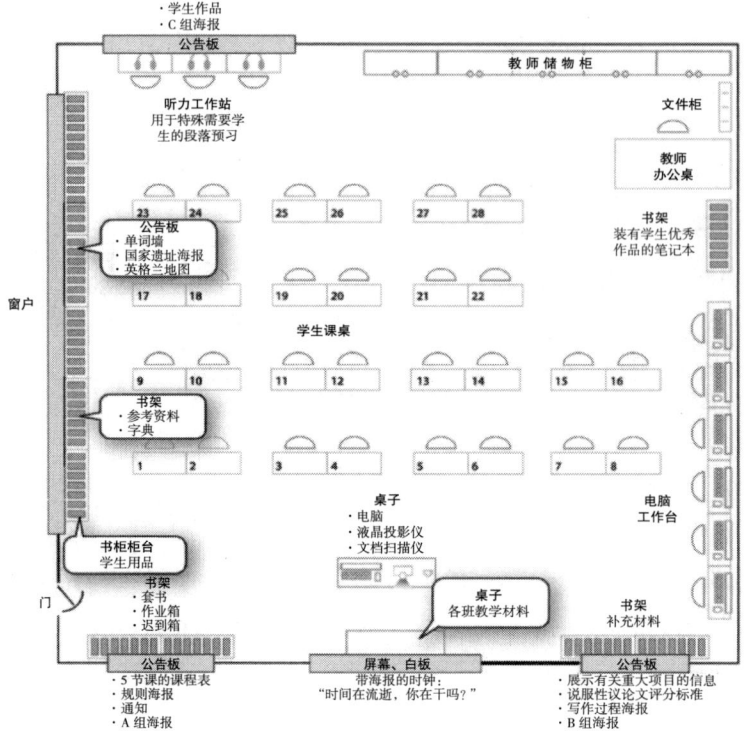

中学语言艺术教室——例子

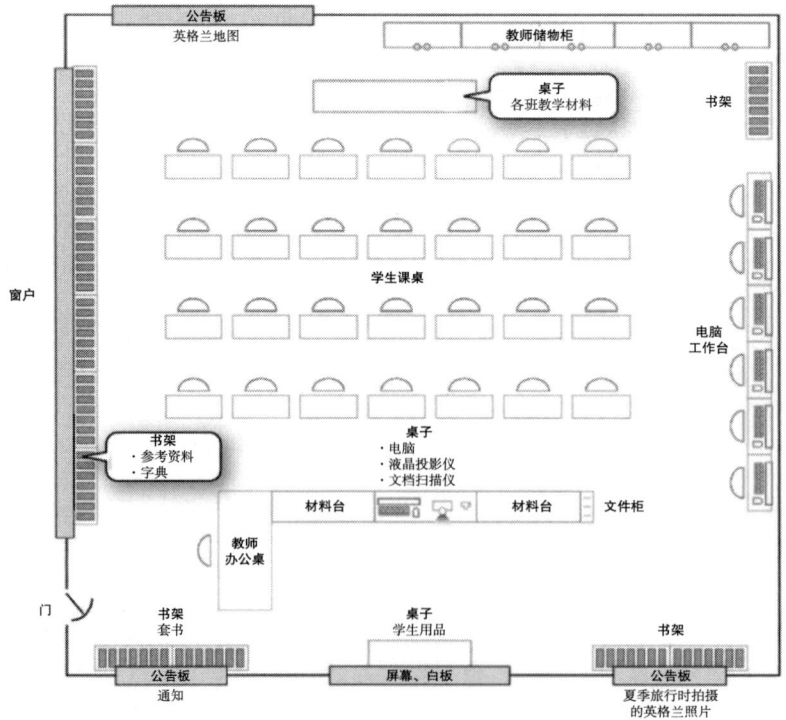

中学语言艺术教室——非例子

建立课堂规则

无论是在课堂规则、常规和程序方面，还是在课内回答问题的指令方面，或是在独立作业、任务或家庭作业的要求上，清晰明确的期望都会让学生受益匪浅。开学前，教师必须仔细考虑课堂上要使用的规则、常规和程序。

精心设计的课堂规则（通常也称为课堂指南）可提升秩序感，营造积极的学习环境，使教师教好、学生学好，并帮助教师保持思路清晰。在制定课堂规则时，请考虑以下建议。首先，规则宜少不宜多，3～6条就足够了。规则的数量越多，执行起来就越困难，学生和教师也越难记住。其次，指导原则应具有积极属性，即从期望行为的角度来阐述，而非不期望行为的角度。例如，"聆听老师和同学的发言"比"不要在别人说话时说话"更好。为什么？从期望行为的角度阐述规则会显得更加积极，而且不容易引起抵触情绪。（考虑一下：当你被告知不能做某事时，你会如何反应？）此外，只有当规则被表述为期望的行为时，它才会涵盖所有的违规行为。例如，如果规则是"别人说话时不要讲话"，这是否就为唱歌、朗诵、说唱、敲击和拍打敞开了大门？如果规则是"上课时不能吃饭"，那么吃口香糖、玩手机或iPod又该如何处理？从期望行为的角度阐述规则需要深思熟虑，但这是可以做到的。"不准吃饭、不准吃口香糖、不准玩iPod……"变成"上课时只能带学习用品"。"不打人、不扔东西、不碰别人的东西"变成"管好自己的手和身体"。

在制定书面规则时，语言要简明扼要，最好以动词开头。像"尊重他人"这样的规则，比"在教室里，为了建立一个共同学习的集体，每个人都必须通过言行表现出对他人的尊重"这样的规则更直截了当。虽然教师可以用这种措辞解释规则，但它根本不是最佳的"海报用语"。表5.1提供了我们在课堂上见过的各种规则清单。

此外，定义某些期望行为也至关重要。教师和学生对"尊重他人"等规则的理解可能会大相径庭。为了明确规则，在最初介绍规则时，可以举出一些例子和非例子加以说明。例如，在介绍"管好自己的手和身体"这一规则时，可以参考表5.2中的例子和非例子。

表 5.1　各种课堂规则

三年级班级	五年级班级
应该做的 1. 准时。 2. 按时完成任务。 3. 做好准备。 4. 尊重他人。 5. 合作。	行为准则 1. 我们要尊重老师和同学。 2. 我们会带着要用到的材料和做完的作业来上课。 3. 我们将始终竭尽全力。 4. 我们会立即听从指令。
中学资源教室	高中语言艺术课
1. 准时到达。 2. 携带笔记本和日程表。 3. 听从指令。 4. 坚持完成任务。 5. 尊重老师和同学。 6. 管好自己的手和身体。	1. 准时上课。 2. 只带必要的学习用品来上课。 3. 准备充分。 4. 参与所有活动。 5. 聆听老师和同学的发言。 6. 言行文明礼貌。

表 5.2　教授规则的例子与非例子

管好自己的手和身体。	
例子	非例子
• 听老师讲课时双手交叉于背后。 • 在走廊行走时双手放在身侧。 • 在纸上写下自己的名字。 • 询问同学是否可以借用一张纸。 • 拿着自己带来的物品进行"展示和讲述"。	• 上课时打人。 • 戳弄排在前面的人。 • 在他人的纸上写字。 • 抢夺他人手中的纸张。 • 触摸邻桌上用于"展示和讲述"的物品。

现在我们已经介绍了有效的课堂规则的特点，如果你已经制定了一套规则，请使用应用 5.3 来评估你自己的课堂规则。

【应用 5.3】

分析课堂规则

说明：使用以下问题评估你的课堂规则。

1. 规则的数量是否很少（3～6 条）？	是	否
2. 规则表述的是期望的行为吗？	是	否

(续表)

3. 规则是否简明扼要？	是	否
4. 每条规则的表述都以动词开头吗？	是	否
5. 是否在规则中（或通过例子和非例子）明确界定了行为？	是	否

许多教师喜欢与学生一起制定规则，以增强学生的主人翁意识和执行规则的责任感。只要列出的规则具有积极意义、简洁、明确，这种做法是可以接受的。让学生参与的另一种方法是，教师制定规则，但让学生生成规则的例子和非例子，这一方法将在下一个课程示例中呈现。

有效执行课堂规则需要的不仅仅是制作一张海报。开学第一天，每个班级都应向学生宣讲规则。随后几周的处理取决于学生的年龄和行为。如果学生年龄较小，或者很难做出正确的行为选择，那么就应该对每条规则进行正式和非正式的说明，然后进行复习。在某些情况下，教师甚至可以将一条规则进行分解说明。例如，如果规则之一是"尊重他人"，教师可以设计一堂课讲如何尊重教师，另一堂课讲如何尊重同学，还有一堂课讲如何尊重来访者。无论最初的教学强度如何，都应在接下来的几周内每天简要复习规则，同时提供反馈，让学生知道他们遵守了规则，或在他们不遵守规则时提醒他们注意。始终如一的期望有助于教师维持努力营造的氛围。此外，教师还可以让学生参与一些简单的活动，如向同伴讲述规则、写下规则、思考规则的例子和非例子、抄写规则并将其放入活页夹，或回答有关规则的问题。请记住，我们所期望并通过言行明确传达的，就是我们将得到的：我们的期望 = 我们的收获（What we expect = What we get）。

在第 4 章中，你已经看到了如何教授学科中规则的示例。现在让我们来看如何教授行为规则的示例（见表 5.3）。

表 5.3　课堂行为规则的课程示例

背景信息
授课对象：资源教室的初中生。 **教学基础**：学生在第一天上课时已经了解了课堂规则。 **教授规则**：尊重老师和同学（第二部分）。 **教学目标**：学生学会尊重同学，并在课堂上表现出尊重他人的行为。 **长远目标**：学生遵守课堂规则，教师教得好、学生学得好。

(续表)

课程开始

吸引学生注意。 看这里。

阐明教学目标。 昨天我们讨论了课堂规则,在接下来的几周里,我们将从"尊重老师和同学"开始,探讨每一条规则。今天我们来讨论规则中关于尊重同学的部分。

讨论目标技能的意义。 当我们尊重他人时,我们会考虑他们的感受和权利。我们不想伤害他们。当我们考虑到他人的权利并以我们希望得到的方式对待他人时,也体现了对他人的尊重。

想一想,如果班上每个人都尊重同学,会有哪些好处?请与你的同伴讨论。每组的1号同学,你们是记录员。请写下你和同伴提出的好处。(教师在教室里走动,将学生的想法和他们的名字记录在幻灯片上,然后用投影仪与全班分享。)

课程主体

1. **介绍规则。**(教师指向规则海报。)大家和我一起读规则5:尊重老师和同学。我们要讨论一下你是如何尊重同学的。请在练习纸上方写上规则5。(教师监督。)

请记住,当我们尊重他人时,我们会考虑他们的感受和权利,并避免伤害他们。同学们,当我们考虑他人的感受和权利,避免伤害他人时,我们就是_____他人。尊重。

2. **用例子和非例子阐明规则。** 例如,为了在讨论中表示尊重,你应该面向正在发言的同学,聆听他(她)的发言,不要打断他(她)。这既体现了对他人感受的尊重,也是对他人参与课堂权利的尊重。在讨论过程中打断同学的发言,发表诸如"这太愚蠢了"之类的评论,或者在同学分享观点时说话,都是不尊重他人的行为。这些行为丝毫不顾及其他同学的感受和权利,必定会伤害他们的感情。

3. **指导学生用关键属性分析例子和非例子。** 让我们来判断一下,这种行为是否体现了尊重。一名学生在同学前面插队,她是否考虑了同学的感受和权利?没有。她表示尊重了吗?没有。一名学生向试图打开一瓶糨糊但未成功的同学提供帮助。他是否考虑了同学的感受和权利?是的。他是否表示了尊重?是的。

4. **用例子和非例子检查学生的理解情况。**(教师在投影仪上放上一张空白的T型图,上面标有"尊重"和"不尊重"两栏。)在纸上画出这样的T型图,在左栏标上"尊重",右栏标上"不尊重"。(教师监督。)

我们先来列举一下尊重同学的行为。我先说。当同学发言时,聆听是一种尊重。(教师在幻灯片上写道:聆听同学的发言。)询问同学是否可以借用铅笔,而不是简单地抢夺铅笔,是对同学的尊重。(教师写道:询问别人借铅笔。)轮到你了。写下能体现对同学尊重的行为。继续写,直到我说停止。(教师在教室里走动,把好的想法写在幻灯片上。)

每组的两位同学轮流与你的同伴分享想法,1号同学先分享。如果你的同伴有好主意,请添加到你们的清单中。(教师继续在教室里走动,在幻灯片上记录想法和名字。然后,教师利用投影仪向全班提供反馈。)

现在,我们要在T型图上添加非例子。在T型图上的每个想法的对侧,写出一种不尊重他人的行为。例如,在"聆听同学的发言"旁边,我可能会写上"打断同学的发言"。在"询问别人借铅笔"的旁边,我可能会写"抓铅笔"。(教师在教室里走动,在幻灯片上

(续表)

添加对应的非例子。)先是每组的 2 号同学,然后是 1 号同学,向你的同伴读出对应的例子和非例子。(教师继续走动,在幻灯片上记录想法和名字,然后用投影仪向全班反馈。)

课程结尾

你们的回答给我留下了深刻印象。你们都知道如何表达对同学的尊重。我准备把你们的最佳例子和非例子制作成一张海报,贴在我们的规则旁边,提醒大家如何尊重班级同学。

请告诉你的同伴,你打算在其他课堂上做的一件尊重同学的事情。(教师监督。)

如果我们每个人都能尊重他人,也就是考虑他人的感受和权利,避免伤害他人,那么我们就会度过一个最美好的学年!

建立常规和程序

在班级中,如果在开学的最初几周就明确地规定、教授、复习和使用常规及程序(如使用卫生间、活动区,听到铃声后保持安静、交卷),就更有可能出现适当的行为,课堂也更有可能顺利进行。

教师必须在开学前仔细考虑课堂常规,最好是写下来,而不是临时编造。如果等到有需要时才制定常规,那么临时制定的常规可能会带来灾难。考虑一下下列情况可能产生的结果:"当然,你可以随时削铅笔";"无论何时你有任何问题,只要举手就可以了";"是的,你可以晚点交作业"。

在建立常规时,首先要考虑需要为班级制定常规或程序的情境。在应用 5.4 中,你可以找到一份需要特定常规或程序的情境列表。其中有些情境在小学班级比在中学班级更重要,或者在有学习和行为困难的学生的班级更重要。

【应用 5.4】

需要课堂常规或程序的情境

说明: 查看以下清单,勾选出与你当前或未来教学形势相关的情境。

情况类型	检核
行动:	
• 进入课堂	
• 课外活动	

（续表）

情况类型	检核
• 切换到新活动	
• 去学校其他区域	
使用：	
• 卫生间	
• 饮水机	
• 卷笔刀	
• 储物柜	
• 休闲设备	
• 电脑	
• 专用设备（如显微镜、煤气灯、录音机等）	
资料/作业：	
• 携带资料上课	
• 使用活页夹或文件夹	
• 没有纸张	
• 没有铅笔/笔	
• 分发资料	
• 沟通作业	
• 缺席或未上课的情形下为其布置作业	
• 使用评分键在课堂上批改作业	
• 与老师一起批改作业	
• 上交作业	
• 上交修改后的作业	
• 确定成绩	
• 迟交作业	
提示：	
• 注意	

（续表）

情况类型	检核
• 停止	
• 不同的声音	
○ 安静	
○ 轻声（只有同伴或队友能听到）	
○ 讨论声（能够被全班同学听到）	
○ 演讲声（教室的各个角落都能听到）	
○ 下课期间的声音（只允许出现在课间休息时）	
获得帮助：	
• 上课时	
• 写独立作业时（若教师有空）	
• 写独立作业时（若教师在进行小组教学）	
• 小组合作活动时	
• 操作电脑时	
如何表现：	
• 全班教学时	
• 小组教学时	
• 地板活动时	
• 写独立课堂作业时	
• 在学习站点时	
• 在音乐室、图书馆或体育馆等处参加"特别活动"期间	
• 持续默读时	
• 某活动阶段开始时	
• 某活动阶段结束时	
• 有访客来访时	
• 校长听课时	
• 特聘教师上课时	

(续表)

情况类型	检核
发生这些事情或在这些时间怎么办：	
• 迟到	
• 缺席	
• 需要额外的辅导或帮助	
• 不理解课堂材料	
• 不舒服	
• 没带午餐或午餐费	
• 点心时间	
• 过渡时间/课间转换时间	
• 下雨天课间休息时	
• 防火灾、地震或飓风演习	
• 学校封锁	
• 集会	

在任何情况下，常规都应该是学生容易坚持的。更重要的是，常规应该很少需要教师参与。如果所有常规活动都是教师实施的话（例如，"如果你没有纸，向老师询问""如果你需要削铅笔，向老师询问""如果你想喝水，向老师询问""如果你忘了拿书，向老师询问"），教师的教学就会经常被打断，这会大大减少学生参与教学的时间。研究一下表5.4，也许你现在就可以在课堂上使用其中的一些常规。然后，在新学年开始前，重新审视这些常规。

表5.4 常规和程序示例

情境：进入小学班级
1. 学生在指定区域集合。 2. 教师迎接学生。 3. 学生和教师走到教室门口。 4. 在教室外面，教师吸引学生注意，并指示下一个活动。 5. 教师打开门，学生进入教室。 6. 学生放好外套和其他材料，开始活动。

(续表)

情境：进入中学班级
1. 上课铃响之前，教师打开门并站在门口。 2. 学生到校时，教师迎接学生。 3. 上课铃响后，教师关门。 4. 进入教室后，学生将材料放好，并将作业放在桌角。 5. 铃声响起后，学生开始热身活动。 6. 教师迅速扫视全班并点名。 7. 教师立即开始上新课。
情境：离开小学班级
1. 应该排在队首的同学走到门口。 2. 教师整理好材料后，解散学生当前的分组。 3. 解散时，学生起立并推椅子入座。 4. 学生安静地走到门口，排好队，每两名学生之间的距离为一臂远。 5. 学生安静地站在队伍中，管好自己的手和身体。 6. 当所有学生都排好队后，应该排在队尾的同学走到队尾。 7. 如有必要，教师重申出行的原则（例如：跟上队伍；管好自己的手和身体；说话用耳语声的音量）。 8. 教师走在队伍中间的位置。
情境：离开中学班级
1. 在教师表示下课之前，学生不能收拾材料。教师说下课，学生才能离开。 2. 教师走到门口让学生离开。
情境：厕所的使用
1. 学生应在放学前、上课前、课间休息时或两个活动之间上厕所。 2. 如果有紧急情况，学生可以在做独立作业时上厕所。 3. 学生必须签退、上交牌子或携带通行证。 4. 如果特权被滥用，教师将与学生约谈。
情境：课堂上批改作业
1. 学生拿出修正笔（钢笔、红笔或蜡笔）。 2. 教师给出各个答案。 3. 学生在试卷上标出答案正确与否。 4. 教师重新讲授难点。 5. 学生利用剩余时间改正做错的题。
情境：中学生上课迟到
1. 学生迟到。

(续表)

2. 教师继续授课。 3. 学生在迟到本上签名，并勾选"有理由"或"无理由"。 4. 同伴帮助迟到的学生。 5. 空闲时，教师与迟到学生谈话。 6. 适当时，教师把安排"惩罚"时间（"payback"time）[①]作为后果。
情境：小学生缺席
1. 同伴收好作业、家庭作业或通知，放入缺席学生桌上的文件夹中。 2. 学生返回学校，检查文件夹中的作业。 3. 学生查看班级日历，记下需要完成的作业。 4. 教师给学生补与缺席天数相同天数的课。 5. 将完成的作业放入标有"缺席补做"的专用箱子中。
情境：中学生缺席
1. 当同伴进入教室并发现学生缺席时，拿一个文件夹并在上面写上缺席学生的姓名。 2. 同伴收好作业、家庭作业或通知，放进文件夹。同伴还可以填写本班级常用的表格，填上阅读作业、考试日期、家庭作业或长期作业等各类信息。 3. 放学时，将文件夹放入标有"缺席学生作业"的箱子中。 4. 学生回到学校，检查文件夹中的作业。 5. 学生查看班级日历，记下需要完成的作业。 6. 教师给学生补与缺席天数相同天数的课。 7. 将完成的作业放入标有"缺席补做"的专用箱子中。
情境：上交或收好作业
1. 学生将自己的编号写在纸上，并写上科目名称。 2. 学生向前排同学传作业。 3. 监督员收集前排座位上的所有作业。 4. 监督员按编号顺序排列作业。 5. 监督员将作业放入按科目或课时标记的箱子中。   或者，如果教师承担更多的责任： 1. 给学生布置作业。 2. 教师把作业放在桌角。 3. 教师走动并亲自收作业。
情境：在小学课堂上提问
1. 教师提问时，学生不举手。

---

① 译注：在这个时间，对做某事进行惩罚。

(续表)

2. 学生在下列情况下举手： • 教师下达举手指令 • 学生有一个共同（public）问题（该问题是所有学生都想问的） • 学生希望参与讨论 3. 当学生提出个人（private）问题时，不要打断课堂，而是做出一定的动作，如把手放在胸口。教师抽空去找学生解答。
情境：在小学或初中的独立作业环节请求帮助
红卡和绿卡 1. 学生参考课本中的例子或教学笔记尝试完成任务。 2. 当学生有问题时，将卡片的红色面朝上（也可使用其他信号，如出示"需要帮助"的标志或将书竖立在桌上）。 3. 学生必须继续做其他题，即跳过这道不会的题做下一道题。 4. 教师在教室里监督（走动、环顾四周、交谈）。 5. 当教师看到红色卡片时，为学生提供帮助。
情境：在中学的作业环节请求帮助
只有当教师在附近时 1. 当学生有问题而教师不在附近时，学生可以向同伴请教，或使用"先三后我"规则（即学生在向教师求助前必须先向三位同学请教）。 2. 如果获得的帮助不够，学生可以先把题目留着，继续做其他题。 3. 教师在教室里监督（走动、环顾四周、交谈）。 4. 当教师在附近时，学生可以举手请求帮助，这样可以减少学生从任务上分心的时间。
情境：声音大小的信号
0——安静。（教师举起紧握的拳头。） 1——耳语声。（教师竖起一根手指。） 2——小声交谈的音量。（教师竖起两根手指。） 3——正常说话声。（教师竖起三个手指。） 4——在户外的音量。（教师竖起四个手指。）

虽然所有班级都应在开学第一天就介绍常规，但具体的常规应在第一次有实际需要时进行介绍。因此，常规教学应分散在开学的前两周进行，这样学生就不会感到不知所措。我们建议按照第 2 章中概述的介绍策略和技能的方式教授行为常规和程序。当然，教学、后续复习和纠正性反馈的程度会因班级类型和学生的年龄而异。但是，我们建议教师不要"臆断"——假设、希望甚至祈祷学生会表现出期望行为。请记住，教学是最有力的干预措施。

让我们看看如何进行常规或部分常规的教学。表 5.5 中的课程旨在向小学生介绍过渡。无论是从一个区域过渡到另一个区域、从一个小组过渡到另一个小组,还是从一项活动过渡到另一项活动,都容易产生一定的非任务行为(例如,过多的交谈、不在座位上的行为和嬉戏打闹)。因此,教师应该特别注意教授、练习、复习和强化适当的过渡行为,尤其是在小学班级和特殊教育班级中(Colvin & Sugai, 1988; McIntosh, Herman, Sanford, McGraw, & Florence, 2004; Sprick, Garrison, & Howard, 1998)。

表 5.5　课堂常规的课程示例

背景信息

授课对象:开学第二天的二年级学生。
教学基础:在开学第一天,学生已根据需要了解了课堂规则和常规,包括使用洗手间和饮水机的常规、回答问题和向同伴说出答案的常规。
教授常规:排队和去新地点(第一部分)。
教学目标:学生在得到允许后迅速排队,站成一列,不触碰他人,保持安静。
长远目标:学生有秩序地排队并走到新的地点。

课程开始

吸引学生注意。眼睛看向我。(停顿。)
阐明教学目标。在这门课上,我们会反复做很多事情,这些事情被称为常规。今天,我们将学习在学校排队和去新地点的常规。我们将从学习如何有序排队开始。
讨论目标技能的重要性。重要的是要快速有序地排队,不要触碰他人,不要与他人交谈,这样我们才能准时到达新地点。重要的是,我们要排好队,不要挤在一起,这样才会井然有序。告诉你的同伴去年你在教学楼里去过的一些地方。(教师监督,点名回答。)

课程主体

1. **介绍常规**。(教师用投影仪展示清单。)

排队常规

1. 拿出下一个活动的材料。
2. 当老师要求离开时,请站起来并推椅子。
3. 安静地走到门口。
4. 排成一列纵队,每两个人之间保持一臂的距离。
5. 安静地站成一列,管好自己的手和身体。

　　让我们来学习一下排队的常规方法吧!跟我一起读第 1 条:<u>拿出下一个活动的材料</u>。当你坐在书桌前时,你要为下一个活动做准备,拿出要用到的材料。每组的 1 号同学,告诉你的同伴,我们要带什么去图书馆。(教师停顿,然后点名回答。教师接着说其他地点,如体育馆、午餐室、音乐室等。)跟我一起读第 2 条:<u>当老师要求离开时,请站起来并推椅子</u>。你可以在你所在的小组解散前站起来吗?<u>不可以</u>。为了让其他人也能安全地出入,

(续表)

你需要将你的_____推进去。椅子。跟我一起读第3条：安静地走到门口。排队的时候可能会很混乱，所以你需要_____走到门口。安静地。跟我一起读第4条：排成一列纵队，每两个人之间的距离为一臂。站成一列，跟在前面的人后面。每个人都喜欢有空间，所以一定要在自己和前面的人之间留出一臂的距离。大家把手臂伸到前面来。(教师伸出手臂。)这是你和前面的人之间应该留出的空间。跟我一起读第5条：安静地站在队伍中，管好自己的手和身体。我们一起复习下。首先，准备好要用到的_____。材料。当老师让你离开时，站起来推_____。椅子。然后_____走到门口。安静地。排成一列纵队，每两个人之间的距离是多少？一臂的距离。然后_____站成一排。安静地。手和身体不要_____。乱动。

2. 示范常规。(我做)。轮到我来展示怎么排队。科林、弗兰克和卢克，你们能帮我一下吗？请在门口排好队，确保你们之间有一臂的距离。(停顿。)现在假装我是一名二年级学生，坐在我的课桌前。(在描述行为的同时，教师相应地做出动作。)我知道我们要去图书馆，所以我拿出了我的书。老师让我的小组先离开，于是我站起来推椅子，安静地走到门口。我站在卢克的后面，我们之间有一臂的距离。我安静地站在队伍里，管好自己的手和身体，我小心地不碰到卢克或他的东西。

这次你们要帮助我。(教师在一名学生的课桌前坐下，和学生讨论常规，再次示范该行为。)首先，我需要拿出要用到的_____。材料。我们要去阅读小组，所以我拿出书。(教师拿出书。)老师允许我们组离开，所以我应该站起来推_____。椅子。(教师站起来推椅子。)接下来，我_____走到门口。安静地。排在卢克身后，留出多少空间？一臂的距离。我_____站在队伍里。安静地。管好自己的手和身体。

现在再看我一次，这次我会犯一些错误，告诉我我做错了什么。我们要去图书馆，老师允许我们组先离开。(教师不带书走向门口，把椅子放在外面，站在离卢克很近的地方，以此来表演非例子。教师让学生告诉他们的同伴这里所犯的错误，然后请学生汇报他们的观察结果。然后，教师展出更多的非例子，让学生分析。)

3. 提供提示性练习。(我们做。)我们一起来练习吧！假装我们要去音乐室，所以不需要带任何材料。A组，你们可以离开了，请站起来推椅子。(停顿。)很好。现在安静地走到门口。(教师等待)。排成一列纵队，每两个人之间的距离为一臂。(教师等待。)现在伸出你的手臂，以便我们检查。安静地站成一列，手和身体不要乱动。A组，完美。(教师指导各组排队，如果出现错误，就让该组学生回到自己的课桌前，重复这一过程。)

4. 检查学生的理解情况。(你做。)让我们再练习一次。假装我们要去另一个房间进行小组阅读，拿出你的书，我会观察每个小组，并告诉你们做得怎么样。(教师让每个小组尝试，观察学生的行为，并给予反馈。重复练习若干次，改变学生将要去的地点。)

课程结尾

复习。每组的1号同学，假装你的同伴今天不在这里，你得向他解释排队的常规。(教师监督。)每组的2号同学，轮到你了，向你的同伴解释排队的常规。(教师监督。)

预告。今天晚些时候，我们将练习排队和走过大厅。

教师还可以使用"看起来像/听起来像"的表格教授常规或程序，这些表格描述了特定活动所需的行为（见表5.6）。这些表格最初是为了展示小组合作学习时的期望行为而制作的。然而，教师也可以用它们来有效地展示重复活动（如小组教学、全班教学、从一个环境到另一个环境的过渡、独立作业时间、合作时间）及特殊或不常有的活动（如口头报告、科学实验、集会）的预期行为。与制定规则一样，教师可以与学生一起制作"看起来像/听起来像"表格。

表 5.6 "看起来像/听起来像"表格示例

排队及步行到另一个地点（转场）	
看起来像	听起来像
当我们排成一队时，你是这样的： • 因某些缘由迅速排队。 • 站起来并推椅子。 • 携带要用到的材料。 • 站到前面的人的正后方。 • 站在前面的人的正后方，保持一臂的距离。 • 管好自己的手和身体。	当我们排成一队时，你是这样的： • 完全不说话。 • 低声细语。
当我们走路的时候，你是这样的： • 快速走动，不跑动。 • 走在前面人的正后方。 • 管好自己的手和身体。 • 靠走廊右侧行走。	当我们走路的时候，你是这样的： • 完全不说话。 • 低声细语。
完成独立作业（教师指导小组阅读时）	
看起来像	听起来像
你是这样的： • 在书桌或指定区域工作。 • 做作业： 　○ 理解练习。 　○ 书写练习。 　○ 拼写练习。 　○ 摘要写作。 • 根据答案批改作业。 • 在完成作业、修改准确、整理整洁后阅读书籍。	你是这样的： • 不说话。 • 安静地向邻桌寻求帮助。 • 安静地向"专家"寻求帮助。（"专家"坐在"建议"桌，已经与教师一起复习了作业。）

(续表)

口头报告：发言人	
看起来像	听起来像
你是这样的： • 站在教室前面。 • 面向同学。 • 微笑（愉快的表情）。 • 没有坐立不安。 • 准备就绪（你已准备好辅助材料，如幻灯片、图表和笔记。）	你是这样的： • 表达清晰。 • 说话时表情丰富、有热情。 • 使用易于听到的音量。 • 回答问题。

本章小结

也许童子军在选择"做好准备"（Be prepared）作为他们的座右铭时，想到的正是教师。除了选择教学内容、设计课程，教师还必须通过布置物理环境、制定课堂规则和常规来搭建教学舞台。但是，就像一出戏一样，搭建舞台只是基础。真正的考验来自表演。永远不要忘记：你每天都在改善课堂氛围——通过你的微笑、肢体语言、礼貌用语、善意举动、教学热情以及对学生的奉献。通过所有这些方式，你可以让课堂氛围变得有序而积极。

我们推荐以下书籍，供教师深入学习行为管理方面的知识：《课堂管理的制胜策略》(*Winning Strategies for Classroom Management*, Cummings, 2000)，《如何在开学头三周生存并茁壮成长》(*How to Survive and Thrive in the First Three Weeks of School*, McEwan, 2006)，《教学工具：纪律、教学、激励》(*Tools for Teaching: Discipline, Instruction, Motivation*, Jones, 2007)，《CHAMPs：主动积极的课堂管理方法》(*CHAMPs: A Proactive and Positive Approach to Classroom Management*, Sprick et al., 1998)，《中学课堂纪律：行为管理的积极方法》(*Discipline in the Secondary Classroom: A Positive Approach to Behavior Management*, Sprick, 2006)，《开学第一天：如何成为一名高效的教师》(*The First Days of School: How to Be an Effective Teacher*, Wong & Wong, 2009)。

第 6 章　实施教学：激发反应

在第 2 章中，我们介绍了一种包含开篇、主体和结尾的课程教学设计。然而，即使你设计出了一堂精妙、结构良好的课程，或者采用了有明确教学内容、高质量的课程材料，也可能仍然有一些学生对你说的每个字都不感兴趣，或者不想深入思考课程的内容。学生的注意力和后续学习情况不仅取决于教学设计，还在于课程的教学方式。打个比方，如果一部出色的电影剧本没有让有才华的演员去表演、呈现，那么最终电影的票房可能少得可怜。

在第 1 章的直接教学的 16 个要素中，我们介绍了 4 项重要的教学技能（见表 1.1）：

1. 要求学生频繁地给出反应。
2. 密切监督学生的表现。
3. 提供即时的肯定性和纠正性反馈。
4. 以明快的节奏授课。

无论是全班教学还是小组教学，教师都需要通过要求学生说、写或做事情激发学生频繁的反应。如果教学是真正的互动式教学，需要学生不断做出反应，那么他们的注意力、专注行为和学习效果都会加强，而挑战性行为也会减少。同样，在教学过程中，应尽量增加学生的阅读练习量，尤其是在教授刚开始学习阅读的学生或阅读上有困难的高年级学生时更要如此。要达到最大的阅读量，就需要采用轮流阅读以外的其他方法，尤其是在全班教学中。有效的教学还需要持续监督学生的反应，这样教师才能给予高质量的反馈（包括纠正性的和肯定性的），并且根据学生的表现调整教学。最后，在整个课堂中，教师需要保持适当的教学节奏，既能够吸引学生，又能够最大限度地优化所教授的内容，同时保留充足的思考时间。下图说明了这些教学技能之间的关系。

在阅读本章时,你不妨重点关注课程示例部分。这种"虚拟教学"使本章的内容更加生动,有助于教师将这些教学技能应用到自己的教学中。如果你将本书建议的实践方法融入当前的教学或辅导中,这些技能将很快成为你自己教学技能库的一部分。当然你也可能已经掌握了其中的许多技能。

要求学生频繁地给出反应

对于直接教学而言,最基础的教学技能是激发学生做出频繁的反应。鉴于它的重要性,本章将重点讨论如何频繁地引出学生的反应,以及如何使用阅读程序最大限度地提高学生的参与度。其余的教学技能将在第 7 章中介绍。

在引出学生的频繁反应时,教师先呈现少量信息,然后停下来询问学生,得到反应。接着,教师不断重复这种模式,从而给学生提供许多回答问题的机会:输入→提问→反应。输入→提问→反应。输入→提问→反应。输入→提问→反应。就像良性的对话一样,好的教学也是互动式的,而不是输入→输入→输入→输入→输入→明天见。在后面这种情况下,即使是最有学习动机的学生,也可能受到诱惑"离开课堂",进入深度认知的"漂浮"状态。事实证明,课堂上给学生许多回答问题的机会有很多好处(Brophy & Good, 1986; Cavanaugh, Heward, & Donelson, 1996; Greenwood, Hart, Walker, & Risley, 1994; Skinner, Fletcher, & Henington, 1996)。学生会更加专心和投入学习。更重要的是,在做出反应的过程中,学生要检索、演练和练习所教授的信息、概念、技能或策略,从而提高了记忆知识的可能性。此外,通过监督学生的反应,教师可以检查教学环节是否清晰,并根据需要调整课程:重新教授关键信息、澄清错误的概念,或者向前推进课程。当学生出现错误时,教师还可以向小组或个人提供纠正性反馈,缩小学生当前理解或表现与预期结果之间的差距。增加学生做出反应的机会,还可以增加肯定学生正确反应的机会以及以任务为中心的赞扬的机会,这对于有学习障碍或情绪障碍的学生尤其有益(Gunter, Denny, Jack, Shores, & Nelson, 1993)。最后,如果学生积极参与并取得成功,那么挑战性行为也会减少。正如研究者(Sutherland & Wehby, 2001)在相关研究综述中得出的结论,提供更多的反应机会会带来更高的任务参与度和学业成就,以及更低的问题行为比例。

尽管在课堂上要求学生反应的方式有很多，但我们概述了一些我们认为特别有效且易于在不同环境和学科内容领域实施的程序。我们强调全体学生齐声回答（unison responding），而不是传统的教师提问—学生举手—教师点名回答的程序。齐声回答（例如：一起说出答案、在应答板上写下答案并举起来，或举起一张反应卡），已被证明不仅可以增加每个学生的反应次数，还可以促进专注学习任务的行为，提高学业成就（Hamlin, Lee, & Ruhl, 2008; Heward, 1997）。根据学生的行为，我们将反应的类型进行了归纳：①口头反应；②书面反应；③动作反应。在阅读时，请留意你使用过的程序以及可以添加到你的教学技能库中的程序。

口头反应

在任何年级的课堂上，最常见的反应方式都是口头反应。有一些激发口头反应的做法十分有效：齐声回答、同伴回答、小组回答和精心设计的个人回答。

齐声回答

无论你教的是数学、阅读、科学还是社会研究，要求学生口头反应的答案大部分都很简短，而且每个学生的用词也都相同。在特殊教育或普通教育中，在小学或中学课堂上，当答案简短且只有一个正确答案时，可以要求所有学生一起说出答案。事实证明，齐声回答是一种灵活的程序，适合不同的年级和学科内容，有助于提高学生的反应频率和后续学习效果（Hamlin et al., 2008; Heward, Courson, & Narayan, 1989; Wood & Heward, 2005）。齐声回答可以穿插在整个课堂中，在用于练习或复习知识点时尤其有效。请看表6.1中的教学片段，了解如何在不同环境中引发齐声回答。从左到右阅读教学片断，了解输入→提问→反应→监督→反馈的流程。在阅读本章所有的课程示例时，都要特别注意学生给出反应后需要提供的反馈。第7章将讨论有效反馈的属性。

研究人员发现了齐声回答的诸多优势（Heward, 1997; Kamps, Dugan, Leonard, & Daost, 1994）。首先，最重要的优势是所有学生都能参与其中，而不是只有某一个人。这样，每个学生做出反应的机会就增加了。由于齐声回答很有效率，要求反应的次数相对更多。其次，对于害羞的学生、不情愿回答问题的学生、有学习困难的学生或刚开始学习英语（或任何第二语言）的学生来说，齐声回答是非常有安全感的。类似于，许多人会觉得在合唱团唱歌比独唱更舒服。再次，齐声回答为学习困难学

第 6 章　实施教学：激发反应 | 135

表 6.1 教学片段：齐声回答

教学片段 1：基础阅读课

输入 →	提问 →	反应 →	监督 →	反馈
黑板上呈现：s, a, m, t 我们来复习这几个字母的发音。当我指向一个字母时，大家就发出它的音。				
	（教师指向字母 s。）发什么音？（教师示意回答。）	/s/	（教师认真地听。所有学生发出的读音正确。）	教师没有反馈，继续进行。
	（教师指向字母 a。）发什么音？（教师示意回答。）	/ā/	（教师认真地听。两名学生说 /ŏ/。）	（教师指向字母 a。）这个音是 /ā/。（教师示意。）发什么音？（教师指向字母 a。）发什么音？（教师示意。）/ā/。（教师指向字母 s。）发什么音？（教师示意。）/s/。
（教师继续讲其余字母，然后按随机顺序复习）			（教师认真地听。所有学生发出正确读音。）	很棒。

教学片段 2：五年级数学课

输入 →	提问 →	反应 →	监督 →	反馈
黑板上呈现：x + 5 = 15 看这个等式。				
	未知变量是什么？（停顿。）同学们？（教师示意回答。）	x。	（教师认真地听。所有学生回答正确。）	（教师继续讲，表示回答正确。）
	要分离出 x，我们应该在每一边加上 5 还是减去 5？（停顿。）同学们？（教师示意回答。）	减去 5。	（教师认真地听。）	是的，为了分离出 x，我们必须从每一边减去 5。

（续表）

输入				
	（教师书写 x+5-5=。）如果等式的这一边减去5，还剩下什么？（停顿。）同学们？（教师示意回答。）	x。	（教师认真地听。）	（教师在 x+5-5 下方写 x。）
	（教师书写 15-5。）如果等式的这一边减去5，还剩下什么？（停顿。）同学们？（教师示意回答。）	10。	（教师认真地听。）	（教师在 15-5 下方写 10。）
	同学们，x 的值是多少？（教师示意回答。）	10。	（教师认真地听。）	我们现在用 10 替换 x 来检验答案。10 加 5 得多少？（教师示意。）15。两边都等于 15。所以 x=10。

教学片段 3：七年级科学课

输入 →	提问 →	反应 →	监督 →	反馈
投影屏幕： 盾状火山（shield volcano），层状火山（composite volcano），锥形火山（cinder cone volcano） 我们一直在学习这三种类型的火山。我将向你们描述一种火山的形状，你来回答我说的是哪一种。	这种类型的火山侧面非常陡峭。（停顿。）同学们？（教师示意回答。）	层状火山。	（教师认真地听。所有学生回答正确。）	是的，层状火山有陡峭的侧面。

(续表)

这种类型的火山侧面的坡度低。(停顿。)(教师示意回答。)	盾状火山。	(教师认真地听。所有学生回答正确。)	的确,盾状火山,就像我们昨天讲到的夏威夷火山,侧面的坡度低。
这种类型的火山有多层熔岩和火山灰。(停顿。)(教师示意回答。)	层状火山。	(教师认真地听。一些学生没有回答正确。)	记住,复合(composite)的意思是"由多种材料组合"。层状火山有熔岩和火山灰层。同学们,有熔岩和火山灰层的火山是_____?(教师示意。)层状火山。
这种类型的火山是由破碎的岩石和灰渣组成的。(停顿。)(教师示意回答。)	锥形火山。	(教师认真地听。所有学生回答正确。)	大棒了。什么火山有熔岩和火山灰层?(停顿。)层状火山。(教师示意。)很好,现在你们掌握了这三种类型的火山。

生提供了内在的支持（脚手架）：他们听到答案后可以加入，也能获得准确回答问题后的即时性反馈。最后，通过倾听学生的回答，教师也会得到有关学生知识掌握情况的即时性反馈。

就像管弦乐队指挥指挥乐手合奏出美妙的音乐一样，教师必须指挥学生一起说出答案。无论是采用听觉信号［例如，声音提示（"同学们？"）、轻拍、拍手或响指］，还是视觉手势，都必须是学生能接受的，能持续使用的。教师可以使用任何信号，只要它可以让教师调节留给学生的思考时间，并提示他们何时说出答案。你会发现表 6.2 中列出的信号可能对你有所帮助。

表 6.2　齐声回答的建议信号

情景	齐声回答的信号/提示
学生正看着教师。	1. 教师提问并举起手。 2. 教师给出思考时间。
	3. 教师放下手说："同学们？" 4. 学生一起说答案。
学生正在观察教师呈现的刺激物，比如黑板上的一个单词、地图上的一个位置、策略海报上的一个步骤、大开本图书中的一张图片，或者幻灯片上的一个数字。	1. 教师指向刺激物。 2. 教师提问。 3. 教师给出思考时间。 4. 教师轻点刺激物，说："同学们？" 5. 学生一起说答案。
学生正在看练习纸、课本上的一页或讲义。	1. 教师提出问题或给出指示。 2. 教师给出思考时间。 3. 教师请学生说出答案，比如说："同学们？" 4. 学生一起说答案。

教师会发现齐声回答也有一些漏洞，如学生只是嘴巴动了动但没有回答，或者忽略信号直接"脱口而出"，这会破坏全班同学一起回答答案的机会（Hunter, 1982）。在这些情况下教师的反应都是一样的："让我们再说一遍。"这就给了不情愿回答的学生第二次说出答案的机会，也给脱口而出的同学施加压力，使其停下来，不再说答案。

所有反应方式都面临的挑战是对学生所需的思考时间的衡量。如果没有足够的时间，学生可能会匆忙猜测，出现错误。预估思考时间的一种方法，是在学生思考答案的同时进行思考。例如你在提问 5 是不是质数。在你的脑海里，你可能会想："5

能被 5 和 1 整除，但不能被任何其他数字整除，所以 5 是质数。"通过思考答案，教师会发现自己给了学生更多思考的时间。另一种判断思考时间的方法是，让学生想到答案后给教师示意。在小学课堂上，教师可以让学生竖起大拇指表示他们已经想到了答案。在中学课堂上，可以让学生与教师进行眼神交流，表明他们已经想到了答案。我们不建议学生举手示意，因为这种做法会产生很多负面影响：一些没有想到答案的学生为了面子，在看到第一个同学举手时也举手；还有一些学生看到有人第一个举手时，就松懈了，甚至不去想答案，完全放弃了思考。当大多数学生示意他们有了答案时，教师发出回答的信号。

无论要求什么类型的回答，关于思考时间的设置都可以遵循一般的指导原则。当教师提出一个认知要求较低的问题时，如学生只需回忆最近读过或学过的知识，一般来说 3 秒钟的思考时间就足够了。当教师提出一个认知要求较高的问题时，如学生必须使用几个逻辑论据或之前学过的内容来形成一个答案，这时较长的思考时间会使学生更投入，答案质量更高，回答时间更长，答案内容更丰富（Cotton, 2001）。如果学生只需重复教师示范的一个简短回答，就可以立即给出回答的信号，例如，"这个单词是 was。这个单词是什么？（即时信号）""was."

齐声回答还有一个挑战是难以识别其中存在的个别错误（Heward et al., 1989）。当小组中的学生犯错误时，很难实施个别纠正程序。有两种做法可以应对这一问题。首先，当出现错误时，教师可以将更正程序应用于整个组，而不是针对个别学生，从而加强所有学生的学习。其次，在齐声回答结束时，教师可以通过点几名学生回答，检查个别学生的理解情况。事实上，一项研究发现，在齐声回答的过程中穿插对个别学生的提问，可以增加那些最不愿意参与课堂的学生的反应率，提高他们的准确性，减少他们的扰乱性行为，从而加强齐声回答的效果（Armendariz, 2005）。

同伴回答

也许，让学生与同伴分享答案是吸引学生的最有效的方法之一。无论答案长短，学生都可以向他们的同伴分享答案，特别是当答案措辞很长且各不相同时。和齐声回答一样，同伴回答对教师和学生都有益处。所有的孩子都能参与其中，他们可以说答案，也可以听同伴的回答。学生还能从同伴丰富的想法中获益，而同伴的想法往往又能激发其产生新的想法和观点。学生也可以从他们的同伴那里得到反馈：如果答案不正确或不完整，同伴可以轻声纠正或补充。如果他们不确定问题是什么，同伴可以告诉他们。同伴合作是培养语言能力、社交技能和合作技能的绝佳手段，同时也是在课堂上建立学习共同体的良好途径。通过同伴回答这种方式，学生有机会进行社交互动，这也是中学生的主要目标，这种社交互动使课程变得更加愉快和有趣。

同伴回答对教师也有很大的好处。学生在分享答案时，教师可以在教室里走动，倾听众多学生的回答，不仅从一名学生那里了解教学情况，而且可以从多名学生那里获得有关教学的信息。教师能够给许多学生提供反馈——无论是肯定、鼓励，还是纠正。同伴分享的时段也让教师有机会指导成绩较差的学生，教师可以在教室里四处走动，指导有学习困难的学生，帮助他们形成准确而完整的答案。

遵循以下几条原则能够让教师更有效地利用同伴回答。首先，最好是教师来分配同伴组合。因为孩子们往往会选择与自己相似的伙伴，而这些伙伴不一定是他们在课堂上最适合的搭档。在选择同伴时，应将成绩较差的学生与成绩中等的学生配对，而不是与成绩最好的学生配对。成绩中等的学生往往更有支持性，会使成绩较差的学生有更多机会做出回应。然后，让同伴们相邻而坐（而不是面对面坐在桌子两侧），并为每个学生分配一个编号，如"1"或"2"。分配编号后，教师可以要求每对同伴中的一名学生说出答案（"每组的1号同学，告诉你的同伴……"或"2号同学，告诉你的同伴……"），从而将回答问题的机会分配给不同的学生。通常好的做法是给每对中成绩较好的学生分配1号，以便这个学生可以为其同伴做示范（例如，"1号同学，使用你的组织结构图，教你的同伴有关我们学过的联邦政府各部门的知识"，然后才是"2号同学，教你的同伴"）。

为识字教学选择同伴的程序包含以下步骤（Fuchs, Mathes, & Fuchs, 1996）：

1. 确定每个孩子的口头阅读流畅性（每分钟正确的单词数）。让每个孩子读一段文字，计时1分钟，然后计算1分钟内正确阅读的单词数。
2. 根据流畅性从低到高对孩子进行排名。
3. 将名单分成两份，然后将两份名单配对。成绩较差的学生与成绩中等的学生配对。
4. 根据对学生的了解调整配对，使学生之间能够很好地合作。

还有一些其他做法可以帮助教师充分利用同伴合作。在课堂里，学生可能会在三个不同的地方接受教学：在课桌前接受全班教学，在地毯区接受全班教学，以及在桌子旁接受小组教学。这种情况下，可以在课桌前为学生分配同伴，并分配编号

1 和 2。当他们来到地毯区时，让他们坐在同伴旁边，继续使用相同的编号。但由于小组教学通常使用同质分组，因此需要不同的同伴。为了方便在小组教学时分配同伴，可以在开展小组教学的桌子上贴上索引卡片，写明每个学生的编号，并用箭头标明同伴。更换同伴也很重要，但不是每天都更换，而是每 3～6 周更换一次。此外，教学生如何成为合作同伴也至关重要。可以教给学生一种策略，如"看、靠、小声说"（"看着你的同伴，靠向你的同伴，然后小声向你的同伴说出答案"），或者使用"看起来像/听起来像"表格（见表 5.6）来教授期望的同伴行为。

最后，当教师要求学生与他们的同伴分享答案时，可以给他们一个句子开头。例如，阅读完某学科领域的书籍中的一段后，可以给出以下指令：

回顾段落，确定主旨。（教师停顿并给出思考时间。）"1 号同学，告诉你的同伴这一段的大意。你可以这样开始，'这一段的大意是……'"

给出句子开头有几个好处：学生可以更快地开始回答，并用完整的句子表述，而且更有可能紧扣主题。此外，给出句子开头通常有助于认知检索和形成答案。

虽然课堂上利用同伴合作的方法有很多，但我们还要分享一些特别成功的做法：① 思考-配对-分享；② 思考和记录-配对和记录-分享；③ 暂停程序；④ 学习-告诉-帮助-检查。

思考-配对-分享

思考-配对-分享是同伴合作最简单的方式之一，这是由弗兰克·T. 莱曼（Frank T. Lyman, Jr.）创造的一种程序（Lyman, 1981; McTighe & Lyman, 1988）。该程序有两个重点：① 在回答之前给学生思考的时间；② 引导学生向同伴说出答案，而不是单独点名一位学生回答（例如，"请思考，故事接下来会发生什么？2 号同学，告诉你的同伴"）。当答案较长、措辞各异、无法齐声回答时，让学生与同伴分享答案特别有效。

使用思考-配对-分享时，请按照以下步骤进行：

1. 思考。提出问题并给出思考时间。
2. 配对。要求学生配对，并将自己的想法与同伴交流。
3. 分享。选择一些学生向全班分享。如果答案很短且措辞相同，也可以让所有学生齐声回答，或者告诉学生教师在走动和监督时听到的答案。

表 6.3 中的教学片段展示了思考–配对–分享的多种用法。在看这些教学片段时，注意同伴回答的应用以及教师给学生的反馈。

思考和记录–配对和记录–分享

在许多情况下，学生需要就某个主题进行头脑风暴。例如，学生可能需要就一篇文章的观点、周长测量的应用、特定学习策略的优势、战争的常见原因、可再生和不可再生资源的例子，或者以"auto"为基础的单词进行头脑风暴。对思考–配对–分享进行一些修改就可以使其成为一种可行的头脑风暴程序。首先，让学生思考并写下他们的想法，会让他们对自己的思考更有责任感，也有利于教师监督他们的反应，这是只让他们"思考"无法实现的。接下来，当学生配对交流他们的想法时，让每个学生写下同伴的最佳想法。如果教师不时要求学生分享同伴的最佳想法，学生会更有责任感地倾听。学生完成思考和记录以及配对和记录时，教师可以四处走动，将他们的想法和姓名记录在幻灯片上（或者记录在一张纸上）。然后在分享环节中分享这个想法清单，这样就能提升分享的效果，而不必像以往那样费时地点名个别学生。

暂停程序

暂停程序非常适合在任何年级的课堂展示积极参与的成果。在传统授课的大学课堂上，研究人员对学习障碍和非学习障碍学生开展了这项程序的研究（Ruhl, Hughes, & Gajar, 1990; Ruhl, Hughes, & Schloss, 1987）。长时间听教师讲课是很难的，我们所有人对此都有体验。在这些研究中，教师授课 12～18 分钟后，暂停 2 分钟，学生可以在这 2 分钟内两人一组讨论课程内容并修改笔记。这项简单的程序显著提高了大学生（包括那些学习障碍学生）对授课内容的记忆（这一结论通过自由回忆测验和理解测验的测量得出）。也有研究人员（Johnson, Johnson & Smith, 1991）建议课堂暂停 3～4 分钟，在此期间学生可以总结授课内容、回答重点问题、预测接下来的讲授内容，并分享自己的经验。

学习–告诉–帮助–检查

我们还建议使用一种类似暂停程序的积极参与程序，也就是学习–告诉–帮助–检查。它可以在课堂开始时用于复习先前教授的内容，在课堂结束时用于复习当天的课程，也可以在课程中间不定时使用。使用此程序时，教师会给学生一个短暂的时间（例如 1～2 分钟）来学习笔记、讲义或教科书。然后，教师指导每组中的一名学生在不查阅任何参考资料的情况下，将自己记住的内容告诉另一名同伴。他们的同伴可以通过提问、给出提示或提供遗漏信息的方式来帮助他们。每对同伴都回忆完所有信息后，他们可以翻看讲义或教科书，检查自己的回答并找到遗漏的信息。与暂停程序一样，在整节课中使用学习-告诉-帮助-检查可以让学生对自己的学习情况更负责，而演练和检索也可以帮助他们记住更多信息。请查看表 6.4 中的教学片段，了解这些程序在不同情境中的应用。

教师还可以在其他许多方面利用同伴合作。同伴可以向对方朗读、举例说明某个过程、相互讲解组织结构图的内容、相互听写单词并提供准确性反馈、相互修改作业、相互帮助保持专注、为缺课的同伴收集材料、在独立作业时间相互帮助以及一起学习某些资料等。用法是无穷尽的，好处也是数不胜数的。请指出，在表 6.5 展示的课堂中，教师是如何使用同伴回答的。

小组回答

在某些情况下，教师可能希望两组学生组成一个合作小组，或者以四人小组形式合作学习。同伴回答和小组回答都是合作学习的要素，研究人员（Johnson, Johnson & Holubec, 1993）将合作学习描述为"在教学中学生以小组形式共同合作，最大限度地优化自身和小组成员的学习效果"（p. 6）。在组建小组时，要选择不同能力、种族和性别的学生，并给每个成员编一个号。如果在一个课堂上同时使用同伴或小组回答方式，可以在同伴关系中用数字 1 和 2 编号，在小组关系中用 A、B、C、D 给学生编号。研究人员已开发出许多适用于小组合作的活动结构（Kagan, 1989, 1992），其中 NHT（Numbered Heads Together）合作学习模型是具有强有力的研究基础的模型之一（Maheady, Mallette, Harper, & Sacca, 1991; Maheady, Michielli-Pendl, Harper, & Mallette, 2006）。

NHT 合作学习模型

应用 NHT 合作学习模型（Kagan, 1989, 1992）的过程，是先将学生分组，用数字或字母给每个学生编号；再提出一个问题，让学生"集思广益"想出答案；学生可以一直讨论，直到所有的小组成员都对答案充满信心，准备好与全班分享；然后教师随机喊出一个数字或字母，每个小组中编号为该数字或字母的学生即成为该小组的发言人。为了提升随机性，增加学生的积极性，教师可以用转盘或掷骰子的方

表 6.3 教学片段：思考-配对-分享

教学片段 1：学前班阅读课

输入 →	提问 →	反应 →	监督 →	反馈
[教师大声朗读了贝琪·布卢姆的《狼》(Wolf, Becky Bloom, 1999)。]	想一想，"在《狼》这篇文章中什么最让你感到惊讶？"（暂停 5 秒钟。）	（学生思考。）		
	1 号同学先开始，然后 2 号同学，告诉你的同伴故事中你最感到惊讶的是什么。	（学生告诉同伴，故事中最让他们惊讶的是什么。）	（教师在教室里走动，监督和指导。）	
	亚当，你最惊讶的是什么？	故事一开始，狼就很饿，但在故事的最后它才吃上东西。	（教师认真地听亚当的回答。）	同学们，如果你对此也感到惊讶，请举手。我同意，我对饥饿的狼直到野餐时才吃上东西感到十分惊讶。
	贝萨尼，你对什么感到惊讶？（教师点名另外两位学生。）			生，你们的想法特别棒！

教学片段 2：五年级数学课

输入 →	提问 →	反应 →	监督 →	反馈
（学生已经学了两个星期的小数。）				

黑板上呈现： .4 .40 .400	同学们和我一起读这些数字。来吧？	0.4, 0.40, 0.400。	（教师认真地听。）	太棒了。
	思考一下，这些小数是否相等？向你的同伴阐述你的想法并写下来。（教师给予学生充足的思考时间。）	（学生思考，然后写下想法。）	（教师在教室里走动，观察学生写下自己的想法。）	
	1号同学，告诉你的同伴这些小数是否相等，并阐述你的答案。	（学生配对，并向同伴阐述他们的答案。）	（教师在教室里走动，倾听学生阐述，如果有学生阐述得不准确或有困惑，就给他讲解一遍。）	（教师对学生的同伴合作给予肯定性反馈。）
	同学们，这些小数相等吗？（教师发出信号。）	相等。	（教师认真地听。）	是的，它们相等。
	伊丽莎白，请你阐述一下。	我把小数变成了分数：$\frac{4}{10}$、$\frac{40}{100}$ 和 $\frac{400}{1000}$。我可以把 $\frac{40}{100}$ 和 $\frac{400}{1000}$ 都简化为 $\frac{4}{10}$。所以我知道这些小数是相等的。	（教师认真地听。）	太棒了！你用到了我们学过的分数和小数的关系知识。

德鲁，分享下你的想法。	我知道去掉小数末尾的零不会改变它的值。所以我把0划掉了，这样所有的小数都是0.4。	（教师认真地听。）	是的，去掉小数末尾的零不会改变它的值。同学们，看这个小数：0.400。如果我划掉0，我改变它的值了吗？没有。如果我划掉这个小数：0.004。如果我划掉0，会改变它的值吗？会改变。

表6.4　教学片段：同伴合作程序

教学片段1：四年级写作课，运用思考和记录－配对和记录－分享程序

输入 →	提问 →	反应 →	监督 →	反馈
（昨天，学生们各自选择一个节日，以此写一篇报告。在查找节日资料时，我们必须确定可能涉及的主题。然后我们需要缩小主题范围，这样就可以深入研究了。）	首先，告诉你的同伴你选的是哪个节日。	（学生告诉同伴自己的节日。）		
	现在我们开始头脑风暴，讨论在报告中可能涉及的主题。例如，我们可以谈论节日的来历。	（学生写下可能有关的主题。）	（教师在教室里走动，在幻灯片上记录主题和对应的学生名字。）	（如果该主题无法成段叙述或与节日研究无关，教师给予纠正性反馈。）

(续表)

我们还可以检索与节日有关的特殊食物。(教师在幻灯片上写下"末历"和"食物"两个词。)我可以就这两个主题中的任何一个写一段话或更多内容。现在,在你的纸上,写一些其他有关节日的主题。 1号同学先开始,然后2号同学,把你的清单读给你的同伴听。如果你的同伴想出你的同伴想出的主题,把它添加到你的清单中。	(学生向同伴读清单,并从同伴那里获得好的想法。)	(教师继续在教室走动,在幻灯片上记录主题。)	(教师继续提供肯定、表扬和纠正性反馈。)
			看这里。我们一起读一下你们生成的主题清单: 末历 食物 特殊装饰(西尔维娅) 礼物或奖品(肖恩) 意义(佩德罗) 特殊服饰(弗雷达) 举办的地区(贾森)

(续表)

教学片段2：八年级科学课，运用学习－告诉－帮助－检查程序

输入	提问	反应	监督	反馈
（学生刚刚开始学习"电"这一单元，正在浏览课本的第55页。）	**学习** 同学们，你们有2分钟的时间来学习第55页的内容。准备好后向你的同伴介绍电的来源。 **告诉** 2号同学，告诉你的同伴电的来源。1号同学，请帮助他们。	**学习** （学生学习第55页。） **告诉** 2号同学：本节讨论的是电能来源。煤、燃烧煤炭可以产生电力。 **帮助** 1号同学：还有哪些燃料可以用来发电？ 2号同学：哦对，化石燃料……还有核能。 1号同学：不要忘记水能。让我们再看看书。 **检查** （学生回顾第55页内容。） 1号同学：我们忘记了可再生能源，比如太阳能、	（教师在教室里走动观察。） （在告诉－帮助－检查步骤中，教师在不同的同伴小组中走动，认真地听学生的回答。）	（教师通过表扬个别学生强化学生的专注行为。） （教师强化专注行为，合作行为，肯定正确的回答。）

	风能或潮汐能,它们都可以发电。		(续表)

表 6.5 课堂中的同伴回答

六年级写作课

输入	提问 →	反应 →	监督 →	反馈
我们一直在学习如何扩写句子,使其更有趣,信息量更大。今天我们要在句子中加一些单词和短语来说明某事何时发生。				
幻灯片显示: Charles arrived at the office.(查尔斯来到办公室。)从这一句话里,我们不知道查尔斯是什么时候到的。	和我一起读这个句子。查尔斯来到办公室。	查尔斯来到办公室。	(教师认真地听。)	
幻灯片显示: Before dawn, Charles arrived at the office.(黎明前,查尔斯来到办公室。)	现在,和我一起读这个新句子。黎明前,查尔斯来到办公室。	黎明前,查尔斯来到办公室。	(教师认真地听。)	

（续表）

	1号同学，告诉你的同伴哪个短语说明了查尔斯到办公室的时间。	黎明前。(before dawn.)	(教师在教室里走动，倾听学生的回答。)	
	同学们，查尔斯是什么时候到办公室的？	黎明前。	(教师认真地听。)	是的，黎明前。现在我们知道查尔斯是什么时候到的了。注意看，句子开头的短语后面跟着一个逗号。
幻灯片显示：查尔斯午饭后就来到办公室。(Charles arrived at the office just after lunch.)	和我一起读这个新句子。查尔斯午饭后就来到办公室。	查尔斯午饭后就来到办公室。	(教师认真地听。)	
	2号同学，告诉你的同伴哪个短语说明了查尔斯到办公室的时间。	午饭后。(just after lunch)	(教师在教室里走动，倾听学生的回答。)	“午饭后”这个短语告诉了我们时间。请注意，在这个句子的末尾，没有使用逗号将短语与前面的句子分开。
幻灯片显示：昨天，查尔斯来到办公室。(Yesterday, Charles arrived at the office.)	和我一起读这个新句子。昨天，查尔斯来到办公室。	昨天，查尔斯来到办公室。	(教师认真地听。)	
	同学们，哪个单词告诉我们查尔斯到办公室的时间？(教师发出信号。)	昨天。(yesterday.)	(教师认真地听。所有学生都回答正确。)	“昨天。”在这个句子里，我们添加了一个单词，而不是一个短语，使句子更有趣、信息量更大。

(续表)

幻灯片显示：火车进站了。(The train pulled into the station.)	和我一起读这个句子。火车进站了。	火车进站了。	（教师认真地听。）
	在你的纸上写出能表明火车何时进站的单词或短语。例如，你可以写"今天早上"（this morning）或"某个冬天的下午"（one winter afternoon）。（教师将短语写在幻灯片上。）同学们请继续写，直到我让你们停下。	（学生写下可能表明火车进站时间的单词或短语。）	（教师在教室里走动，查看学生的书写，给予口头反馈，并在幻灯片上记录正确的单词或短语和相应的学生名字。）
	1号同学先开始，然后2号同学，把你的清单读给你的同伴听。如果你的同伴有好想法，把它添加到你的清单中。	（学生向同伴读清单，并在清单中添加新的想法。）	（教师继续在教室里走动，在幻灯片上记录想法和名字。）
			你们有很多单词和短语可以来为句子增色。我们来读一下同学们的想法（教师和学生读以下清单）： 一个早晨（one morning） 黄昏（at dusk）（特蕾西） 预定时间之前（before the scheduled time）（格拉西） 正午（right at noon）（肯德尔） 昨天（yesterday）（肯恩） 在预定时间 6:03（at 6:03）（马库斯）

（续表）

as scheduled time（送戈） 晚了三天（three days late）（玛丽·李） 离开两周后（after being gone 2 weeks）（纳什） 下午晚些时候（in the late afternoon）（让） 哨声响起之前（before the whistle sounded）（马尔塔）			我们来读一下同学们的句子： 七点半，火车进站了。(At 7:30, the train pulled into the station.)（凯文） 6点的钟声敲响了，火车进站了。(As the clock struck
	（教师走动，监督学生。）	现在圈出你所列出的最好的表示时间的单词或短语。（停顿。）	（学生圈出最好的关于时间的单词或短语。）
	（教师在教室里走动，在幻灯片上记录一些句子。）	现在写出你的句子。如果你把短语放在句子的开头，记得短语后面加一个逗号。	（学生写句子。）
	（教师在每组学生中走动，倾听答案并记录句子。）	把你的句子读给你的同伴听。	（学生向同伴读句子。）

（续表）

幻灯片显示			
		6:00, the train pulled into the station.) (安妮·玛丽亚) 我们还没到站，火车就进站了。(The train pulled into the station before we arrived at the gate) (特洛伊) 注意看，时间短语使句子更有趣。	我们来听一下同学们的句子。(教师点名。)
幻灯片显示：查德进入了市图书馆。(Chad entered the city library.)	和我一起读这个句子。查德进入了市图书馆。	查德进入了市图书馆。	
	在这个句子里添加一个表示时间的单词或短语，然后写出来。	(学生写下句子。)	(教师来回走动并记录句子。)
	把你的句子读给你的同伴听。	(学生向同伴读句子。)	(教师来回走动并倾听句子。)

式确定编号。

随着时间的推移，合作学习及其多种活动结构越来越受欢迎，常导致教师向学生提供的直接教学（direct instruction）减少。因此，许多研究人员发出警告，合作学习必须始终与直接教学相结合，不能作为唯一的教学方法（Andersen, Nelson, Fox, & Gruber, 1988; Slavin, Madden, & Leavey, 1984）。如果教师没有提供足够的信息和策略就要求学生参与合作学习活动，错误率会很高，学生也将经历失败和挫折。

个人口头回答

虽然集体、同伴和小组的口头回答是吸引所有学生参与课堂的好方法，但有时教师也会想提问个别学生，检验他的学习情况。在我们探究个人提问的最佳方式之前，先来讨论一下在教学中需要尽量减少的一些常见程序。

教师提问最常见的形式是"征集志愿者"（Brophy & Good, 1986），即教师提问题，要求学生举手回答，然后提问其中一个积极举手的学生。使用这种方法时，成绩最好、最自信、英语水平最高的学生最有可能被点名（Maheady et al., 1991）。但结果就是教师只"教最好的，剩下的就不管了"。征集志愿者的做法应该有所限制，以便让所有的学生都能参与到课堂中来。可以采用一个简单的原则：当问题的答案来自教师提供的信息或学生读过的材料时，不要邀请学生自愿回答，因为所有学生都应该知道答案。但是，如果答案源于学生自己的经验，则要求学生自愿回答。只有当答案来自学生的个人背景知识或经验时才要求自愿回答，可以显著减少一堂课中要求学生自愿回答的次数。

另一种教师应该尽量避免（甚至完全避免）的做法是在学生注意力不集中的时候叫他们。学生翻书包或伸手拿钱包的时候，并不是点名提问的时机。这种情况下几乎不可能得到一个能增进课堂讨论氛围的准确答案。大多数情况下教师会点名注意力不集中的学生，引导他们回到课堂上来。然而，与点名提问的方法相比，有更好的方法可以让他们回到自己的任务中，包括：①靠近注意力不集中的学生；②向全班发出指令（例如，"请大家抬头看这里"）；③让学生做一些动作（例如，"把你的手指放在标题上""在你的纸上写一个标题""在你的纸上画一个T形图"）。

如果教师不打算找志愿者或点名不专心的学生，还有什么替代方法吗？让我们来看三个备选方案：同伴优先、问题优先、轮流回答或跳过。

同伴优先

有一种点名提问的方法是先让学生与其同伴分享答案，然后随机点名学生分享答案。你可能会注意到，这样我们就又回到了思考–配对–分享模式。如果点名之前先与同伴分享答案，通常答案的质量会更高——学生有机会思考、演练他们的答案，并从同伴（或者教师）那里获得反馈，所有这些都将帮助他们思考并完善自己的答案。

问题优先

某些情况下，教师可能不让学生先和同伴分享。这种方法是先提问，给所有学生时间思考，然后随机点名。需要注意的是，教师要先提出问题，给出思考时间，然后再点名，而不是先点名再告诉学生问题。因为如果先点名，班上的其他学生基本就不会再去听这个问题、思考问题答案或者关注同学的答案了。

点名提问的一个挑战是，教师可能偏爱某些学生，经常点名他们，而其他学生很少或从不被点名提问。为了确保所有学生都参与到课堂中来，教师需要制定一个个别提问计划。一种做法是把所有学生的名字写在卡片上，然后把卡片放在容器里。上课时，抽出一位学生的名字并点名提问该学生。另一种做法是（在教师自己的脑海中）把教室分成几个区域，然后点名不同区域的学生。这两种方法都可以让更多学生得到回答问题的机会。

点名提问的另一个挑战是学生只回答"我不知道"或"我不记得了"。对此教师一般会选择提问其他学生。不好的是，这样会无意中让学生觉得不知道答案也是可以的，导致"我不知道"在教室里"肆虐"。教师需要可行的替代方案，而不是采用以更大声音重复问题这种毫无结果的做法。当学生无法给出答案时，教师可以采取一些做法支持学生，为学生的回答提供支架，这些做法包括：① 将任务分解成较容易完成的几个部分，并通过提问指导学生完成任务；② 当教师提问其他学生的时候，允许第一个被提问的学生与同伴商讨，但随后要再回到第一个学生那里，让他给出新的答案；③ 指导学生翻阅课本、讲义、作业或笔记寻找答案；④ 请学生对同伴给出的答案进行评论；⑤ 简单地告诉学生答案并让其重复。

轮流回答或跳过

在某些情况下，让学生轮流回答问题比较合适。例如，在轮流回答或跳过中（Harmin, 1994），教师可以快速提问，让学生在教师或其他同学不作评论的情况下做出回答。如果学生想不出答案或自己的答案已经被其他人说过了，就说"跳过"。当问题存在很多可能的答案，并且这些答案来自学生的个人背景知识时，这种提问方法特别有效。例如，轮流回答或跳过可以很好地与下面这些指令配合使用：

1. "说出你最喜欢的食物。轮流回答或跳过。"
2. "我们在做一个有关最喜欢的宠物的饼状图。说出你最喜欢的宠物。轮流回答或跳过。"
3. "我们刚刚学习了单词 compulsory（必修的）。说出学校里有哪些课程是必修的。轮流回答或跳过。"

就像所有主动参与的练习一样，在要求学生回答之前给他们留出思考时间，可以增强学生的信心，提高答案的质量。教师可以让学生在轮流回答或跳过活动开始之前，让他们先把想法写下来。

书面反应

在许多课堂上，学生被要求做出书面反应。例如，教师口述单词让学生写。在数学课上，教师在黑板或电子白板上展示问题，让学生解答。在写作课上，学生头脑风暴，并记录可能的论点，写出说服性议论文。

在课堂上要求学生书面回答看似简单，但也会出现一些问题。首先，一些学生写答案非常快，而另一些学生要花多一些的时间。结果，早完成的人只能等着其他同学完成——正如我们都经历过的，当有空闲时，学生就会"填补"它。为了避免无益的等待，要设计让学生可以在短时间内完成书面回答的课程活动。（这在独立作业时段是不必的。）例如，在数学课上，让学生完成一个问题并给予即时反馈比一下完成六个问题再给予纠正性反馈要好。学生的等待时间和出现行为问题的次数都会减少；同时，由于反馈的即时性和额外的教学投入，学生的学业成绩也会提高。

当学生面前有作业单或课本作业时，书面回答会面临另一个挑战。通常情况下，有一些学生喜欢抢在其他学生之前做；这些学生不按指示，做完第 1 题后不等待反馈，而是做第 2、3、4 题。遗憾的是，这些"抢跑者"可能会出错，因为他们注意不到教师的意见或反馈。这些较早完成任务的学生也可能会吹嘘自己，给其他人造成干扰。有一些简单的方式可以减少"抢跑者"带来的挑战。教师给出指令："写完后，把笔放下，抬头看。"或者"写完后，把纸翻过来"。采用这些做法，再加上细心的监督，就可以保持学生在课堂上与教师同步。

反应卡和答题板

说到书面回答，我们一般会想到学生在纸上书写，但还有很多其他的方法可以用来复习和练习。其中包括使用反应卡和答题板。

使用反应卡时，教师先给学生准备一套预先打印的卡片，或者让学生自己准备一套卡片（在教师指导下）。卡上印有几种答案选项，包括"真"或"假"；"是"或"否"；"A""B""C"或"D"；"同意"或"不同意"；针对学科内容的答案。例如，小学生桌子上可能放置有字母卡片。教师念一个字母的发音，学生出示对应的字母。英语课上，学生可能有各种文学术语的卡片（"主题""情绪""寓意""伏笔"等）。教师提问，学生举起正确的卡片。在科学课上，学生可以拿到印有三种类型火山的卡片（"盾状火山""层状火山""锥形火山"）。教师描述一种火山或提出一个关于火山的问题，学生出示相应的卡片。类似地，图书管理员可以使用标有"扉页""版权页""词汇表""目录"和"索引"的卡片查找说明性教科书中的参考资料。

使用答题板时，教师先提出问题，学生将答案记录在一个小白板或纸板上。阅读课教师可以读字母发音或单词，让学生听写。数学课教师可以让学生在答题板上完成答题并展示。社会研究或科学课教师可以提出一个问题，然后扫视所有学生的书面答案。

在使用反应卡和答题板时，教师可以问一个问题，给出思考时间，然后让学生举起他们的答案（在反应卡或答题板上）供教师检查。教师可以监督所有学生的答题情况，并根据需要做出回应：纠正错误、澄清误解、重新教授内容或继续上课。事实证明，在不同的年龄组和学科领域，使用反应卡和答题板对师生均有好处：①增加每个学生回答问题的机会；②提高课堂的参与度；③提高学生的学业成绩；④减少分心和破坏性行为（Armendariz & Umbreit, 1997; Cavanaugh et al., 1996; Christle & Schuster, 2003; Heward et al., 1996; Lambert, Cartledge, Heward, & Lo, 2006; Maheady, Michielli-Pendl, Mallette, & Harper, 2002; Narayan, Heward, Gardner, Courson, & Omness, 1990; Randolph, 2007; Skinner et al., 1996）。

选择反应卡还是答题板取决于教师在课堂上想要达成的目标。使用反应卡时，学生可以从有限的答案选项中进行选择，而不是从所有可能的答案中进行选择，适合学生还未牢固掌握概念或知识的情况。当答案选项有限时，反应卡是一个很好的选择。当答案较长、分歧较大或更依赖于个人偏好或经验时，可以选择答题板。

看完表 6.6 中的教学片段之后，请思考使用反应卡或答题板丰富课堂的其他情境。

动作反应

我们介绍了一些让学生进行口头和书面回答问题的方法。当然，学生也可以用指定动作来回答问题，比如触摸或指向刺激物、用身体姿势回答、做出手势或者用动作回答。通常情况下，这类动作反应可以提高学生的兴趣、注意力和愉悦感。让我们看看这些动作反应。

触摸 / 指向

教授小学生或者有学习困难的学生时，教师一般会要求其触摸特定对象。这个要求基本贯穿整堂课："把你的手指放在字母上""把你的手指放在单词上""把你的手指放在图片上""把你的手指放在标题上"。这样做是为了把学生的注意力吸引到刺激物上，确保学生看向了文本中的正确位置。对于有学习困难或年纪小的学生，教师也可以指导同伴让其确认学生是否在看正确的位置，保证他们也在同步学习。给出一个简单的指令，比如"把你的手指放在段落的第一个单词上"，然后说"现在观察你的同伴有没有做到"，这样做有助于学生正确阅读文本段落。

表演 / 用姿势或面部表情做出反应

我们知道学生有可能会主动表演，但这里指的不是那种类型的"表演"。我们指的是精心策划的"表演"。布景、角色、剧本和服装并非必需。相反，教师可以把表演融入课堂中，让无论在什么年龄或年级的学生都觉得更难忘、更有趣。例如，教师在学前班读故事时，可以让班里学生表演故事中的主要人物，帮助学生理解故事内容。高中英语课上，可以让学生相互表演一些词汇来增强对词汇的记忆。学生在科学课上学习区分固体、液体和气体时，教师可以让学生站得很近来表示没有运动的固体；站得稍微分开，有轻微的运动来演示液体；分散在教室各个角落来演示气体。在任何情境下，表演都能加强学生对概念的记忆。

同样，学生也可以用简单的身体姿势或面部表情回答问题，这也会使课堂更加生动。例如，在学习层状火山的特点时，可以让学生用手表示出火山的底部，并将手举到表示山顶的位置，展示陡峭的侧面。在数学课上，学生可以用手臂做出加号（+）、减号（−）或乘号（×）的样子，表示进行哪种运算。在学习单词 furious 时，学生可以通过两种面部表情来展示他们对"愤怒"和"不愤怒"的理解。在学习一个特定

第 6 章 实施教学：激发反应 | 159

表 6.6 教学片段：反应卡和答题板的使用

教学片段 1：使用答题板的资源教室的拼写课

输入	提问	反应	监督	反馈
(上完有关"添加以元音开头的后缀时省略 e"的课程的第二天。) **黑板上呈现：** ride + ing excite + ment excite + ed fame + ous refuse + al use + ing use + ful race + ist	把答题板拿出来。(停顿。) 昨天，我们学习了当一个单词以元音-辅音-e 结尾，而你想添加一个以元音开头的后缀时，应该 _____ ? 同学们？(教师发出信号。)	省略 e。	(教师倾听回答，所有人都回答正确。)	是的，当单词以 e 结尾，而我们想要添加以元音开头的后缀时，需要省略 e。
	我们一起做。同学们, ride 是以元音-辅音-e 结尾的吗？(教师发出信号。)	是的。	(教师倾听回答。)	(教师继续课程。)
	同学们，这个后缀是以元音开头的吗？(教师发出信号。) 所以我们需要省略 e 吗？(教师发出信号。)	是的。 是的。	(教师倾听回答。) (教师走动并监督。)	(教师继续课程。)
	把 riding 这个单词写在你的答题板上。(停顿。) 举起你的答题板。	(学生在答题板上书写。) (学生举起答题板。)	(教师浏览答题板。所有的学生都回答正确。)	很好。你们在加 ing 之前省略了 e。(教师在黑板上写 riding。)
	下一个, excite+ment。把 excitement 写在你的答题板上。(停顿。)	(学生把 excitement 写在答题板上。)	(教师走动并监督。)	

（续表）

	举起你的答题板。	（学生举起答题板。）	（教师浏览答题板。许多学生把这个单词错误地写成了 excitement。）	我们一起来看看这个单词。（教师引导学生学习应用规则。）excite 以元音—辅音—e 结尾。这个单词是以元音开头的吗？是的。那我们要省略 e 吗？不用。（教师在黑板上写下 excitement。）如果写错了就擦掉，再写一遍正确的 excitement。现在让我看看你们的答题板。（稍后，学生被要求再写一遍 excitement。）

教学片段 2：使用答题板的三年级数学课

输入 →	提问 →	反应 →	监督 →	反馈
（学生已经学了六种形状：圆形、正方形、长方形、三角形、六边形、五边形。）	让我们复习一下形状。拿出你们的答题板。（停顿。）写下长方形的边的数。（停顿。）举起你们的答题板。	（学生在答题板上写 4。）	（教师检查答题板上的答案，所有学生回答正确。）	是的，长方形有四条边。
	1 号同学，告诉你的同伴，关于长方形，我们还知道什么？	它是封闭图形。四条边是直线。	（教师走动，听同伴讨论。）	很好。我听到同学们说长方形是有四条边且是直线的封闭图形。

（续表）

输入	提问	反应	监督	反馈
	现在在你的答题板上画长方形。一直到我说停。多画几个大小不同的长方形。（停顿。）	（学生在答题板上画长方形。）	（教师在教室里走动，看学生画的长方形。）	
	举起答题板。	（学生举起答题板。）	（教师检查答题板上的所有图形都是长方形。）	你们画的长方形都是有四条边的封闭图形。
（教师用同样的方法继续完成其他图形的教学。）			（学生继续展示正确的图形。）	很好。让我们试试更难的图形。

教学片段3：使用反应卡的七年级语言艺术课

输入	提问	反应	监督	反馈
黑板上呈现句子：Jeff cryed out, stop! The table will brake under the wait of that box.	通读句子，数一数句中有几处错误。（停顿。）用你的手指比画数字。	（学生伸出三到七根手指不等。）	（教师仔细看手指数目。）	好的同学们，其实这句话有六处错误。我们一起找一找。
全班同学复习句子，举起相应的反应卡： 没有错误 拼写错误 首字母大写 句号（。） 问号（？） 感叹号（！）	（教师指向句中的Jeff。）准备好，举起一张或多张反应卡。（停顿。）请举卡片。	（学生举起"没有错误"卡片。）	（教师检查反应卡。）	很棒。这里没有错误。告诉你的同伴为什么Jeff要首字母大写。（教师听一些学生的回答。）是的，Jeff是一个专有名词，而且它也是句子中的第一个单词。

（续表）

逗号（,）引号（""）	（教师指向 cryed，停顿几秒钟。）举起你的卡片。	（多数学生举起"拼写错误"卡片。也有一些学生举起"没有错误"卡片。）	（教师仔细看反应卡。）	cryed 这个单词拼写是不正确的。让我们复习一下拼写规则。当一个单词以辅音和 y 结尾时，我们要添加一个词尾时，需要把 y 改成 i。我们重新写一下这个单词，大家一起拼。c-r-i-e-d。（教师在黑板上把 cryed 划掉，改成 cried。）
	（教师继续用同样的方式对句子的其他部分进行教学。）		（教师仔细看反应卡。）	（对于错误之处，教师用同样的方式引导学生改正。）

教学片段4：使用反应卡的高中化学课

输入	提问	反应	监督	反馈
电子白板上呈现： 1. 元素的原子数和它的（ ）相同。 a. 电子数 b. 质子数 c. 中子数	我们复习一下昨天学过的内容。阅读白板上的第 1 题，选出最佳答案，并选择相应卡片，a、b 或 c。	（学生阅读题目，选择一张反应卡。）	（教师走动，监督学生反应。）	
	将你的答案与同伴的答案进行比较。（停顿。）展示你的答案。	学生与同伴比较答案，然后举起他们的反应卡。	（教师走动，听同伴交流，然后查看反应卡。）	很好。原子序数与质子数相同。记住，元素周期表是按原子序数排列的。

(续表)

2. 宇宙中最丰富的元素是（　　）。 a. 氦 b. 碳 c. 氢	阅读第2题，选择最佳答案。	（学生阅读第2题，选择反应卡。）	
	将你的答案与同伴的答案进行比较。如果答案不一样，再查阅一下课本。（停顿。）	（学生与同伴比较答案，并开始查阅课本。）	
	举起你的反应卡。	（学生举起反应卡。）	（教师检查反应卡，许多学生选择了答案"a. 氦"。）
			正确答案是"c. 氢"。看看课本上的图表，找出氢的含量。（停顿。）对于氢，你有什么发现？（教师点名让学生读出每百万个原子核的数目。）对于氦，你有什么发现？（教师点名让学生读出氦的每百万原子核的数字。）哪个数字更大？（教师点名学生。）那么，同学们，最高的？（教师发出信是号。）哪一个元素是宇宙中含量最高的？氢。氢是宇宙中含量最丰富的元素，氦的含量也很丰富，但没有氢那么多。

的声音时，学前班儿童可以在听到这个声音时把手放在头上。显然，姿势和面部表情的使用可以根据教学环境的变化而变化，我们需要的只是一点创造力，增强课程的丰富性。

手势

另一个有效的反应方式是学生通过手势表示答案（Pratton & Hales, 1986）。最简单的方法是，学生可以把拇指向上表示"是"，把拇指向下表示"否"，或者把拇指侧向一边表示"我不知道"。此外，在有多个可能的答案的时候，学生可以通过举起相应数量的手指来表示答案的序号。例如，一位社会学教师在黑板上写：

1. 立法
2. 行政
3. 司法

然后，教师提问，学生竖起与答案序号相对应的手指数。这种类型的手势在复习常识性知识时特别有用，例如岩石的类型（1. 火成岩；2. 沉积岩；3. 变质岩）、物质状态（1. 固体；2. 液体；3. 气体）、火山类型（1. 盾状火山；2. 层状火山；3. 锥形火山）、测量（1. 周长；2. 面积）、标点符号（1. 句号；2. 问号；3. 感叹号），或选择教授的词汇［1. enemy（敌人）；2. disgusting（恶心的）；3. relieved（放松的）；4. concentrate（集中）］。

手势的好处与反应卡和答题板类似：所有学生都能参与其中，可以增加回答问题的次数，教师可以监督所有学生的回答情况。虽然手势非常有效，但也有一个潜在的挑战：那些脱口而出的学生会立刻把答案表露出来，然后其他同学就会模仿，而不管答案是否正确。为了减少这类问题，教师可以要求学生先在他们的桌子上或下巴下方做手势，然后要求回答时再举起他们的手。

阅读表 6.7 的教学片段，注意观察动作反应是如何在课程中运用的，思考如何在教学中使用这些技巧。

成功的反应

尽管反应的机会很重要，但它们不应该被用来"粉饰"设计不佳或准备不充分

表 6.7 教学片段：动作反应

教学片段：使用手势的五年级社会研究课

输入 →	提问 →	反应 →	监督 →	反馈
（学生正在学习美国政府的分支机构，最近主要在学习参议院和众议院。）	我们已经学习了联邦政府的立法机构。我们现在复习一下。我会给你一些描述，如果我描述的是参议院，当我要求回答时，请竖起一根手指。如果我描述的是众议院，请竖起两根手指。如果我说的既指参议院也指众议院，你就竖起三根手指。先把你的答案放在下巴下方，这样我就能看到，然后在我要求的时候你再举起来。			
黑板上呈现： 1. 参议院 2. 众议院 3. 两院	第一个描述：议员的人数根据州的人口而定。（停顿。）现在举起手指给我看。	（学生伸出两根手指表示众议院。）	（教师仔细观察学生的手势。）	是的，每个州的众议院任职人数各不相同，因为议员人数是根据各州的人口而定的。
	第二个描述：副总统可以打破平局投票。	（大多数学生举起一根手指，有的学）	（教师观察手势，注意到有的学生没）	副总统在必要时能打破参议院的平局投票。记住，

(续表)

(教师继续呈现这样的描述。) 每个州都有两名议员。（参议院） 任期2年。（众议院） 任期6年。（参议院） 发起税收法案。（众议院） 同意条约。（参议院） 在选举团陷入僵局时选举总统。（众议院） 各州都有代表。（两院） 决定是否通过法案。（两院） 确认内阁秘书。（参议院） 弹劾官员。（众议院） 确认联邦法官。（参议院） 主持一议长。（众议院） 议员必须是居住在本州的美国公民。（两院）	生举起两根手指或看起来很困惑。	有掌握这项知识。
		副总统是参议院的名义议长。虽然副总统事实上很少主持参议院，这个角色可以交给其他人，但副总统是可以打破参议院的平局投票的。 （当学生回答错时，教师告诉答案并让学生复述。）
		（最后，教师重复一遍学生做错的所有题目。）

的课堂。正如第 1 章所述，高成功率与学习效果提高相关，低成功率则代表学习效果下降。我们的目标不是增加回应次数，而是增加成功回应的次数。在初始教学中，学生的回答准确率应至少达到 80%。在练习或做独立作业时，希望准确率能够达到 90% 或更高（美国特殊儿童委员会，1987）。如果学生一直经历失败，学习动机很快就会消失。此外，当教师要求学生回答但不提供能够引导其得出答案的信息时，学生就会出现更多的不良行为（Gunter, Shores, Jack, Denny, & DePaepe, 1994）。

如本书所强调的，许多做法都可以促进学生做出准确的反应，包括：在引入新策略、技能或规则之前先教授先备技能；提供条理清晰的直接教学；认真示范策略、技能、规则；逐步指导学生执行策略、技能或规则。还有另外两个程序可以提高学生课堂上的成功率：① 确保问题和所期望的回答清晰易懂，这样学生在回答问题时不会因为含糊而导致错误；② 预测学生可能会犯的错误，并提供预纠正（precorrection）以鼓励学生正确作答。让我们来看看这两种促进学生成功的方法。

学生出错一般有两个原因。第一，他们可能没有牢固掌握所教授的内容，出现错误。例如，教师提问一个词素（字母或字母组合）的发音，学生发音错误；或者教师提问："参议院和众议院，谁的议员任期是 6 年？"学生错误地回答："众议院"。第二，学生可能不理解问题或所要求的回答类型而出现错误。例如，学生在回答问题时回答了字母名称而不是字母发音，或者他们向同伴表述的是段落中的重要细节而不是段落主旨。教师需要和学生进行清晰的沟通来消除第二种错误。这样，学生的错误一般只会因第一种原因——没有牢固掌握教学内容导致，这完全可以得到适当的纠正。

很多时候，我们可以预料学生会犯的错误。当我们可以确切地预测学生的错误时，提供预纠正就十分有用，这可以增加学生正确回答的概率。预纠正是指在学生回应之前巧妙地使用提示，以最大限度地提高反应的正确率（Colvin, Sugai, & Patching, 1993; Miao, Darch, & Rabren, 2002）。例如，在数学课上，教师注意到学生在列加法竖式时没有排列整齐而导致了错误，所以教师给出以下指示："把这道题抄写到你的答题板上并解答它。一定要把个位、十位和百位对齐。"或者，教师注意到学生经常发错单词中的元音，所以要求学生在读单词之前先读出每个元音的发音。或者，在拼写课上，学生正在书写以下单词：take + ing = ＿＿＿＿，see+ing=＿＿＿＿，age+less=＿＿＿＿。教师预料到学生可能会把 seeing 拼写成 seing，就可以进行这样的预纠正："注意，如果单词以元音-辅音-e 结尾，只有在添加以元音开头的后缀时，才可以省略 e。"预纠正不仅能促进学生准确地回答，还能减少用于纠正的时间，为正面肯定创造条件，营造积极的课堂氛围。

现在我们结束对积极参与的探讨，请使用你学到的知识分析应用 6.1 中的课程示例的非例子和课程示例。

替代性的段落阅读程序

在许多课堂上，学生需要读各种长度的文本，包括从任务指导语到成页的论述等各种内容。然而，班级里的"读者"各不相同，这使得阅读更具挑战性。当班级学生的阅读能力各不相同时，教师通常会采用给学生读材料的方式来照顾阅读能力较差的学生。但是把材料读给学生听有两个弊端：一是学生可能跟不上，二是只有教师朗读。教师通常选择的另一种方法是：轮流朗读，即教师点名让一名学生向全班同学口头朗读。遗憾的是，大班额情况下的轮流朗读有很多缺点。因为一旦将阅读练习分散在班级成员中，个人练习就很有限；群体越大，每个人的阅读练习量就越少。对于成绩最差的学生，文章的难度通常高于他们目前的阅读水平，因此，他们可能会在朗读时磕磕绊绊，错误百出，为自己的表现感到尴尬。此外，许多学生可能会跟不上，找不到阅读的位置，或者出现其他偏离任务的行为。而且，由于轮流阅读通常进展缓慢，学生会感到无聊，从而出现管理问题。虽然在小组中轮流阅读是一种可以接受的方法，但当小组人数超过 6 人时，就需要其他的替代方法。以下是一些适用于这种规模分组的替代性段落阅读程序。

复读

复读是一种重复阅读策略，旨在培养初学者准确流畅的朗读能力和适当的表达能力。复读时，教师先读一小段课文，一位学生跟着读同样的句子或短语（或所有学生都跟着做）。虽然已有研究表明，复读有助于增进低成就学生的阅读技能（Mathes, Torgesen, & Allor, 2001），但当学生的阅读技能得到提升后，这种方式应该逐渐撤除，教师应将更多的学习责任转移给学生自身。

齐声朗读

在齐声朗读中，教师和学生大声朗读材料，所有学生都参与到阅读练习中来。

对积极参与的课堂的分析

[应用6.1]

指导语：阅读下面的课程示例的非例子。记录下你的疑虑，同时写下你将如何改进教学。然后再阅读平行的课程示例，留意对非例子课程所做的改进。将你所做的体会与我们的评论进行比较（参见本书应用练习反馈部分）。

课程示例的非例子：复合词的含义

输入 →	提问 →	反应 →	监督 →	反馈
今天我们要学习一种理解复合词含义的策略。让我们复习一下什么是复合词。复合词是由两个实词组成的。[教师指向幻灯片上的mailman（邮差）。]例如，mailman是由mail和man两个单词组成的。[教师指向幻灯片上的daydream（白日梦）。] daydream是由day和dream两个单词组成的。				
当我们读复合词时，从左到右读。（教师指向列表中剩余的单词。）请听我读这些复合词：armchair（扶手椅），backstroke（仰泳），barnyard（仓院），bedtime（就寝时间），cornerstone（基石），courthouse（法院大楼），daylight（日光），dogcatcher（捕狗者），paperback（平装书），lifeboat（救生艇），dressmaker（裁缝），evergreen（常青树），farmhouse（农舍），fingerprint（指纹），gravestone（墓碑），hairbrush（梳子）。				

（续表）

读复合词，从左到右读。但是当我们想弄清楚复合词的意思时，可以先看第二个单词，然后再思考它与第一个单词的关系。（教师再指向复合词里的第二个单词，然后再指向第一个单词。）例如：mailman（邮差）是负责送信的人。daydream（白日梦）是在白天做的梦。armchair（扶手椅）是有扶手的椅子。backstroke（仰泳）是一种仰泳泳姿。barnyard（仓院）是仓周围的院子。bedtime（就寝时间）是应该上床睡觉的时间。cornerstone（基石）是放在建筑物角落里的石头。	轮到你们了。如果你能解释 courthouse 的意思，请举手。（教师点名举手的学生。）贾森？	它是举行法庭集会的房屋或建筑物。	（教师认真地听。）	说得很好！
	如果你能解释 daylight 的意思，请举手。（教师点名梅利莎回答。）梅利莎？	它是我们在白天看到的光。	（教师认真地听。）	很棒！
	谁能解释一下	它是指抓狗的人。	（教师认真地听。）	贾森，你又说对了！

（续表）

			dogcatcher 的意思？（教师点名贾森回答。）贾森？（教师继续以这种形式进行教学，点名学合词教学，点名学生回答。）

明天我们将练习把这个策略应用到更难的单词上。

课程示例：复合词的含义

输入 ———→	提问 ———→	反应 ———→	监督 ———→	反馈
（上课前，教师发了以下作业单。） 1. mailman　　11. paperback 2. daydream　　12. lifeboat 3. armchair　　13. dressmaker 4. backstroke　14. earmuff 5. barnyard　　15. evergreen 6. bedtime　　16. farmhouse 7. cornerstone 17. fingerprint 8. courthouse 18. gravestone 9. daylight　　19. hairbrush 10. dogcatcher 20. handshake				

(续表)

今天我们要学习一种理解复合词含义的策略。			(教师认真地听。)
让我们复习一下复合词。	这是什么类型的词？(教师发出提问信号。)	复合词。	(教师认真地听。)
	复合词是由一个还是两个实词组成？(停顿，然后教师示意回答。)	两个实词。	
例如，mailman 是由 mail 和 man 两个词组成的。(教师指向幻灯片上的 mailman，在 mail 和 man 下面画线。)	在你的作业单，在 mailman 中的两个单词下面画线。	(学生在 mail 和 man 下面画线。)	(教师查看一些学生的作业单。)
daydream 是由 day 和 dream 两个词组成的。(教师指向幻灯片上的 daydream，在 day 和 dream 下面画线。)	在 daydream 中的两个单词下面画线。	(学生在 day 和 dream 下面画线。)	(教师查看一些学生的作业单。)
	现在你们自己读剩下的复合词。在每一个复合词的两个实词下面画线。	(学生在每个复合词的两个实词下面画线。)	(教师在教室里走动，给学生个别反馈。)
读复合词，从左到右读。但是当我们想弄清楚复合词的意思时，可以先看第一个单词，然后再思考它与第一个单词的关系。(教师先指向复合词里的第二个单词，然后再指向第一个单词。)例如：mailman			是的，复合词是由两个实词组成的。(教师展示幻灯片上剩下的单词，检查你们自己画线的单词。)

(续表)

(邮差)是负责送信的人。daydream(白日梦)是在白天做的梦。			
	该你们了。armchair(扶手椅)是有____的椅子。(教师发出信号。)	扶手。	(教师仔细听齐声回答响亮准确。)	(教师快速跳到下一个单词。)
	[教师用更多的句子继续这一程序,例如:backstroke(仰泳)是____的一种游泳姿势。]			
	同学们,读读第9个单词。		(教师仔细听学生的齐声回答。)	(教师通过点头、微笑和跳到下一个单词来肯定学生准确的回答。)
	1号同学,向你的同伴解释daylight的意思。	daylight。		
	麦迪,你未说一说daylight的意思。(教师继续用这种方式教授其余单词。)	它是我们在白天看到的光。	(教师仔细听一些同伴的回答。)	
所以,当我们想弄清楚复合词的意思时,我们会思考第一个单词与第二个单词的关系。明天我们将把这个应用策略的更难的单词上。今晚的家庭作业是试着找到一些我们能够分析其余的复合词。		嗯,它是指白天出现的光。	(教师认真地听。)	很好。你说明了第二个单词和第一个单词的关系。

要优化齐声朗读，可以从如下方面着手。首先，教师应该以适当的速度朗读材料。不要太快，因为学生可能无法以同样的速度朗读；也不要太慢，因为可能会丢失要点。其次，在齐声朗读之前，应让学生先默读课文。这样可以让他们预习材料，增强信心，并运用解码技能来解决不认识的单词。在朗读材料时，朗读速度和表达方式要适当。最后，如果预料到某个学生可能会读得太快，可以预纠正一下，比如"保持你的声音速度和我的一样"。与轮流朗读相比，齐声朗读有更多好处。首先，会有更多的学生完成任务，获得练习。其次，因为是教师和学生一起朗读，教师可以示范朗读的流畅性和韵律（表达）。最后，教师还能为成绩最差的学生提供支持（支架），因为他们会立即听到不认识的单词的发音。

完形填空

另一个教师可能不太熟悉的阅读练习叫作完形填空。使用这种方法时，教师先朗读课文，然后在希望学生读出的某些单词处暂停。例如，如果使用下面的段落进行完形填空，教师可以在加粗字处暂停，让学生读出这些单词。请注意，教师让学生读出的是那些有助于他们理解文章意思的单词。

CANOES

A canoe is a long, narrow **boat** that does not have a motor or a **sail**. Several **people** can sit in most **canoes**. These people face the **front** of the **boat**, or the **bow**. They use **paddles** to move the canoe through the **water** and to make the canoe change **directions**.

（段落大意：独木舟是一种没有马达或风帆的狭长的**小船**。大多数独木舟上都可以坐几个**人**。这些人面向**船头**。他们划**桨**使独木舟在水上行进并改变**方向**。）

当教师想让所有的学生都专心致志快速阅读材料时，完形填空的方法非常有用。完形填空可以用于以下情况：①阅读任务指导语；②阅读教科书中对某一过程的解释；③阅读章节的开头；④阅读写作课上的例子文章或非例子文章；⑤重读段落以提高学生的阅读流畅性；⑥阅读数学应用题中的问题。在最后一种情况下，教师可以让学生说出应用题中的特定单词，把学生的注意力吸引到所需的运算上，如："有 4 只鸟坐在篱笆上，**又**有 8 只鸟加入了它们。**一共有多少只鸟**？"

完形填空中，让学生说出促进理解的单词非常重要。有时，教师会在学生都会读的单词上停顿，但这些单词对文章理解并不重要。想象一下，如果教师在下文中这些加粗字体处暂停，会对理解产生怎样的影响。

CANOES

A canoe **is** a long, narrow boat **that** does not **have** a motor **or** a sail. Several people **can** sit in **most** canoes. **These** people face the front **of** the boat, **or** the **bow**. **They** use paddles **to** move **the** canoe through **the** water and **to** make the canoe **change** directions.^①

增强默读

通常情况下，让学生默读某学科的教科书或记叙文是可取的。但在每个年级，几乎都可能有"假装默读者"——那些只盯着单词看而不阅读的学生，或者从事阅读以外活动的学生。有一些做法可以提高学生真正阅读的可能性。教师，可以在学生阅读之前提出问题，等他们阅读完后再次提问。在段落阅读之前、之后提问题，会促使学生专心阅读材料。默读的一个难题是，提前完成阅读的学生必须要等其他学生，他们可能会用破坏性行为来消磨时间。为了减少这一挑战，可以给学生一个指示："当你读完这一部分后，请再阅读一遍材料来验证你的答案。"此外，当学生在阅读时，教师可以在学生中来回走动，让一些学生"低声读"给教师听。这样教师可以了解大部分学生的阅读情况，并对他们当前的阅读能力有持续性反馈，这可以与课程本位测量相结合使用，以全面了解学生的进步情况。

同伴朗读

轮流朗读的最佳替代方式之一是同伴朗读。对于年龄较小的学生或有阅读困难的学生，同伴朗读是为其提供额外练习的最佳方法。在高年级，介绍完叙事性或说明性段落之后，教师就可以让学生为他们的同伴朗读。同伴朗读有很多好处。首先，学生得到大量的朗读练习。其次，和默读一样，教师可以在教室里走动听到很多学生的朗读。再次，教师可以确保学生是真的在阅读——这在默读中是不可能总做得到的。

在开始同伴朗读之前，需要做一些准备工作。就像要为同伴回答进行同伴配对一样（如前文），教师需要仔细选择同伴搭档，将成绩差的学生与成绩中等的同学放

---

① 编注：因该段英文中加粗的部分副词无法用对应的中文体现，故未作翻译。

在一起。在每对同伴关系中，将阅读能力较好的学生设为 1 号，将阅读成绩较差的学生设为 2 号，能力较好的学生在某些情况下是能力较差学生的榜样。接下来，教师需要告诉学生要朗读的篇幅（一个单词、一个句子、一个段落或一页课文）和时长（例如，5 分钟），然后再让他们与同伴交替朗读。对于年幼的学生或刚开始学习阅读的学生来说，用单词或句子进行同伴交替朗读比较好，可以让学生在完成任务的同时接受大量的阅读练习。当使用说明性材料时，学生应按段落交替朗读，每读完一段就停下来，通过复述段落内容、概括大意、记录重要内容或填写组织结构图等方式对内容做出回应。高年级学生朗读较长的叙事性段落时，在教师示意下一个同伴开始朗读之前，第一位学生可以先朗读 5 分钟。

教师还需要教授学生如何纠正他们听到的错误。我们一般采用先问后说的程序进行纠正。当听到一个错误单词时，同伴可以立即指着这个单词询问对方："你能说出这个单词吗？"如果 4 秒后对方还未正确说出这个单词，同伴就会说"这个单词是_____。什么单词？现在再读一遍这句话。"这样，即使年幼的学生也能学会如何纠正同伴的错误。

在课堂上使用同伴朗读程序之前，必须解决另一个现实问题。小组中难免会有学生无法将材料读给他/她的同伴；因此，教师需要有一个既定的计划来帮助这些学生。下面有四种不同的方法可以支持阅读能力差的学生：

1. 学生齐读材料。
2. 阅读能力好的学生先读指定的内容，阅读能力较差的学生再读相同的内容。
3. 在三人组里，安排成绩差的学生，坐在另外两名学生之间。其中一个同伴被指定为 1 号，成绩差的学生和另一个同伴被指定为 2 号。当教师说"1 号同学，读给你的同伴听"之后，1 号学生会同时读给另外两位同伴听。当教师要求 2 号学生读给同伴听时，三人组中的两个"2 号"便一起朗读。
4. 采用"我或我们"的方法。当轮到一方朗读时，他可以说"我"，表示他将自己朗读材料，也可以说"我们"，表示他将邀请同伴与他一起读。

本章小结

无论什么课程内容或学生是什么年级水平，在每节课中教师都可以引发学生口头反应（齐声、同伴、小组或个人口头回答）、书面反应（特别是使用反应卡或答题板）、动作反应，以促进学生对知识点的复述、检查学生理解程度并确定当前课程是否需要进行调整。

　　归根结底，选择哪一种促进主动参与的方式或段落阅读的程序并不重要，重要的是提供大量的反应机会让学生参与课堂。想要课堂教学真正有效，互动十分必要。学生持续性参与课堂不仅可以提高学习效果，还能减少课堂管理问题，使学生和教师更愉悦地学习和教学。

第 7 章　实施教学：其他关键的教学技能

在第 6 章我们介绍了 4 项基本的教学技能：引导学生频繁回答问题、监督学生的表现、提供反馈和掌握节奏。我们还集中讨论了如何通过要求学生在课上频繁回答问题来实现教学互动。本章我们将重点介绍另外三种教学技能。

认真监督学生的表现

除了经常引导学生回答问题外，教师还必须认真倾听学生的回答，以便了解学生的表现，给予纠正和肯定，并在本节课或以后的课上调整教学内容。如何监督学生在一堂课中的表现，因所要求的回答类型和参与回答的学生人数而异。当教师要求一个学生进行口头回答时，只需仔细倾听该学生的回答，即可给予反馈。当教师要求多个学生进行口头回答时，倾听就变得更加复杂。教师可能要把更多的注意力放在成绩较差的学生身上，因为他们是最容易出错的学生。同样，当教师要求学生举起答题板或反应卡作答，或用手势示意作答时，就需要仔细检查多个答案，关注作答学生，尤其是成绩较差的学生。

在某些情况下，教师需要在教室内多走动。例如，当学生与同伴或团队成员分享答案时，教师需要在教室中走动，倾听许多学生的回答，并对成绩较差的学生给予更多关注。当学生通过在纸上写下答案或指着纸上或书中的关键词来回答时，教师也需要在教室中走动，仔细检查学生的回答，确定回答正确与否等细节信息。有时，教师还需要停下来检查书写的单词、字母、问题或数字。尽管本章我们关注的是教师主导的课堂中的监督，但在学生做独立作业时，教师也需要在教室中走动并检查他们的答案（参见第 8 章）。

在仔细倾听和查看学生的回答时，请向自己提出以下问题：

1. 回答是否正确？
2. 如果回答不正确，应该使用哪种纠正程序？
3. 如果回答正确，应该使用哪种肯定／表扬方式？
4. 应该对当前的课程教学做出哪些调整？
   a. 课程能否继续？
   b. 是否应立即重新教授容易混淆的事实、概念、技能或策略？
   c. 是否应在课内提供额外的练习？
5. 应该在今后的课程教学中做出哪些调整？
   a. 是否应重新教授事实、概念、技能或策略？
   b. 是否应提供额外的练习？

我们这样描述有效的监督和反馈：走一走（walk around）、四处看看（look around）、四处谈谈（talk around）。也就是，只在教室里转悠或扫视而不关注学生的反应是不够的。在采取这些监督行为的同时，还必须仔细倾听所有学生的回答，与学生交流，肯定正确的回答，纠正错误，鼓励学生的努力行为。

即时提供肯定性意见和纠正性反馈

最有力的教学行为之一就是向学生提供成绩反馈。反馈的目的是通过告诉学生答案是正确还是错误、他们的理解是正确还是有不足，以及如何才能提高未来的成绩，来缩小学生当前的成绩与所期望的成绩之间的差距（Hattie & Timperley, 2007; Lenz, Ellis, & Scanlon, 1996）。适当的反馈是促进学生学习的有力工具（Kluger & DeNisi, 1996; Stronge, 2002）。这里的适当指的是适合学生的。反馈对学生可能有帮助，也可能有坏处，这取决于反馈的内容和方式。在本节中，我们将重点讨论在教师指导的直接教学的课堂上给予的反馈。第 8 章将探讨同样重要的主题，即独立作业反馈。如需了解有关反馈研究的更多信息，以及如何将研究成果应用于日常教学实践和独立作业反馈，请参阅哈蒂和廷珀利（Hattie & Timperley, 2007）、马钱德－马拉泰拉（Marchand–Martella et al., 2004）和塔尔海默（Thalheimer, 2008a, 2008b）等人的著作。

如前所述，无论是针对教学过程中对提问的回答，还是针对独立作业或家庭作业中的成果，反馈的目的都是缩小学生当前的回答与预期回答之间的差距。因此，反馈必须是为实现这一目标而精心设计的，并取决于学生的回答是正确还是不正确、回答的过程是犹豫不决还是反应迅速。另外，反馈还与知识、概念、策略或规则有关。研究人员（Rosenshine & Stevens, 1986）在概述直接教学课程中提供的反馈类型时，考虑了所有这些因素。现在，他们概述的直接教学课程的模式在这里得到了扩展，不仅包括针对个人回答的反馈，还包括针对齐声回答的反馈；不仅包括针对知识或策略错误的反馈，还包括针对阅读错误的反馈。

回答类型与相应的反馈类型

在表 7.1 中，你将看到学生可能给出的各种类型的回答，与其相关的特定类型的反馈以及例子。例如，在第一列第二行、第三行单元格中，你将看到两种类型的正确回答。如果学生在做出正确回答时自信、迅速、坚定，教师就会给予肯定的反馈，并继续上课。如果学生在做出正确回答时犹豫不决或缺乏自信，教师就会给予肯定的反馈，但不是继续教学，而是重新教学。表中还显示了四种错误回答类型和相应的反馈类型。

一旦教师确定了学生的回答类型，并选择了相应的反馈类型，就需要遵循一些额外的指导原则来传达反馈。反馈的实施有两类原则：① 纠正错误回答的指导原则；② 肯定（或表扬）正确回答、适当行为和努力行为的指导原则。

表 7.1 反馈的类型

回答类型	反馈类型
正确回答，且自信、迅速、坚定	**肯定并继续**（affirm and move on）。当个人或所有小组成员的回答都正确、迅速、自信时，可以给予简短的肯定（"很好""对""是"），然后继续。点头、竖起大拇指或面带微笑并继续授课就足以说明答案是正确的。 **例子**：让我们复习一下这些"棘手"的单词。[教师指向 there（那）。] 什么单词？there。[教师继续指向 again（又）。] 什么单词？again。[教师微笑，继续，并指向 said（说）。] 什么单词？said。很好，全对。
正确回答，但犹豫不决，反映学生对所学内容并没有完全掌握	**肯定和再教授**。当个别学生回答正确但犹豫不决时，或当要求学生统一回答而多名学生回答犹豫不决时，或学生回答正确，但是新知识刚刚教授时，予以肯定或承认答案正确，仍需重复知识点或复习概念、策略或规则。

(续表)

	例子：让我们回顾一下美国政府的三大分支。准备好举起正确的反应卡。哪个部门执行法律？（停顿。）请展示。（所有学生都举起了行政部门的卡片，但教师注意到许多学生都在环顾四周，通过查看其他学生的卡片来验证自己的答案。）是的，立法部门制定法律，而行政部门则执行法律。例如，当教育法获得通过时，教育部就会起草和传达执行法律的规定。那么，哪个部门来执行法律呢？<u>行政部门</u>。（教师提出有关政府部门的其他问题，稍后再回到这个问题。） **例子**：请在答题板上写下：$\frac{1}{2} = \frac{\Box}{4}$。请写出空缺的数字。（教师在教室中走动，检查答题板。尽管学生的回答正确，但是教师注意到许多学生有涂改，而且推算并不是那么顺利。）举起你们的答题板。是的，$\frac{1}{2}$ 和 $\frac{2}{4}$ 是相等的。我们一起做。哪个数乘以2等于4？<u>2</u>。（教师写出：$\frac{1}{2} \times \frac{\Box}{2} = \frac{\Box}{4}$。）我想让 $\frac{1}{2}$ 乘以一个等于1的分数。多少个 $\frac{1}{2}$ 等于1？<u>2个</u>。是的，2个 $\frac{1}{2}$ 等于1。（教师写下：$\frac{1}{2} \times \frac{2}{2} = \frac{\Box}{4}$。）接下来，我用1乘以2。1乘以2等于几？<u>2</u>。（教师写出2。）因此，为了确定一个等量的分数，我们要乘分子和分母相同的等于1的分数。我们再举一个例子。
由于缺乏知识（陈述性知识）或缺少理解而做出不正确的回答	**重复事实或知识。检查理解。（我做，你做。）** 当个别学生回答出错误的事实知识，或者齐声回答时多名学生给出错误答案，应讲解事实知识并让学生重复。还应提供即时和延时练习。 **例子**：（黑板上写着 br<u>ai</u>n 一词。教师指向有下划线的字母。）发什么音？（一些学生说 /ă/，而非 /ā/。）这个音是 /ā/。发出这个单词的音。/ā/。当你明白这个单词的发音时请竖起大拇指。（停顿。）什么单词？br<u>ai</u>n。（教师继续讲解下面的单词：r<u>a</u>n，tr<u>ai</u>n，r<u>ai</u>n，fr<u>ai</u>l，t<u>a</u>n。然后教师再回到 brain 上。） **例子**：（黑板上写着 34.84。）看看这个数字。它的小数位有多少个 $\frac{1}{10}$？（一些学生回答3。教师指向8。）这一列表示十分之几。有多少个 $\frac{1}{10}$？<u>8个</u>。（教师继续复习：201.45、60.2、98.54 和 53.02。教师接着回到 34.84 上。）
由于运用策略或规则有误（程序性知识）而做出不正确的回答	**指导学生运用策略或规则。（我们做，你做。）** 当个别学生或多名学生在运用策略或规则时出现错误，对他们进行指导。然后让学生做新的题目，再次检查他们的理解情况。也可以在课后进行延迟练习。 **例子**：在答题板上写上 trading。（停顿。）举起你的答题板。（许多

（续表）

	学生写 tradeing。）让我们一起来看看。（教师在黑板上写下 trade+ing。）trade 是以元音-辅音-e 结尾的吗？是的。后缀是以元音开头的吗？是的。那我们在加 ing 的时候要去掉 e 吗？要。写出 trading。（停顿。）举起答题板。（回答是正确的。教师在黑板上写出 trading。）检查你的答案。（教师念出其他单词，包括 settlement、settling、safer、safely。稍后，教师再讲一个与 trading 相似的单词和一两个其他单词，帮助学生再次运用规则。） **例子：**[黑板上写出句子：The famous movie star sipped coffee（这个著名的电影明星喝咖啡）。]在你的练习纸上写出这个句子。让我们复习一下所学的逗号知识。请给这个句子加上必要的标点符号。（教师在教室里走动，学生在逗号使用上犯了许多错误。）我们一起做这个练习。这里有一个词组 famous movie star。有哪两个形容词修饰 star？famous 和 movie。我们通常说 movie star（电影明星）吗？是的。所以 movie 是名词的一部分。这个名词就是 movie star（电影明星）。所以我们要在 famous 和 movie 之间加逗号吗？不要。如果你的答案不正确，请修改。现在向你的同伴解释为什么我们不在 famous 和 movie 之间加逗号。（再给学生呈现几个句子，让他们给句子加上标点符号。下面是已添加标点符号的句子。午餐前，教师在黑板上写一个与前几个句子相类似的句子，让学生再次运用该规则。） （课堂练习的句子。） The famous movie star sipped coffee. He looked at the bright, twinkling star. They watched TV in the small living room. They watched TV in the small, dark kitchen. （课后练习的句子。） Students climbed onto the yellow school bus. She pushed open the rickety, rotting gate.
口头阅读时出现错别字	说出单词。让学生跟读单词并重读句子。（我做，你做。）当学生发音错误时，教师说出正确的单词，让学生跟读，然后让学生重读句子（Nelson, Alber, & Gordy, 2004）。 **例子：**学生正在阅读的课文。 The lead dogs and their teams lined up for the running of the Iditarod race in Alaska. Big Blue, a 9-year-old husky, who had won a third- and a sixth-place trophy in past years, guided his team into Position 15. As he waited anxiously for the beginning of the race, Big Blue knew it was his last chance.

（续表）

	（段落大意：领头的狗和它们的团队列队参加在阿拉斯加举行的艾迪塔罗德赛跑。大蓝是一只9岁的哈士奇犬，在过去的几年里曾赢得过第三名和第六名的奖杯，这次它带领团队进入了第15名。它在焦急地等待比赛开始，它知道这是最后的机会了。） （在小组中，教师让杰森开始读。）The lead dogs and their teams lighted up…（教师在杰森的书上单词 lined 下面画线。）杰森，这个单词是 lined。什么单词？lined。请再读一遍这句话。The lead dogs and their teams lined up for the running of the Iditarod race in Alaska…
阅读理解题答案错误	**指导学生找到正确答案。（我们做。）** 当学生回答高阶理解问题时出现错误或说"我不知道"时，可以向他们提出低阶（字面意思）问题，为其回答高阶问题奠定基础，从而引导他们找到正确答案。 **例子：** 为什么大蓝知道这是它最后的机会？（停顿5秒钟。）同学们，告诉你的同伴答案。（停顿。）梅里，为什么大蓝知道这是它最后的机会？我不知道。同学们，大蓝得过第一名吗？没有。大蓝是一只小狗还是一只老狗？老狗。大蓝明年会更矫健吗？不会。大家想一想。为什么大蓝知道这是它最后的机会？（停顿。）梅里？大蓝从来没有得过第一名，而且它已经是一只老狗了，所以明年它也不再有机会了。如果今年它不能赢，它就永远赢不了了。好极了。你思考清楚你的答案了。 **注释：** 在教授成绩较差的学生时，采用"基于成功"而非"基于失败"的方法来练习高阶问题是非常有用的。如果你能预料到学生在回答高阶问题时会遇到困难，那么在阅读故事的过程中，可以先提出字面意思的问题，然后再提出高阶问题，帮助学生积累基础知识。

有关纠正性反馈的更多信息

虽然表 7.1 介绍了基本的纠错程序，但在课上口头纠错或对学生的书面作业提出书面评语时，还应考虑其他一些做法。

提供纠正

学生在学习新材料时，出错是不可避免的。通常，教师不愿意纠正学生的错误，因为他们认为纠正错误会损害学生的自尊心。然而，如果错误不被纠正，就没有学习效果，学生对自己作为学习者的看法很可能会受到负面的影响。教师必须注意每一个错误，确定错误类型，并提供纠正，帮助学生知道正确的答案（Watkins & Slocum, 2004）。

提供即时纠正

在课堂上，应立即纠正错误，然后再提供额外的教授机会，以减少错误发生。如果学生反复犯同样的错误，犯错模式可能会成为习惯性的，这样学生就更难以改正。

提供具体翔实的纠正

所有纠正的目的都是为了缩短当前回答与期望回答之间的差距。诸如"不对"或"不是这样做的"之类的纠正并不包含任何可以帮助学生改变未来表现的信息。仅仅告诉学生正确答案往往也是不够的。例如，如果一名学生把单词 tape 读成了单词 tap 的发音，而教师说"不，这个单词是 tape"，那么这个学生就没有获得任何信息来帮助他在今后减少这种错误。如下的纠正性反馈更可取：

这个单词以 e 结尾。所以这个字母读本身音。（教师指向单词中的字母 a。）它是什么？ a。读这个单词。（停顿。）是什么单词？ tape。

有针对性的、具体的信息更有可能影响学生的表现，不要提供无针对性的、泛泛的反馈（Herschell, Greco, Filcheck, & McNeil, 2002）。

关注正确答案而非错误答案

在提供纠正信息时，关注正确的回答而不是错误的回答是至关重要的。聚焦在错误答案上不仅是消极的，而且可能会让学生感到困惑。例如，如果学生先加了十位数，然后再加个位数，这样的纠正可能会让学生感到困惑："你首先加了十位数，再从左到右移动。我们在阅读中这样做，但在数学中不这样做。"以下是一个更好的示范纠正的例子：

首先，加上个位数。（教师指向个位数列。）我们首先加哪一列？个位数列。5 加 2 等于多少？ 7。是的，是 7。在个位数列中写下 7。接下来，我们加十位数。（教师指向十位数列。）3 加 5 等于多少？ 8。在十位数列中写下 8。总和是多少？ 87。我们复习一下。我们首先加哪一列？个位数。接下来我们加哪一列？十位数。很好。（教师提供额外的练习。）

纠正错误时使用适当的语气

造成伤害的不仅仅是纠正的措辞，还包括纠正时的情感。学生需要理解，在任何课程中，学习是目标，而犯错误是学习中自然存在的。当纠正充满启发性，不带有愤怒、烦躁或厌恶情绪时，学生会在学习环境中感到更为安全，也更愿意冒险尝试。因此，纠正应该是积极的，而非惩罚性的；是建设性的，而非破坏性的；是带有尊重的，而非侮辱性的；是鼓励性的，而非令人泄气的。

让学生给出正确答案，以此结束每次纠正

我们经常观察到，教师告诉学生正确答案，但并未要求学生做出后续的回应。不要求学生重复或复习信息或策略的做法是令人遗憾的，因为正是通过检索和回答，成绩才会得到提高。如果在纠正后不要求学生做出正确的回应，学习效果就会大打折扣（Barbetta & Heward, 1993）。在纠正过程中要求回应除了能增强学习效果之外，当学生的最终表现正确时，还能激励学生的学习积极性。此外，进行"延迟测验"通常也是有效的，即在课堂后段返回到之前学过的内容，以检查学生的理解情况（Watkins & Slocum, 2004）。

总之，好的纠正是始终如一和立即提供的，与学生所犯的错误类型相匹配，所传达的信息具体明确，并以正确的回答为重点。此外，纠正要以鼓励的语气进行，以正确的回答结束。

根据这些特点分析应用 7.1 中纠正的非例子和例子。

【应用 7.1】

纠正的例子与非例子

说明：在检查非例子时，注意对纠正程序进行修改，并将你的意见与我们的意见进行比较。对于项目 D、E 和 F，分析非例子的纠正内容，然后写出更合适的纠正建议，并将你的建议与我们的建议进行比较（参见本书应用练习反馈部分）。

纠正程序	分析
项目 A. 非例子 （在黑板上列出：4, 8, 19, 20, 21, 25, 34。） 这些数字代表今天早晨到达的每辆公共汽车上的学生人数。这些数字是按升序还是降序排列的？（停顿。）大家请回答。（许多学生说是降序排列。）很明显，你们还没有仔细看这些数字。回答是不正确的。降序意味着从最大的数字排列到最小的数	纠正是： √ a. 已提供。 √ b. 即时的。 ____ c. 适当的纠正类型（参见表 7.1）。 ____ d. 具体地传达了信息。 ____ e. 关注正确（而非错误）回答。 ____ f. 使用了适当的语气。 √ g. 以学生给出正确答案为结束。

（续表）

字。这些是按升序排列的。是什么顺序排列的？升序。	**评论**：这种纠正是消极的且不尊重人的。此外，它不太可能弥合学生当前的理解水平和期望水平之间的差距，因为教师更多地聚焦错误的回答，没有提供具体的信息帮助学生改进未来的表现。
项目 A. 例子 （在黑板上列出：4, 8, 19, 20, 21, 25, 34。） 这些数字代表今天早晨到达的每辆公共汽车上的学生人数。这些数字是按升序还是降序排列的？（停顿。）大家请回答。（许多学生说是降序排列。）让我们再看看这些数字。这些数字是升高的还是降低的？升高的。ascending（升序）一词意味着升高。这里数字的值是在增加的。所以，当数字的值增加时，数字是按照什么顺序排列的？升序。（教师呈现额外的数列，学生回答这些数字按升序还是降序排列。）	**纠正是：** √ a. 已提供。 ___ b. 即时的。 √ c. 适当的纠正类型（参见表 7.1）。 √ d. 具体地传达了信息。 √ e. 关注正确（而非错误）回答。 √ f. 使用了适当的语气。 √ g. 以学生给出正确答案为结束。 **评论**：首先，这种纠正更加积极。教师把错误的回答视为重新教授概念的机会。此外还提供了具体的信息，可以切实加强学生对概念的理解。教师更关注正确的回答而不是错误的回答，在纠正结束时还通过额外的练习确认学生的理解情况。
项目 B. 非例子 [学生面前有五张科学词汇的反应卡：melting（融化），freezing（冷冻），evaporation（蒸发），condensation（凝结），precipitation（降水）。] 我将要告诉你们其中一个单词的意思。这个单词指的是水从蒸汽变为液体的过程。（教师停顿3秒钟。）请展示词汇卡。（学生举起词汇卡。许多学生举起写有"precipitation"的卡片。）答案是 condensation（凝结）。很多同学举起了 precipitation。记住，precipitation 指的是以雨、雪或冰雹形式落到地球上的液体。大家请举起 condensation。	**纠正是：** √ a. 已提供。 √ b. 即时的。 ___ c. 适当的纠正类型（参见表 7.1）。 ___ d. 具体地传达了信息。 ___ e. 关注正确（而非错误）回答。 √ f. 使用了适当的语气。 ___ g. 以学生给出正确答案为结束。 **评论**：这个纠正的主要问题在于教师关注的是错误的回答，而不是正确的回答。教师没有传达任何有助于学生理解凝结的信息。此外，没有对学生的理解情况进行检查。尽管学生在最后给出了正确的回答，但他们只是重复了教师说过的话，这并不能确认他们真正理解了。
项目 B. 例子 [学生面前有五张科学词汇的反应卡：	**纠正是：** √ a. 已提供。

	(续表)
melting（融化），freezing（冷冻），evaporation（蒸发），condensation（凝结），precipitation（降水）。] 　　我将要告诉你们其中一个单词的意思。这个单词指的是水从蒸汽变为液体的过程。（教师停顿3秒钟。）请展示词汇卡。答案是condensation（凝结）。当水从蒸汽（就像水蒸气一样的气体）变为液体时，这个过程被称为condensation。当蒸汽变成液体时，这个过程被称为_____？ condensation。 　　在水循环中，当云中的水蒸气聚集成水滴时，就发生了凝结。同学们，向你的同伴解释一下凝结的意思。（教师监督，然后继续教授其他术语，多次练习后再回到凝结的概念。）	√ b. 即时的。 √ c. 适当的纠正类型（参见表7.1）。 √ d. 具体地传达了信息。 √ e. 关注正确（而非错误）回答。 √ f. 使用了适当的语气。 √ g. 以学生给出正确答案为结束。 **评论**：在这个纠正过程中，教师提供了能对condensation一词加强理解的信息。此外，教师关注的是正确的回答，从而减少了学生的困惑。最后，学生给出了正确的答案，并通过与同伴分享来表达自己的理解。教师还在之后检查了学生的理解情况。
项目C. 非例子 　　我们一直在学习一个有难度的拼写规则，即如何拼写发音为/ŭbl/的后缀able或ible。后缀的发音对于拼写并没有帮助，但知道其他相关单词的拼写则有助于对此规则的学习。在你的练习纸上写下单词application。（教师在教室里走动，然后在幻灯片上写下application。）检查拼写。如果拼写错误，划掉后重新写。（停顿。）现在写单词applicable。（教师在教室里走动，注意到很多学生写成了applicible。教师在幻灯片上写下applicable。）如果你写错了，就划掉后写上applicable。让我们尝试更多的单词。（教师念其他的单词。）	**纠正是**： √ a. 已提供。 √ b. 即时的。 ____ c. 适当的纠正类型（参见表7.1）。 ____ d. 具体地传达了信息。 √ e. 关注正确（而非错误）回答。 √ f. 使用了适当的语气。 √ g. 以学生给出正确答案为结束。 **评论**：教师用适当的语气给出纠正，并且侧重于applicable的拼写。但教师提供的信息只能帮助学生拼写applicable，并不能强化规则，使学生将规则泛化到其他单词。因此，这个纠正对学生未来的拼写帮助有限。
项目C. 例子 　　我们一直在学习一个有难度的拼写规则，即如何拼写发音为/ŭbl/的后缀able或ible。后缀的发音对于拼写并没有帮助，但知道其他相关单词的拼写则有助于对此规则的学习。在你的练习纸上写下单词application。（教师在教室里走动，然后在幻灯片上写下application。）检查拼写。如果拼写错误，划掉后重新写。（停顿。）现在写	**纠正是**： √ a. 已提供。 √ b. 即时的。 √ c. 适当的纠正类型（参见表7.1）。 √ d. 具体地传达了信息。 √ e. 关注正确（而非错误）回答。 √ f. 使用了适当的语气。

(续表)

下单词 applicable。（教师在教室里走动，注意到很多学生写成了 applicible。）让我们使用规则来弄清楚 applicable 的拼写。看看 application。它是否以 ation 结尾？<u>是的</u>。当有一个对应的词 ation 时，使用 able。那么我们应该使用后缀 able 还是"ible"？<u>able</u>。（教师在幻灯片上写下 applicable。）检查 applicable 的拼写。如果你写错了，就划掉重写。（停顿。）我们再尝试一些其他单词。（教师口述包含 /ŭbl/ 的两种拼写的其他单词。）	√ g. 以学生给出正确答案为结束。 评论：在这个例子中，教师指导学生使用拼写规则来弄清楚 applicable 的拼写。因此，教师提供了既具体又可泛化到其他单词的信息。
项目 D. 非例子 （学生正在阅读的文本。） Bry and Grace, the best artists in fifth grade, raced to Ms. Pateros's room. Ms. Pateros was to announce the winner of the "Rural Youth Painting Contest." While most of the students had only spent a few minutes on their entries, the girls had worked for weeks on their watercolor paintings of the rolling fields of Kansas, being careful to meet all the requirements for the contest and to create a painting full of detail and beauty. Each was sure that she was the winner. （段落大意：布里和格蕾丝是五年级最棒的艺术家，她们一路飞奔到帕特罗斯老师的房间。帕特罗斯老师即将宣布"乡村青年绘画比赛"的获胜者。大多数学生的参赛作品只花了几分钟就完成了，而这两个女孩却花了好几周时间创作她们的水彩画——画的是堪萨斯州连绵起伏的田野。她们精心雕琢，不仅严格符合比赛的所有要求，还让画作充满了细节与美感。两人都笃定自己会是赢家。） （学生阅读完这段文字后，教师提问。）为什么布里和格雷丝都认为自己会赢得比赛？（教师给出思考时间。）斯蒂芬？因为她们参加了比赛。不，斯蒂芬，她们两个都认为自己是赢家，是因为她们是五年级最好的艺术	纠正是： ____ a. 已提供。 ____ b. 即时的。 ____ c. 适当的纠正类型（参见表 7.1）。 ____ d. 具体地传达了信息。 ____ e. 关注正确（而非错误）回答。 ____ f. 使用了适当的语气。 ____ g. 以学生给出正确答案为结束。 评论：

(续表)

家，花了大量时间作画，并努力使画作充满细节、美感，这与比赛的要求完全一致。	
项目 D. 例子 （学生阅读完这段文字后，教师提问。）为什么布里和格雷丝都认为自己会赢得比赛？（教师给出思考时间。）斯蒂芬？<u>因为她们参加了比赛。</u> **你的纠正：**	纠正是： ____a. 已提供。 ____b. 即时的。 ____c. 适当的纠正类型（参见表 7.1）。 ____d. 具体地传达了信息。 ____e. 关注正确（而非错误）回答。 ____f. 使用了适当的语气。 ____g. 以学生给出正确答案为结束。 **评论：**
项目 E. 非例子 （黑板上的定义。） 经线 • 虚构的线 • 将地球分为东西半球 • 在极点相交 纬线 • 虚构的线 • 将地球分为南北半球 • 从不相交 我们来回顾一下经线和纬线。赤道是经线还是纬线？与你的同伴讨论一下。（停顿。）埃米，是经线还是纬线？<u>经线</u>。埃米，你不记得了吗？我们昨天谈到过这个。赤道是纬线。	纠正是： ____a. 已提供。 ____b. 即时的。 ____c. 适当的纠正类型（参见表 7.1）。 ____d. 具体地传达了信息。 ____e. 关注正确（而非错误）回答。 ____f. 使用了适当的语气。 ____g. 以学生给出正确答案为结束。 **评论：**
项目 E. 例子 （黑板上的定义。） 经线 • 虚构的线 • 将地球分为东西半球 • 在极点相交 纬线 • 虚构的线	纠正是： ____a. 已提供。 ____b. 即时的。 ____c. 适当的纠正类型（参见表 7.1）。 ____d. 具体地传达了信息。 ____e. 关注正确（而非错误）回答。 ____f. 使用了适当的语气。 ____g. 以学生给出正确答案为结束。

(续表)

• 将地球分为南北半球 • 从不相交 我们来回顾一下经线和纬线。赤道是经线还是纬线？与你的同伴讨论一下。（停顿。）埃米，是经线还是纬线？<u>经线</u>。 **你的纠正：**	评论：
项目 F. 非例子 每个正方形的一条边代表1英尺。计算这个图形的周长。（停顿。）将你的答案与同伴的答案进行比较。（停顿。）乔纳森，你的答案是什么？<u>20平方英尺</u>。乔纳森，那是图形的面积。面积是图形涵盖的平方单位数量。周长应是22英尺。所以，乔纳森，周长是多少？<u>22英尺</u>。	纠正是： ____a. 已提供。 ____b. 即时的。 ____c. 适当的纠正类型（参见表7.1）。 ____d. 具体地传达了信息。 ____e. 关注正确（而非错误）回答。 ____f. 使用了适当的语气。 ____g. 以学生给出正确答案为结束。 评论：
项目 F. 例子 每个正方形的一条边代表1英尺。计算这个图形的周长。（停顿。）将你的答案与同伴的答案进行比较。（停顿。）乔纳森，你的答案是什么？20平方英尺。 **你的纠正：**	纠正是： ____a. 已提供。 ____b. 即时的。 ____c. 适当的纠正类型（参见表7.1）。 ____d. 具体地传达了信息。 ____e. 关注正确（而非错误）回答。 ____f. 使用了适当的语气。 ____g. 以学生给出正确答案为结束。 评论：

有关表扬的更多信息

在介绍反馈和说明如何在一堂课中对学生的回答做出回应时，我们建议可以用点头、微笑、简短评论或继续讲课等方式来肯定学生的正确回答。此外，在整堂课中，当学生的回答始终正确、符合行为预期或表现出模范的学习或行为表现时，可以给予更具体的表扬。这种表扬可以促进学生的学业学习，提高学生的任务完成度，塑造学生未来的行动，改善师生关系，营造更积极的学习氛围（Good & Brophy, 1997; Lampi, Fenty, & Beaunae, 2005）。

表扬还是不表扬……这始终是一个值得思考的问题。例如，阿尔菲·科恩（Alfie Kohn, 1993）认为，任何鼓励学习行为的尝试，包括使用激励措施和表扬，都会损害学生的内在动机——做某件事情本身的愿望和从行为中获得的快乐。然而，科恩的观点与关于这个问题的两项综合元分析（Cameron, Banko, & Pierce, 2001; Cameron & Pierce, 1994; Pierce & Cameron, 2002）得出的结论并不一致。研究人员发现，几乎没有证据表明表扬等奖励（外在动机）会降低或削弱内在动机。相反，他们发现，如果表扬运用得当，反而会增强内在动机。因此，就像纠正一样，表扬可以是有益的，也可以是不利的，这取决于表扬的内容和方式。许多学者概述了有效表扬的特点（Brophy, 1981; Lampi et al., 2005; Marzano, 2000）。

对符合要求的行为给予表扬

卡梅伦等人（Cameron et al., 2001）总结道："最重要的要求是将奖励与达成可实现的行为标准和成绩标准紧密联系起来。"教师在表扬学生时需要运用"如果–那么"规则（If–Then rule）："如果学生总能准确地计算数学题，那么我会表扬他们。如果学生在他们的写作中运用了所有要求的元素，那么我会表扬他们。如果学生在试卷上写了标题（一种很少表现出来的行为），那么我会高兴地表扬他们。"但是，如果表扬是随机的、无计划的，与预期行为毫无关联，那么表扬对行为的积极影响就会很小。

给予具体的表扬，而非笼统的反应

请记住，所有反馈的目的都是为了加强以后的表现。与纠正一样，精心设计的表扬也应明确指出学生做出了哪些积极的行为，以便日后可以复制。例如，教师在教室里走动看学生写的句子，然后对玛丽亚说："句子写得很好，玛丽亚。"这个句

子到底"好"在哪里？有主语和谓语吗？用词是否清晰？内容有趣吗？将该评语与下面的评语进行比较："你的句子有主语和谓语，而且有意义。"现在玛丽亚可以对自己说："啊！一个好的句子必须有主语和谓语，而且有意义。我以后可以这样做。"遵循这一准则并不意味着教师要放弃所有简短、快速的肯定语句，如"是的""很好""这就对了"。当正确答案是非对即错的单一答案时（例如，3乘以5是多少？15），教师仍然需要使用这种语句，去肯定回答的正确性，并迅速从一个回答转到下一个回答。在表7.1的第二行可以看到这种反馈的使用。

在困难任务中表现出显著努力或取得成功时给予表扬

为了让学生感觉到表扬是真诚的，表扬必须是对某一班级或学生的真正模范表现的认可。在高中化学课上，独立填写元素周期表上的所有元素肯定比在试卷上写名字更值得表扬。如果在六年级数学课上，学生为了减少粗心错误而格外认真地把列排好，那么表扬他们就是恰当的。但是，如果他们连续几周都是这样做的，表扬就不那么合适或必要了。在表扬他们之前，先问问自己，班级或学生是否认为他们的表现是一种成就，这样做往往会对决定是否给予表扬有帮助。

表扬关注的是努力和成就

研究人员卡萝尔·德韦克（Carol Dweck, 2008）和她的同事们发现了人们看待世界的两种可能的思维定式。有些人可能具有德韦克所说的固定思维模式（fixed mindset），认为成绩的好坏主要归因于一个固定的、与生俱来的属性。这些人认为，做得好就证明他们天生聪明、有天赋或有运动天赋，做得不好就证明他们天生"愚蠢"或在学业表现方面缺乏天赋。由于他们认为成绩好坏是与生俱来的，而不是努力和学习的结果，因此，这些学生所期望的结果就是考得好、看起来不错，以验证自己的智力。他们不愿意冒可能导致失败的风险，也难以承受失败。此外，由于他们认为聪明是与生俱来的品质，所以出色的表现不需要付出努力；如果一项任务确实需要持续付出大量的努力，他们就会将此作为缺乏智慧或天赋的证据。如你所见，固定思维模式给学习设置了上限。

还有一些人可能具有德韦克及其同事所说的成长型思维模式（growth mindset）。这些人认为，成功与努力和学习有关。因此，他们的学习方法明显不同。他们愿意冒险，乐于接受挑战。面对错误，他们不会退缩，而是渴望学习，并付出必要的努力去改进。对他们来说，学习本身就是想要的结果。因此，无论是学习如何解方程、拉大提琴、研究课题，还是从跳水板上做后空翻，这些人都愿意学习并付出努力。

显然，拥有成长型思维模式对任何年龄段的学习者都是有益的。那么问题来了：作为教师，我们该如何推广这种思维模式呢？其中一个主要方法就是在表扬时，我们要表扬学生的成就、努力和学习，而不是智力或天赋等与生俱来的品质。有助于促进成长型思维的表扬侧重于策略的使用、任务表现和学习策略，以及学生可以管理和控制的特质，如努力、坚持、练习、集中精力和做出正确的选择。它并不强调天赋、智力或遗传的运动能力等与生俱来的品质。有效的表扬应帮助学生将努力与成功联系起来。因此，诸如"你真聪明""你是天生的运动员""你作为艺术家的天赋令人惊叹"之类的评价，可以换成更有效的评价，如"你一定很努力地做这些题""你每天的练习在游泳比赛中得到了回报""你学会了很多水彩画的技巧，它们在你的画中体现得越来越明显。"

给予表扬时，与学生自己之前的表现进行比较

除了关注成就和努力而非内在特质外，有效的表扬还将学生自己之前的表现作为描述当前成就的背景，而不是同龄人的成就（Corpus, Love, & Ogle, 2005）。因此，可以将"这是六年级学生中表现最好的一个""大多数一年级学生都没有你做得好"之类的评价替换为"你真的学会了如何解决这些问题""你学会了如何解码两个月前还不会读的单词"。

给予积极、可信和真诚的表扬

与纠正一样，表扬的语气会影响学生如何接受它。听到表扬时，学生必须相信教师是真心的。许多因素可以增加评论的可信度。首先，措辞必须是积极的。例如，对于七年级的学生来说，几乎不会把这样的话理解为正面评价："了不起。你居然答对了……想想这学期才过了5周。好吧，希望你明天还记得它。"

为了确保表扬被视为真诚的，表扬的评语应该多样化，并表明教师已经认识到且正在关注学生的出色表现。学生会对那些听起来和感觉与自己无关的生硬、平淡的评语敬而远之。

沟通远不止是我们所说的话。我们还通过站姿、手臂的动作、脸上的表情、说话的语气、皱起的眉头进行交流。如果要让学生感到表扬是一种荣誉，那么所有这些变量都必须是积极的。如果表扬时语气严厉，表情狰狞，那么表扬的有效性就会荡然无存。

最后，提前确定要公开表扬还是私下表扬也很有用。有些学生非常喜欢在同学面前受到公开表扬，而有些学生则更喜欢得到低调、私下的认可。

随堂表扬

有效的表扬能为教学锦上添花。它不会干扰课堂的节奏，也不会把学生的注意力从正在教授的关键内容上分散开来。因此，它是不引人瞩目的。

总之，表扬的措辞就像纠正一样需要经过深思熟虑，这样才能支持我们的学习者。有条件的、具体的、内容丰富和真诚的表扬不仅可以肯定学生，让他们了解自己的进步，而且有助于建立鼓励学习的积极氛围，加强学生与教师之间的关系。以上讨论的有效表扬原则在应用 7.2 中作了说明。

【应用 7.2】

表扬的例子与非例子

说明：仔细阅读前两组非例子和例子。对后两组（项目 C、项目 D）的非例子进行评价，并就口头表扬的替代措辞提出建议。然后将你的建议与我们的建议进行比较（参见本书应用练习反馈部分）。

表扬的措辞	分析
项目 A. 非例子 （在学前班的黑板上写出如下单词：sad、fan、cap、tan、dad。）（教师指向 fan）。读出这个单词。你知道怎么读时就竖起大拇指。（停顿。）什么单词？sad。棒极了。读出下一个单词。（停顿，教师等待学生竖起大拇指。）什么单词？fan。（教师微笑并继续。教师指向 cap 并停顿。）什么单词？cap。是的。（教师指向 tan，给学生思考的时间。）什么单词？tan。最后一个单词。（教师指向 dad，并给出思考的时间。）什么单词？dad。让我们回到最上面，重读这些单词：sad、fan、cap、tan、dad。哇……你比我上午课堂上的同学做得好多了！你们真的很聪明。	**表扬是：** √ a. 有条件的（如果–那么）。 ___ b. 具体的。 √ c. 针对突出的表现。 ___ d. 关注成就和努力而非个人特质。 ___ e. 与学生自己比较而非与他人比较。 ___ f. 积极的、可信的和真诚的。 ___ g. 不引人瞩目。 **评论**：做得好的地方是，教师在学生回答正确后迅速给予肯定。但是，精心设计的表扬措辞存在一些问题。首先，表扬语中没有包含将来可以复制的具体信息。其次，表扬的重点是智力这一固有属性，而不是任务表现。最后，将学生与其他班级的学生进行比较，而不是与过去的自己进行比较。
项目 A. 例子 （在学前班的黑板上写出如下单词：sad、fan、cap、tan、dad。）（教师指向 fan。）读	**表扬是：** √ a. 有条件的（如果–那么）。 √ b. 具体的。

(续表)

出这个单词。你知道如何读时就竖起大拇指。(停顿。)什么单词？sad。棒极了。读出下一个单词。(停顿，教师等待学生竖起大拇指。)什么单词？fan。(教师微笑并继续。教师指向 cap 并停顿。)什么单词？cap。是的。(教师指向 tan，给学生思考的时间。)什么单词？tan。最后一个单词。(教师指向 dad，并给出思考的时间。)什么单词？dad。让我们回到最上面，重读这些单词：sad、fan、cap、tan、dad。哇……全对。你们真的在看这些字母！	√ c. 针对突出的表现。 √ d. 关注成就和努力而非个人特质。 √ e. 与学生自己比较而非与他人比较。 √ f. 积极的、可信的和真诚的。 √ g. 不引人瞩目。 **评论**：教师把表扬的焦点放在学生的表现上，而不是个人特质上，并为学生提供了具体的信息，帮助他们强化和保持未来的表现。
项目 B. 非例子 (五年级的学生读了一段文字，被要求在"独木舟"这个主题下列举至少三个重要细节。) (教师在教室里走动，检查每个学生的作业。保罗在"独木舟"这个主题下写了一个细节。教师轻声给出了这个表扬的语句。)超棒，保罗，这是一个很棒的回答。这是一个关键的细节，因为它讲述了关于独木舟的重要信息。你做得非常好。	**表扬是**： ____ a. 有条件的（如果-那么）。 √ b. 具体的。 ____ c. 针对突出的表现。 √ d. 关注成就和努力而非个人特质。 √ e. 与学生自己比较而非与他人比较。 √ f. 积极的、可信的和真诚的。 √ g. 不引人瞩目。 **评论**：教师要求回答出三个细节，但对于只提供了一个细节的保罗，给予了相当充分的表扬，除非这个学生平时的成就水平非常低，否则他的表现并不是一个值得关注的表现。更好的做法是先鼓励保罗，在他回答完毕后再表扬。但是，目前的这种表扬是积极而具体的。
项目 B. 例子 (五年级的学生读了一段文字，被要求在"独木舟"这个主题下列举至少三个重要细节。) (教师在教室里走动，检查每个学生的作业。保罗在"独木舟"这个主题下写了一个细节。)保罗，这是一个关于独木舟的关键的细节，再增加两个。我一会儿回来。(教师继续在教室里走动，然后回到保罗的桌子旁。)太棒了。你写出了关于独木舟重要信息的三个细节。你真的仔细阅读了这段文字。	**表扬是**： √ a. 有条件的（如果-那么）。 √ b. 具体的。 √ c. 针对突出的表现。 √ d. 关注成就和努力而非个人特质。 √ e. 与学生自己比较而非与他人比较。 √ f. 积极的、可信的和真诚的。 √ g. 不引人瞩目。 **评论**：教师先鼓励保罗完成任务。当保罗的回答符合预期时，教师表扬了保罗的努力，而且表扬是具体的。

(续表)

项目 C. 非例子 　　这周我们一直在学习有关 i 在 e 之前（除了 c 之后）的拼写规则。我说一个单词，请把它写在你的答题板上。第一个单词是 chief。写下来，请展示。（所有学生都拼写正确。）哇，你们做到了。你们都正确拼写了这个单词。在拼写 chief 时，你们记住了在 e 之前是 i 的规则。很多人都不知道这个规则，但是你们没有弄混。我刚刚收到我儿子的一封信……你知道的，就是那个上大学的……他把 receive 拼写成了"r-e-c-i-e-v-e"。我第三节课教的那个班就弄混了。你们绝对不会犯那个错误。你们太聪明了。让我们尝试写另一个单词……	表扬是： ＿＿ a. 有条件的（如果–那么）。 ＿＿ b. 具体的。 ＿＿ c. 针对突出的表现。 ＿＿ d. 关注成就和努力而非个人特质。 ＿＿ e. 与学生自己比较而非与他人比较。 ＿＿ f. 积极的、可信的和真诚的。 ＿＿ g. 不引人瞩目。 评论：
项目 C. 例子 　　这周我们一直在学习有关 i 在 e 之前（除了 c 之后）的拼写规则。我说一个单词，请把它写在你的答题板上。第一个单词是 chief。写下来，请展示。（所有学生都拼写正确。教师继续念出 niece、priest、receive、deceive、relief、ceiling 等单词，对学生的表现给予简短的肯定，如"很好""正确""完美"等，或者微笑。在班里的 24 名学生中，只有 2 人出现了错误，每人各错 1 次。） 　　**你的表扬：**	表扬是： ＿＿ a. 有条件的（如果–那么）。 ＿＿ b. 具体的。 ＿＿ c. 针对突出的表现。 ＿＿ d. 关注成就和努力而非个人特质。 ＿＿ e. 与学生自己比较而非与他人比较。 ＿＿ f. 积极的、可信的和真诚的。 ＿＿ g. 不引人瞩目。 评论：
项目 D. 非例子 　　（黑板上写着：5.42、5.46、5.15、5.5、5.51。）我们一直在学习升序和降序。请把这些数字按照降序写在答题板上，纵向排列。（教师在教室里走动，检查学生的作业。然后教师在黑板上按照降序写下这些数字。）请检查你排列的数字是否与我的一样。（停顿。）如果你的数字与我的相同，请举手。（所有学生都举手。）做得好。你们真是太聪明了！	表扬是： ＿＿ a. 有条件的（如果–那么）。 ＿＿ b. 具体的。 ＿＿ c. 针对突出的表现。 ＿＿ d. 关注成就和努力而非个人特质。 ＿＿ e. 与学生自己比较而非与他人比较。 ＿＿ f. 积极的、可信的和真诚的。 ＿＿ g. 不引人瞩目。 评论：

(续表)

项目 D. 例子	表扬是：
（黑板上写着：5.42、5.46、5.15、5.5、5.51。）我们一直在学习升序和降序。请把这些数字按照降序写在答题板上，纵向排列。（教师在教室里走动，检查学生的作业。然后教师在黑板上按照降序写下这些数字。）请检查你排列的数字是否与我的一样。（停顿。）如果你的数字与我的相同，请举手。（所有学生都举手。） 你的表扬：	____ a. 有条件的（如果–那么）。 ____ b. 具体的。 ____ c. 针对突出的表现。 ____ d. 关注成就和努力而非个人特质。 ____ e. 与学生自己比较而非与他人比较。 ____ f. 积极的、可信的和真诚的。 ____ g. 不引人瞩目。 评论：

在结束本节有关反馈的讨论时，我们必须牢记直接教学的重要性。我们已经讨论过适当的纠正和表扬对提高学生的学习成绩和改善行为表现的重要性，但正如研究人员（Hattie & Timperley, 2007）所说，"教学比反馈更有效。反馈只能建立在某些东西的基础上；如果没有初始学习或表现出来的信息，反馈就没有什么价值"。

以明快的节奏进行课堂教学

在对课堂教学的探讨中，我们考虑了三个关键技能：为学生提供反应的机会、仔细监督这些反应以及提供适当的反馈（包括纠正和表扬）。有效的授课还需要另一项技能。当课程以生动活泼的方式呈现时，学生更有可能参与并专注于任务，这一点不足为奇，因为在这种情况下，课程从输入到反应，再到反馈，然后又回到输入、反应和反馈，过程顺畅且切换迅速。保持活泼的节奏而不是呆板的节奏还能让教师教授更多的内容，为学生提供更多反应的机会，从而提高他们的学习效果（Brophy & Good, 1986）。让我们来探讨一下可以提高课堂速度的教学方法。

做好准备

当然，一堂直接教学的课程进度在很大程度上取决于教师的备课情况。如果教师能明确本节课的目标，知道自己在课程的开篇、主体和结尾要做什么，事先设计好例子和非例子，对教学的质量充满信心，那么教学就会流畅。同样，如果教师仔细预习了课程，并做了必要的额外准备，就能够流畅地向学生展示要用到的材料。

为思考提供恰好足够的时间

尽量减少思考时间,不强迫学生猜测,避免匆忙地学习材料,这些都非常重要。但同样重要的是,不要提供过多的思考时间。一般来说,对于大多数问题的回答,3—5秒钟的思考时间就足够了。对于某些类型的简短回答(如,说出字母的发音、回答事实性问题等),一旦学生对自己的回答充满信心,就可以缩短思考时间。

为口头、书面或动作反应提供恰好足够的时间

如果给学生过多的时间做出反应,教学的节奏就会停滞不前。此外,教师还会遇到提前完成任务的学生——正如我们在前几章中讨论过的,当学生有空闲时间时,他们就会去填补它。这可能会导致管理问题。在监督过程中,要注意观察学生的回答情况。当大多数学生都回答完了,就可以继续下一步。

在提供反馈后继续进行

许多教师在要求学生回答问题且给出反馈意见后,觉得还有必要对学生的回答进行深入探讨,然而此时更适合继续上课。在某些情况下,教师会暂停而不是继续上课。有研究表明(Carnine, 1976),在练习活动中迅速进入下一个问答环节,不仅增加了反应的机会,而且提高了回答的准确性。他将这种情况归因于快速的节奏提高了学生的注意力。

避免离题

冗长与快节奏相对立。如果教师突然想起了个人的冒险经历或过去的教学事件,请不要觉得非分享不可。通常情况下,这些题外话非但不能吸引学生的注意力,反而会导致学生分心,或者促使学生分享他们自己的题外话。

使用教学常规

教学常规是一套教学行为,可以在呈现新知识或提供练习时反复使用。例如,当要求学生读出一个单词时,可以使用以下教学常规。

黑板上的刺激	教学常规
教师写出：s	什么音？/s/。
教师加上 a：sa	什么音？/ă/。
	合在一起。/să/。
教师加上 t：sat	什么音？/t/。
	合在一起。/săt/。
	什么单词？sat。
教师写出：m	什么音？/m/。
教师加上 a：ma	什么音？/ă/。
	合在一起。/mă/。
教师加上 p：map	什么音？/p/。
	合在一起。/măp/。
	什么单词？map。

由于教师对连续写出的每一个单词都采用相同的教学程序，因此教学进度非常快。

当我们指导学生完成一项任务时，如读出一个单词、听写一个单词或解决一道应用题，学生的认知能量必须在任务要求和教学内容之间分配好。如果使用了教学常规，学生就可以把注意力完全集中在教学内容上，这正是我们希望他们集中注意力的地方。

应用 7.3 中的课例演示了阅读课的慢节奏和快节奏做法。请特别注意教学常规是如何推动教学快速进行的。

【应用 7.3】

慢节奏和快节奏的教学

说明：阅读下面的非例子，找出导致这节课节奏缓慢、课堂不活跃的做法。在如何提高教学节奏的问题方面做好笔记。然后将你的体会与例子（展示了快节奏的教学）以及每节课后的评论进行比较。

非例子：慢节奏的一年级阅读课展示

（黑板上写着这些单词：made、late、slate、fad、fade、tap、tape。）昨天我们学习了如何读以 e 结尾的单词，现在我们来练习新的单词。（教师指向 made。）这个单词的结尾是 e 吗？是的。（教师指向字母 a。）那么我们可以说出这个字母的名称吗？可以。是什么？a。读出这个单词，读完后请竖起大拇指。（教师停顿 20 秒。）什么单词？made。是的，我们昨天做了节日饼干。我等不及要参加我们的派对了……我特别想尝尝橘子泡芙。真好吃。好吧，我们来试试另一个单词。（教师指向 late。）这个单词是以那个棘手的 e 结尾的吗？是的。（教师指着字母a。)那我们说说这个字母的名称。小声告诉你的同伴。(教师停顿2分钟。)大家说说是什么单词?late。哦!哦!你们说对了两个词。让我们为自己鼓掌。(教师和学生围成一圈拍手。)是的,那个单词是late。我们今天去图书馆不能迟到。约翰逊老师将为大家朗读节日故事。我想知道是哪个故事?你们希望她读什么故事?(教师点名学生回答。)

好的,我们来尝试一个非常难的单词。让我们一个音一个音地念。请跟随我的魔法手指说出每一个音。(教师在每个字母下移动手指。有些学生发的是短音,而没有说出字母的名称。)哎呀……我们最好再看看这个。结尾有一个不发音的e。这个不发音的e骗过了我们。我们必须说出这个字母的名称。(教师指向字母a。)现在把单词读出来,读出来后看着我。(教师停顿15秒。)大家一起回答,什么单词?slate。是的,就像我们在数学课上用的答题板。事实上,我在想我们应该多用答题板,也许可以用来拼单词。(詹妮举手了。)我们能在讲故事的时候在答题板上画吗?有趣的主意,詹妮……哎呀,我们得快点了……去图书馆的时间快到了。下面是一个简单的单词。请注意这个单词没有以e结尾。什么单词?(教师停顿了8秒钟。)fad。这一次我没有愚弄你们。是的,这个单词是fad。你们知道……fad(一时的风尚)就是那种只存在很短时间的东西。今天在这里,明天就消失了。上个月,你们都想穿棒球队的运动衫……但是那种流行在万圣节后就结束了。我敢打赌你们能想到其他一些很快来了又走的流行东西。(马克举手了。)你是说像莫霍克(莫西干)发型之类的东西吗?你说得对,马克……去年很多男孩都剃了莫霍克发型,但今年只有少数几个人还保留着这种发型。这种发型只是一时的风尚……在某一时刻很受欢迎,然后就消失了。哎呀……看看表。去图书馆的时间到了。我们明天会读完剩下的这些单词。你们真是聪明的朗读者。

评论: 虽然这位教师做了一点准备工作(黑板上列出了单词),但这节课完美地展示了可能会破坏课堂节奏的危害因素。首先,教师在每一个单词上都改变了教学程序,影响了教学进度,使学生无所适从。所提供的思考时间比必要的时间要长得多。同样破坏节奏的还有获得回应后的冗长评论。这些评论不仅减慢了教学进度,还将学生的注意力从教学内容上转移开了。(难道你不好奇橘子泡芙的味道和图书馆里要读的节日故事吗?)由于节奏太慢,教师和学生只读了四个单词。如此到学年末,学生的阅读能力不可能达到高级水平。

例子:快节奏的一年级阅读课展示

(黑板上写着这些单词:made、late、slate、fad、fade、tap、tape)。昨天我们学习了如何读以e结尾的单词,现在我们来练习新单词。(教师指向made。)这个单词以e结尾吗?是的。(教师指向a。)那么我们可以说出这个字母的名称吗?可以。是什么?a。读出单词,读完后请竖起大拇指。(教师停顿4秒钟。)什么单词?made。(教师微笑并继续。教师指向late。)这个单词以e结尾吗?是的。(教师指向a。)那我们可以说出这个字母的名称吗?可以。是什么?a。读出单词,读完后请竖起大拇指(教师停顿3秒)。什么单词?late。对,late。

(教师指向slate。)这个单词以e结尾吗?是的。(教师指向a。)那我们可以说出这个字母的名称吗?可以。是什么?a。读出单词,读完后请竖起大拇指。(教师停顿4秒。)什么单词?slate。这就像我们在数学课上用的答题板。这个单词是什么?slate。

(教师指向fad。)这个单词以e结尾吗?不是。那么这个字母是发本身音吗?(教师指向a。)不是。这个字母读什么?/ă/。读出单词,读完后请竖起大拇指。(教师停顿5秒。)什么单词?fad。fad是指那些受欢迎的东西……每个人都想拥有它或在短时间内追随它。例如,去年很多男孩都剪了莫霍克发型，但今年很少有男孩选择这种发型。这是一种_____。fad。

（教师指向 fade。）这个单词以 e 结尾吗？是的。（教师指向 a。）那我们可以说出这个字母的名称吗？可以。是什么？a。读出单词，读完后请竖起大拇指。（教师停顿 4 秒。）什么单词？fade。当你反复洗一件 T 恤时，颜色就开始_____。fade（褪色）。（教师指向 tap。）自己读出这个单词。读完后请竖起大拇指。（教师停顿 5 秒。）什么单词？tape。是的。非常好。你注意到了单词末尾的 e。让我们再读一遍这些单词。（教师指，学生跟读。）每组的 1 号同学，把这组单词读给你的同伴。（教师监督）。交换，由每组的 2 号同学读给同伴听。（教师监督。）读得很好。请排队去图书馆。

评论： 首先显而易见的是，在活跃的气氛下学生得到了更多的练习，读了 21 个单词，而不是 4 个单词。教师采用连贯的教学程序，给予足够但不过多的思考时间，一旦学生做出反应就继续教学，没有出现离题现象，从而扩大了教学内容的覆盖面。在教学中，当学生表现出成功时，教师也会逐渐淡化支持或撤除支架，让学生越来越有主动性。学生参与课堂的积极性更高，因为他们确实在学习。

总之，要想吸引和保持学生的注意力，最大限度地扩大教学内容的覆盖面，提高学习效果，上课的节奏必须明快。课前准备和避免离题太远是保持学生喜欢的这种节奏的关键。

本章小结

无论你是在学前班、小学、初中、高中，还是在大学任教，都需要在教学过程中引导学生做出反应，仔细观察学生的反应，提供纠正性和肯定性的反馈，并保持明快的节奏。虽然这些授课技巧都是经过研究验证的教学实践，但它们也代表了"教学的艺术"。在你的职业生涯中，这些经验可以自动形成，尽管最初需要有意识地运用这些实践原则。然而，努力提高授课技巧会使你和你的学生在课堂上收获更多。

在你实践授课技巧，特别是引导学生积极参与课堂时，观察反馈很有用。或许，你的导师或值得信赖的同事可以观察你讲课，并填写应用 7.4 中的观察表。

【应用 7.4】

课堂观察表

教师_____ 观察者_____

日期_____ 开始时间_____ 结束时间_____

（在下框中画出教室的草图，包括课桌和教学区。）

所有学生的反应：　　　　口头反应——齐声回答　　_____
（统计各个类型的反应。）　口头反应——同伴回答　　_____
　　　　　　　　　　　　　书面反应　　　　　　　　_____
　　　　　　　　　　　　　动作反应　　　　　　　　_____

学生个人的回答：　　　　个人回答　　　　　　　　_____
（在上图的学生"课桌"上记 I，表示一次个人回答。）
（课后，确认回答的总数。）
　　　　　　　　　　　　　回答的总数　　　　　　　_____

监督：
（如果教师停下来查看学生的作业或以任何其他方式与学生互动，则在学生的"课桌"上记 M）。

肯定性反馈和表扬：　　　　　　　　　　　　　　　_____
（统计对全班或个人的肯定和细致的表扬。）

根据上述数据，回答下列问题。（注：被观察的教师或观察者均可进行此分析。）

1. 课堂上是否有许多问答机会？

2. 是否所有学生都有机会回答问题？

3. 学生的个人回答的次数是否平均?

4. 教师是否在教室里走动并监督?

5. 在监督过程中,教师是否与许多学生建立了连接?

6. 教师是否肯定、尊重、表扬了学生?

其他观察结果:

第 8 章　提供适当的独立练习

一旦学生能够在一堂课中以较高的成功率掌握目标技能（完成直接教学中的"检查学生的理解情况"步骤），他们就需要有机会在没有教师提示的情况下独立练习该技能。适当的独立练习和反馈是学习的重要组成部分。没有独立练习，学生——尤其是有学习问题的学生——就很难保持或熟练掌握技能。用一句通俗的话来说，他们需要"运用它，否则就会失去它"。

如第 1 章所述，研究人员（Swanson & Sachse-Lee, 2000）发现，包括操练活动和系统复习在内的教学具有很大的效果。此外，还有其他研究人员（Brophy, 1986）得出结论：

> 将基础知识和技能发展到自动和无差错操作的必要水平需要大量的练习和实践。……演习和练习活动不应被视为"低水平的"。正确地进行操练和练习，对于复杂和创造性的智力表现来说，就像对于小提琴演奏家的表演一样重要。（p. 1076）

练习的两个主要目的是提高技能熟练程度和保持技能熟练程度。当学生熟练掌握某项技能时，他们会准确而快速地使用它，几乎不需要有意识地思考（Binder, 1996; Bloom, 1986; Ericsson, Krampe, & Tesch-Römer, 1993）。一旦达到熟练程度，就需要进行额外的练习以保持这种熟练程度。技能的流畅性已被证明是教学的一个目标（Binder, 1996），而练习则是实现这一目标的主要方法。如果学生能够流利地掌握部分技能（例如，说出数学知识、读单词、阅读段落、拼写单词、背诵策略步骤），当他们需要在解决问题或理解任务的情境中使用这些技能时，就会减少工作记忆的负荷（Beck & Clement, 1991; Binder, 1996）。例如，如果学生能够流畅地阅读文本，就能将更多的注意力和工作记忆集中在理解所读的内容上。单词层面的流畅阅读已被证明能提高许多学生的阅读理解能力，包括那些有学习障碍的学生

（Chard et al., 2002; Kubina & Hughes, 2007）。此外，学生的段落阅读流畅性（每分钟口头读出的正确的单词数）与阅读理解能力之间也有很强的实证关系（Fuchs, Fuchs, Hosp, & Jenkins, 2001）。在数学方面，如果学生没有流利的基本计算技能（如加、减、乘），那么在尝试回忆基本事实时，复杂的运算就会中断（Woodward, 2006）。同样，当手写和拼写未达到自动化的程度时，这些缺陷会与生成内容及其结构化相冲突（Torrance & Galbraith, 2006）。如果学生必须停下来思考一个单词的拼写（例如，"receive 的拼写是 ie 还是 ei？"），写作过程就会受到阻碍。

尽管一些教育工作者反对将技能的扩展练习作为一种教学工具（见第 1 章），但有关人们如何成为专家或精英的研究表明，即使是我们当中最有天赋的人，其技能也是通过练习——大量的练习——达到巅峰的（Ericsson & Charness, 1994）。在某一领域（如体育、国际象棋、音乐、学术）成为世界级的专家，并不仅仅取决于先天的能力或才干，在很大程度上还取决于长期（大约 10 年）的频繁（每天）、刻意（为实现特定目标）的练习，以及对该练习的监督（对表现的反馈）。我们并不是说普通的学习者需要如此长时间和如此频繁地练习学术技能。但是，这项研究强调，为了达到熟练程度，练习以及对练习质量的反馈十分必要。让我们牢记那句老话："怎样才能进入卡内基音乐厅？练习，练习，练习。"

关于一个人如何成为专家的研究还提出了一个关于动机的有趣观点。显然，是否有动力投入大量时间和精力进行练习是关键。通常情况下，练习本身并不具有内在动力，而且很少能带来直接的回报。因此，我们常常会发现自己处于这样一种境地：明明知道做某件事——这里指的是练习——会带来长期的好处，却因为缺乏短期的收益而不愿去做。因此，教师不仅需要为学生提供练习的机会，还需要纳入一些方法和程序，增加学生进行练习的可能性，增强练习的意愿。为此，研究人员（Kame'enui, Carnine, Dixon, Simmons & Coyne, 2002）在谈到独立练习时提出了"审慎复习"（judicious review）的概念。他们将其定义为"以合理和明智的方式反复思考材料的过程"。这意味着，教师不仅需要提供练习，还要确保所练习的内容是有意义的，并且与有效的教学相关联。本章的重点是开发有意义的、激励性的和有效的练习机会，使学生能够熟练地应用和泛化所获得的技能、知识和策略。不过，在继续讨论之前，有必要介绍三种重要且相关的练习类型：初始练习、分散练习和累积练习/复习。

初始练习

如第 2 章所述，技能、策略、概念或规则的初始练习应在教师的指导下进行，作为教师指导课程的一部分。在示范技能并指导学生完成技能练习后，检查学生的理解情况。当学生在小组环境中表现出一些任务的完成准确性时，就可以开始独立练习了。

在许多情况下，提供一到两次大规模的练习比较合适。在这种练习中，学生可以在技能教学结束后立即独立地用许多例子来练习。这种练习有助于学生迅速加强对技能的掌握。需要注意的是，尽管最初的独立练习可能会集中在已教授的单一技能上，但往往必须插入帮助辨别知识区别的题目，以确保学生认真思考技能、策略、概念或规则的应用。例如，在初步练习十位数上需借位的减法时，还必须给学生插入一些不需要借位的题目，以避免学生不仔细思考就简单地从十位开始借位。同样，如果学生已经学习了元音字母组合 ai 的发音，那么除了含有 ai 的单词（train）外，初始的练习还应该包括含有 a 的单词（trap）和 i 的单词（slip），以确保对元音字母的细致复习。虽然大量的初始练习通常是为了巩固新技能，但随后应进行分散练习（定期练习），以保持技能并提升运用的流畅性。

分散练习

分散练习是指在相对较短的时间内，以一定的时间间隔学习或练习某种技能或技能组合。早在 19 世纪末，赫尔曼·艾宾浩斯（Hermann Ebbinghaus）就认识到分散练习对长期记忆信息的有效性，多年来的实践也证明，分散练习是最有效的安排练习的方法（Dempster & Farris, 1990; Willingham, 2002）。由于许多学生都存在信息记忆问题，因此提供分散练习至关重要。

通过对大量练习和分散练习的比较研究，我们可以有把握地得出结论：在不同的学术领域（如数学知识、词汇、问题解决）和不同的学生群体（如小学、中学和大学）中，分散练习有助于保持学生的学习兴趣（Bahrick & Phelps, 1987; Donovan & Radosevich, 1999; Hattie, 2009）。然而，有一个问题随之而来：我们如何为所教授的看起来数量庞大的技能安排练习环节？例如，如果教师在一个月内教授了 20~30

种技能或概念，那么学生是否需要在一段时间内单独练习每一种技能或概念？如果是这样，就需要安排大量不同的练习环节。解决这一实际问题的方法之一是提供累积练习。

累积练习和累积复习

累积练习是指将相关的技能添加到先前已经掌握和练习过的技能中，使所有的技能在一个（套）练习活动或一个练习环节中一起练习。梅菲尔德和切斯（Mayfield & Chase, 2002）对这一过程描述如下：

累积练习是首先分别独立训练两种技能，使其达到标准，然后将它们放在一起练习，通常是在同一套练习中将两种技能的任务混合在一起。在一套累积练习达到标准后，再训练第三种技能，使第三种技能达到标准。接下来，将新技能添加到之前训练的两种技能中，形成一套涉及所有三种技能的累积练习。这个过程一直持续到一个序列或一个层次中的所有技能都训练完毕，如此，掌握的技能不断在一套套累积练习中得到累积。(p. 106)

例如，在讲授有关给词根添加词尾的几条拼写规则的单元时，教师可以使用这一程序，先为所教的第一条规则提供分散练习。一旦学生学会了该单元的第二条拼写规则，就可以提供一项应用这两条规则的练习任务，依次类推，直到教授的所有规则都包含在一套练习中。另外，如果教师正在教授数学基本知识，可以开发一些练习活动，囊括迄今为止所教授的所有数学基本知识中有关借位、进位等问题，包括加法、减法、乘法和除法等。在大学代数课程中，对各部分技能的累积练习被证明可以提高学生的应用能力和问题解决能力（Mayfield & Chase, 2002）。

许多课程教材并没有体现出我们对初始练习、分散练习和累积练习/复习的最佳认识。因此，教师必须对教材进行扩充，以最大限度地提高学生的学习和保持能力。在表8.1中，提供了许多示例，说明教师可以通过不同的方法来加强课程教材中提供的初始练习、分散练习和累积练习/复习。你可以针对应用8.1中的示例或你目前使用的课程教材设计练习方案。

表 8.1　初始练习、分散练习、累积练习 / 复习的分析

例 1：戴恩老师的 90 分钟核心阅读课程——词汇部分 **对象**：五年级学生
所采用课程的说明：核心阅读课程为课文中的每个段落安排 5 节课，每节课 90 分钟。第一天，学生将接受有关关键段落词汇的直接教学，并完成一项独立作业，其中包括使用词汇填补句子中的空白。
教师对练习活动的分析：虽然核心课程提供了词汇的初始练习，但没有提供分散练习或累积练习。因此，学生记忆词汇的概率非常低。
教师的计划：在段落教学的第二天、第三天和第四天开始时，戴恩老师将通过以下反应卡活动提供段落词汇练习：学生将反应卡正面朝上放在课桌上（单词写在正面，定义写在背面），教师描述其中一个单词，学生举起相应的反应卡。在教学的第五天，学生把以前学过的所有单词按教师公布的类别进行分类（例如，名词和其他词性的单词；描述人的单词和与人无关的单词；描述性单词与非描述性单词；正面意义的单词与负面意义的单词）。学生与同伴分享他们的回答，然后全班讨论每个类别的词语以及分类的原因。通过这一计划，戴恩老师的学生可获得词汇方面的分散练习和累积练习。
例 2：埃普利老师的数学通识课 **对象**：七年级学生
所采用课程的说明：数学课本上有 15 个单元。每个单元的每个课时包括 2—3 个新技能 / 策略的例子，供直接教学使用；10—25 个新技能 / 策略练习题目，供学生独立完成；5—10 个使用目标技能解决问题的题目。通过做每个单元后面的练习题对在该单元所学的所有技能进行复习。
教师的计划：埃普利老师决定每节课采用以下结构： 1. **热身活动**。开始上课时进行热身活动，活动的内容包括过去三节课中每节课的 2 个项目和之前单元中的 3 个项目。这个热身活动可以让埃普利老师在数学课程中融入分散练习和累积练习，而不需要额外的准备。 2. **词汇**。提供明确的数学词汇教学，并让学生记录词汇日志。在公告板上根据单元标题张贴词汇。 3. **示范（我做）**。利用教材中提供的例子来示范新技能 / 策略。 4. **指导练习（我们做）**。指导学生先易后难完成从教材练习题中选出的题目。 5. **自主练习（你做）**。让学生完成从易到难的精选练习题。每个题目完成后，教师提供反馈。持续练习，直到学生保持稳定的正确率。 6. **布置家庭作业**。让学生完成剩余的练习和应用题。 7. **退出任务**。以快速词汇复习结束本节课。引导学生查看词汇公告板。告诉学生某个单词的意思，让他们与同伴讨论埃普利老师所指的是哪个单词，然后让学生说出该单词。这种复习一直持续到下课铃响，至少复习五个单词。

(续表)

例3：基尔希老师的拼写课 **对象**：二年级学生
所采用课程的说明：拼写教材呈现了一份包含20个单词的清单，这些单词代表了一种特定的拼读模式或规则，并附有区别于其他规则的题目。例如，关于最后一个重复辅音字母的规则，附有例子（如 running）和非例子（如 listing）。此外，清单中还有4个不规则单词（这些单词的读音与拼写不匹配）。周一进行前测，教师通过直接教学讲解拼写模式或规则。周二至周四，教师针对这24个单词开展练习活动。每周的练习活动各不相同，但都包括查字典、完成单词搜索/填字游戏、写出包含要拼写的单词的句子、按字母顺序排列单词以及用单词填空补全句子。周五进行后测。在单元结束时（每个单元包括10周），对单元的单词进行复习。
教师对练习活动的分析：本课程教材的一个主要问题是，练习活动并不要求学生凭记忆拼写单词，而只是要求简单地抄写单词。虽然学生在查字典、完成单词搜索/填字游戏、按字母顺序排列单词或使用上下文线索等方面可能会有进步，但这些活动并不能提高单词的拼写能力（注：本章稍后将讨论如何将练习任务与所需技能相匹配）。另一个问题是缺乏有意义的分散练习或累积练习/复习。鉴于在复习拼写模式或规则之前会有10周的延迟，学生很可能会犯很多错误。
教师的计划：基尔希老师制定了一项计划，大大改变了拼写课程。在保留单词清单（学区要求）、实施前测和直接教学的同时，基尔希老师对3天的练习和后测进行了调整。 1. **准备工作**。首先，他为周中的练习编制了三份清单：周二，单词清单中的一半单词，再加上6个需要复习的单词；周三，单词清单中的一半单词，再加上6个需要复习的单词；周四，单词清单中的10个难词，再加上6个需要复习的单词。 2. **讲解**。周一进行前测，并就单词清单中强调的拼读模式或规则提供直接教学。 3. **每日练习**。基尔希老师说出一个单词，学生重复该单词。如果单词是"常规单词"，学生和基尔希老师会说出单词的读音（对于单音节单词）或单词的部分读音（对于多音节单词），然后学生自己说出读音或部分读音，并将单词写在答题板上。当基尔希老师提出要求时，学生展示他们的答题板，以便他查看。接下来，基尔希老师将单词显示在屏幕上，学生口头拼读单词并检查自己的答题板。如果出现错误，学生划掉单词并重写。如果又出现错误，基尔希老师会提供纠正性反馈（例如，"see 以辅音-元音-元音结尾。只有当单词以辅音-元音-辅音结尾时，我们才会去掉最后的 e"）。这样，学生既得到了分散练习，又得到了累积练习。 4. **后测**。周五，对本周学习的新单词和复习单词进行后测。通过自我更正提供即时反馈。
例4：多伊尔老师的地理课 **对象**：八年级学生
所采用课程的说明：通过以下活动向学生介绍各大洲的主要国家：①阅读课文中有关不同国家的章节；②浏览网站；③观看相关影片；④聆听教师、校外专家和同学的报告；⑤回答问题，对信息做出反应；⑥撰写国家概况；⑦完成地图游戏。

> **教师对练习活动的分析**：多伊尔老师是一位经验丰富的教师，她意识到：① 向学生介绍了一个又一个国家，但由于缺乏累积复习，他们对国家基本信息的记忆受到限制。② 由于没有对地图知识进行累积复习，学生对国家位置的了解仍然有限。

> **教师的计划**：多伊尔老师决定在其计划中增加两项累积复习活动。
> 1. **国家信息复习**。多伊尔老师制定了一份一页纸的表格，其中包括以下信息：国家名称、所属洲、首都、语言、政府类型、民族/种族以及关于该国的重要事项。学习完一个国家后，学生与小组成员合作完成表格，并将其放入各自的活页夹中。每周三次，学生将按照以下步骤开展活动：① 拿出指定国家的表格；② 学习表格1分钟；③ 在不参看表格的情况下列举事实性知识2分钟；④ 清点所列举的数目；⑤ 在表格背面记录数目。在两个学期的课程中，每个国家至少要复习五次。
> 2. **国家位置复习**。多伊尔老师的教室里有10个专用的地球仪。周五，用15分钟玩一个名为"地球仪"的游戏。学生被分成四人一组。在游戏中，每组学生听到一个国家的名字，就用"魔法笔"触碰这个国家。如果学生的反应正确，则接着以此规则玩这个游戏，一直到游戏时间结束。这个游戏不仅能激发学生对各个国家概况的学习兴趣，还能提供有趣的练习。

【应用 8.1】

设计初始练习、分散练习和累积练习

说明：针对每个示例，阅读各位教师的课程描述和对嵌入式练习活动的分析。然后简述改进初始练习、分散练习或累积练习/复习的计划。我们的建议参见本书应用练习反馈部分。

例 1：毕晓普老师的阅读课

学生：一年级学生

所采用课程的说明：核心阅读课程有一个主要的解码环节，包括以下活动：介绍字母—发音的关联、复习以前学习的字母—发音的关联、单词阅读练习、阅读可解码段落（包含新学习的以及以前学过的字母—发音关联），以及安排单词和段落阅读的独立作业。

教师对练习活动的分析：核心课程为大多数学生提供了充分的初始练习、分散练习和累积练习，但是，有五名学生在单词阅读、段落阅读和独立作业方面的错误率非常高，而且在阅读流畅性方面没有任何进步。

教师的计划：

例 2：卡莉老师的数学课

学生：四年级学生

所采用课程的说明： 采用的数学课本分为若干单元。每课提供4—6个数学新技能题目、15—20个复习题目和4—5个应用题。学生在新题目和复习题目上的错误率非常高。

教师对练习活动的分析： 数学课程提供了很好的分散练习和累积练习，然而新技能的初始练习却不够，因此学生无法提高准确性和自动化程度。

教师的计划：

从表8.1和应用8.1中，我们可以清楚地看到，初始练习、分散练习和累积练习/复习是提高学生在基础技能、问题解决和规则应用等各种学科测试中短期和长期表现的有力工具。提供这种独立练习的方式有两种：一种是课内活动或作业，另一种是家庭作业。这两种独立练习有一些需要考虑的共同因素，包括：①练习哪些内容；②如何设计作业；③采用哪种练习形式（纸笔、小组、同伴或计算机活动）；④如何向学生布置作业；⑤如何评价作业并提供反馈；⑥采取哪些常规措施来促进独立练习。由于家庭作业给学生，特别是有学习困难的中学生带来了更多的挑战，因此，在本章最后会介绍教师和学生的家庭作业策略。

练习哪些内容

要确定学生应该练习哪些内容，应解答两个问题。首先，教师已经教授了哪些值得独立练习的技能？其次，在没有教师支持的情况下，学生能否高水平地实践这种技能？关于第一个问题，认真选择的教学内容可以直接引出学生应该练习的内容。尽管本书并没有涵盖所有学科领域的教学内容，但在第1章至第4章中，我们强调要把重点放在以下技能、策略、概念和规则上：①还未学习过的；②对学生当前学业成绩至关重要的；③对学生将来有用的；④与学生已有知识或先备技能具有一致性的。在教学小组中教授这些目标技能并验证熟练程度后，就可以进行初步的独立练习、分散练习和累积练习/复习。当然，在决定学生应该独立练习哪些内容时，最重要的考虑因素是：在没有教师支持的情况下，他们能否成功地高水平地完成技能练习？如果可以，这就增加了学生尝试并以较高准确率（90%～95%）完成任务的可能性。

与直接教学相关的每一项教学活动——从选择要讲授的技能，到设计例子和非例子，再到精心设计教学（我做、我们做、你做）——都是有目的的。同样，独立的练习活动也应该有特定的目的：① 初步加强准确性；② 培养流畅性；③ 提高技能的保持率；④ 帮助学生为考试做准备；⑤ 帮助学生扩展和泛化已掌握的技能（例如，通过写一篇短文或日记来练习新学的写作技巧；在实际使用的课本中练习以前学过的阅读理解策略，而不是用短文来练习）。练习活动必须有意识、有目的，才能对学生的成绩产生积极影响。无论目的如何，都应牢记分散练习和累积练习的原则，尤其是在培养技能的流畅性和保持方面。

这一决定过程的另一个环节是决定何时提供相关技能的协调应用练习。如前所述，直接教学通常要求将较复杂的技能分解成子技能分别教授。这种教学方法的一个潜在问题是，学生可能只学会了"被拆分"的技能，而没有学会将它们作为一个整体进行组合。因此，当学生掌握了一个单元或一个过程中的所有技能后，独立练习的目的应该是在有意义的情境中协调使用所有技能。也许你已经讲授了许多关于逗号使用的课程（例如，用于分隔一组项目中的三个或更多项目的逗号规则，从句作为句子的开头或结合两个独立从句时使用连词的逗号规则）。然后，可以给学生布置作业，要求他们在自己的写作中应用这些规则。例如，可以给他们下面的写作提示，自然而然地促使他们使用逗号：假装你在一个盒子里装满了最能代表你六年级生活的物品，请描述你在盒子里放了哪些物品，以及你放每件物品的原因。另一种将逗号规则的知识综合运用于书面写作中的方法是，将逗号的使用加入用于评价课堂作文的评分标准中。

如何设计作业

一旦确定了练习的内容和目的，下一步就是设计、选择或改编练习活动本身。通常情况下，教师不会真的设计练习活动，而是会使用课程教材中已有的活动。不过，这需要仔细评估任务是否合适。事实上工作清单或活动是已出版课程的一部分，这并不能保证它是精心设计的，或符合学生具体需要和教学目标的。不管是设计、选择还是改编练习活动，都要考虑以下几点，以促进学生成功完成练习，达成练习活动的目标：① 使活动任务与技能相匹配；② 控制对其他技能的要求；③ 提供清晰、简明的指导语；④ 根据需要提供提示，以促进成功；⑤ 确定适当的作业长度；

⑥ 使用各种练习方式（纸笔、小组、同伴或计算机活动）。

使活动任务与技能相匹配

在设计或选择练习活动时，首先要考虑的问题之一是确保任务与所教授的技能相匹配。技能就是你教学生做的事情（例如，如何做两位数乘法和加法的混合运算、何时用问号作为句子的结尾、描述什么样的词是形容词、如何给词根添加词尾、执行段落写作策略的步骤）。任务是学生练习技能的方式（例如，完成作业纸上的乘法题、为一系列没有句末标点符号的句子添加必要的标点符号、圈出句子中的形容词、根据同伴的口述写出带词尾的拼写单词、根据提示写一段描述性文字）。任务必须要求学生掌握目标技能。例如，如果教学目标是让学生写出特定的手写体字母，那么任务就应该要求他们真正写出这些字母，而如果任务是圈出以特定字母开头的单词，那么技能和任务之间就是匹配不当。

同样，考虑一下这种情况：一本拼写书提供了四项练习活动让学生学习拼写单词。

1. 按字母顺序排列单词。
2. 完成拼写单词的词汇检索。
3. 用这些单词完成填字游戏。
4. 使用"读-遮盖-写-检查"（Read-Cover-Write-Check）的方法学习单词：阅读并拼写单词（口头说出字母名称）；遮盖单词；根据记忆写出单词；检查单词的拼写（与原单词进行比较）。

尽管学生在参加前三项活动时，字母排序、词汇搜索和填字游戏的技能可能会有所提高，但第四项活动，即直接学习拼写单词，是唯一一项要求学生凭记忆拼写单词的活动。因此，它最有可能在最短的时间内提高学生的拼写水平。

任务与技能相匹配的重要性看似显而易见，然而，在商业课程中提供的作业清单和其他练习活动往往并不涉及实际目标技能的使用。因此，教师必须尽职尽责。

除了任务要求与技能相匹配外，一般来说，设计一个要求学生做出反应的任务比设计一个要求学生做出选择的任务更好。虽然学生要花更多的时间完成作答，教师也要花更多的时间评分或评价，但这种作答方式通常更符合大多数要求学生做某事的教学目标。例如，下面的第一项任务要求做出选择，而第二项任务则要求直接回答。如果教学目标是让学生朗读辅音-元音-辅音模式的单词，那么第二个任务与教学目标的吻合程度更高。

1. 圈出与图片相符的单词。

big　　bag　　bug

2. 学生向同伴或父母大声朗读这些单词。

big　　bag　　bug

这两项任务都要求学生运用字母-发音关联的知识，但是，第二项任务更接近于实际朗读单词的技能目标。在某些情况下，要求做出选择可能是合适的。例如，如果没有机会读给可以验证准确性的人听，那么第一项任务可能是一个可以接受的替代方案。

控制对其他技能的要求

通常情况下，开展的练习活动还会涉及目标技能以外的其他技能。例如，当学生要解答数学应用题（目标技能）时，他们必须先阅读问题才行。如果问题所要求的阅读水平过高，就会妨碍他们解题。因为练习活动的目标是解答数学应用题，而不是阅读本身，所以最好按照学生的阅读水平编写问题。例如，下面两个应用题的计算顺序相同，但阅读水平要求不同。

1. 约翰参加了植树节活动，他所在的五年级班级的学生在附近的公园植树。约翰种下了全班所种云杉树苗的三分之一。他所在的班级一共种植了36棵树苗。约翰一共种植了多少棵树苗？

2. 约翰所在的班级在公园里种了36棵树。约翰种了其中的三分之一。约翰一共种了多少棵树？

当然，第一个问题读起来更有趣，对于某些学生来说，这可能是一个合适的练习题。但是，对于阅读能力较差的学生或容易被无关信息分散注意力的学生来说，复杂的文本很可能会妨碍他们真正练习目标技能。

如果教师不是在编制作业,而是从课程材料中选择一个现有的作业,且任务要求的技能是学生所不具备的,那么就需要以其他方式为他们提供支架/支持。例如,在学生离开教学小组之前,教师可以把应用题读给他们听,让他们标出关键词,使他们能够独立完成任务。还有一种方式是,让有学习困难的学生在完成题目之前与他的同伴一起阅读应用题。换句话说,作为教师,我们必须对教材中可能妨碍学生独立完成任务的变量保持警惕,并想方设法在现有的情况下为学生提供支持。

提供清晰、简明的指导语

无论是口头指导语还是书面指导语,都必须清晰、简明、明确。尤其是书面指导语,应尽量写得简洁明了。下面是针对同一练习作业的两组指导语。

练习的技能:为词根正确添加后缀
任务:为一组句子补充缺少的单词,每个句子下面有三个选项,选出拼写正确的那个。
示例:John is _____ into his uniform.
　　　　a. changeing　　　　b. changing　　　　c. changeeing

指导语 1:圈出正确拼写的单词,并写在空白处。
指导语 2:阅读每个句子。牢记拼写规则,阅读每个选项,然后决定哪个单词最合适。决定后,在合适的单词上圈一个圈,然后将该单词写在给你预留的空白处。

第一组指导语更加简洁,学生很少会误解要做什么。对于有阅读或注意力问题的学生来说,这一点尤为重要。在一些商业教材中,通常会通过添加有关目标技能的解释文字来增加指导语的内容和复杂性。请看这个例子。

指导语:阅读每个句子。牢记有关的拼写规则,阅读每个选项,然后决定哪个单词最合适。决定后,在合适的单词上圈一个圈。记住拼写规则:当一个词根以元音、辅音和尾音(VCe)结尾时,如果要添加一个以元音开头的词尾,则应在添加词尾之前去掉 e。例如,give + ing。因为 give 以 VCe 结尾,而 ing 以元音开头,所以要去掉 give 中的 e。

这套指导语之所以如此冗长,是因为其中包含了对拼写规则的再教学。此外,由于附加信息的存在,即使学生准确地完成了作业,教师也无法断定该学生是否能够独立完成该技能——而这正是提供独立练习的主要目的。

根据需要提供提示

然而，在某些情况下（例如，以提高准确性为目的的复杂技能的初始练习），可能需要提示以促进成功。在这种情况下，教师可以提供完成练习的示例，或提示学生注意练习过的技能——事实证明，这种方法在提高学生的准确性方面非常成功（Crissman, 2006）。例如，可以在作业纸上写上一个两位数乘法的完整示例，也可以在投影仪或电脑屏幕上显示，提醒学生注意算法：

$$\begin{array}{r} 37 \\ \times\,48 \\ \hline 296 \\ 1480 \\ \hline 1776 \end{array}$$

当初始练习的目的是在限制错误的同时巩固技能表现时，有必要提供其他提示，例如在作业清单上列出策略步骤；提醒要应用的规则，并举例说明；提供"虚线字母"，用于描摹手写体字母；让学生把数字写在方格纸上，以助于在完成数学计算时正确对齐。然而，当学生的表现准确无误，练习目的转为熟练完成时，这些提示就需要撤除。

让我们将这些原则应用到应用 8.2 中所列的每个目标的练习活动设计中。

【应用 8.2】

选择练习活动

情境 1：前一天已向五年级学生讲解了《桥下一家人》(*The Family Under the Bridge*, Carlson, 1958/1986) 第一章的词汇。

目标：学生理解目标词汇的含义。

说明：教师有三种可用于分散练习的练习活动。请你将三种作业任务分别排序为 1（最佳选择）、2（中等选择）或 3（最差选择）。说明你的排名理由。然后将你的排名与本书应用练习反馈部分的排名进行比较。

作业 A：　　　　　　　　　　　　　　　　　　排名：＿＿＿＿＿＿＿

指导语：请在"是"或"否"上画圈。

1. 如果花瓶是易碎的（fragile），那么它
   - a. 就可以装很多花。　　　　　　　　　　　　　　　　是　否
   - b. 如果掉在地板上会碎成很多块。　　　　　　　　　　是　否
   - c. 应该用手洗，不能放在洗碗机里。　　　　　　　　　是　否

d. 是由许多不同的碎片组成的。　　　　　　　　　　　　　　　是　否
2. 如果一个小男孩在狗进入他的房间时向后退缩（cowered），他可能会
　　　a. 拍拍狗的头。　　　　　　　　　　　　　　　　　　　　　是　否
　　　b. 把他的玩具盖起来，这样狗就不会咬它们了。　　　　　　　　是　否
　　　c. 躲在桌子底下哭。　　　　　　　　　　　　　　　　　　　　是　否
　　　d. 给狗拴上绳子，带它出去散步。　　　　　　　　　　　　　　是　否
3. 如果家里的清洁工一丝不苟（fastidious），他会
　　　a. 把眼镜上的斑点擦掉。　　　　　　　　　　　　　　　　　　是　否
　　　b. 工作很快。　　　　　　　　　　　　　　　　　　　　　　　是　否
　　　c. 在午餐前把房子打扫完。　　　　　　　　　　　　　　　　　是　否
　　　d. 把橱柜里的杯子排成一行。　　　　　　　　　　　　　　　　是　否

作业 B：　　　　　　　　　　　　**排名：＿＿＿＿＿＿＿**

指导语： 这些单词出现在《桥下一家人》的第一章。想一想这些单词在这一章中是如何运用的。用线将这些单词与它们的定义连起来。

1. 退缩（cowered）　　　　　a. 对小细节非常认真
2. 易碎的（fragile）　　　　　b. 害怕时弯腰后退
3. 感激（gratitude）　　　　　c. 在公共场所无缘无故地闲站
4. 闲逛（loitering）　　　　　d. 感激之情
5. 顽皮的（roguish）　　　　　e. 以嬉戏的方式表示自己做错了事
6. 一丝不苟的（fastidious）　　f. 容易损坏

作业 C：　　　　　　　　　　　　**排名：＿＿＿＿＿＿＿**

指导语： 用同义词替换句子中画线的单词，重写句子。确保新句子合情合理。

1. The fragile amphora is encased in a transparent vessel.
（易碎的双耳瓶被包裹在一个透明容器中。）

2. Overwhelmed by the benevolence and cordiality of the aide workers, Iona's heart swelled in gratitude.

（助手们的善意和热诚让艾奥娜不知所措，心中涌起了感激之情。）

3. Filled with apprehension at the sound of gunfire, Jacob cowered behind the divan.
（听到枪声，雅各布惶恐不安地缩在沙发后面。）

情境 2： 在过去两周中，这堂初中语言艺术课上的学生学习了两种添加词尾 / 后缀的拼写规则：① 去掉末尾 e；② 将末尾辅音字母重复。
目标： 学生正确运用在单词中添加词尾 / 后缀的拼写规则。
说明： 教师有三种可能的练习活动，可用于拼写规则的累积练习。请你将三种作业任务分别排序为 1（最佳选择）、2（中等选择）或 3（最差选择）。说明你的排名理由。然后将你的排名与本书应用练习反馈部分的排名进行比较。

作业 A： 排名：_____

指导语：给同伴听写每个单词，然后给他或她看拼写正确的单词。如果单词拼写错误，请让同伴划掉该单词并重写。

1. referral
2. reddish
3. admitted
4. flapping
5. creating
6. hoping
7. cutest
8. shaking

作业 B： 排名：_____

指导语：正确地拼写单词。不要忘记规则。如果一个单词以 VCe 结尾，且后缀以元音开头，去掉 e。如果单词以辅音–元音–辅音结尾，且后缀以元音开头，则将辅音字母双写（注：答案为斜体）。

1. stop + ing = *stopping*
2. work + er = *worker*
3. agree + able = *agreeable*
4. hope + ing = *hoping*
5. hope + less = *hopeless*
6. shift + ing = *shifting*
7. vote + er = *voter*
8. remake + ing = *remaking*
9. trap + ing = *trapping*
10. stoop + ing = *stooping*

作业 C： 排名：_____

指导语：阅读每个句子。圈出句子中拼写正确的单词。

1. (Lately, Latly) the Camera Club members have been (shooting, shootting) photos in the desert.
2. They are (working, workking) on (takeing, taking) photos of the (redish, reddish) sands at sunset.
3. (Unfortunately, Unfortunatly) their (shakeing, shaking) hands make this a (hopless, hopeless) task.

考虑完成作业所需的时间

在设计练习时，另一个需要考虑的因素是作业的数量（布置多少个题目/问题）。决定作业数量的一个重要因素是学生完成练习活动的时间。例如，通常在小组教学之前或之后布置课堂练习活动。无论哪种情况，都有相对固定的时间供学生进行独立练习（如 15 分钟）。如果时间太短，学生很可能整个环节都没参与其中。如果时间过长，学生可能无法完成作业，并可能产生挫败感。问题就在于如何估算学生完成任务所需的时间。一种方法是由教师自己完成任务，然后根据学生的年龄和教学水平，将完成任务的时间乘以 2 或 3。

另一种方法是从个性化的角度决定一项作业的数量和完成这项作业所需的时间。也就是说，考虑任务的要求（类型和复杂程度）与学生的特点（如流畅性、处理速度、注意力问题、精细动作技能）之间的相互作用，根据需要对练习活动进行个别化处理（减少所需的问题/题目的数量、提供更多的空间书写答案等）。教师或学生可能会认为这一过程"不公平"。然而，我们可以用一句常用的话来回应："公平并不总是意味着所有人都一样。"在练习活动中，基于有些学生做家庭作业或课堂作业需要较长时间（在某些情况下需要更长时间）这一实际情况，最好对这些学生的作业数量进行区分对待或个性化处理。应用 8.3 中展示了一种常见的情况，即给不同特点的学生布置不同数量的作业。

【应用 8.3】

案例研究：塞缪尔的个性化作业

说明： 阅读本案例研究，然后回答后面的问题。将你的答案与我们在本书应用练习反馈部分的评论进行比较。

塞缪尔是一名四年级学生，有学习障碍。他在普通教育班级接受数学教学。他所在的班级一直在学习长除法计算问题。虽然他有能力解决这类问题，但仍然缺乏流畅性。他的困难在于，他不能熟练地使用长除法所需的计算技能（减法和乘法），这种不熟练妨碍了他应用按正确顺序进行运算所需的程序性知识。

最近，塞缪尔的老师给全班同学布置了课本上的 25 道长除法题。尽管塞缪尔几乎一直都在做作业（这并不是他唯一的家庭作业），但他还是花了 2 个小时才完成作业。他花了这么长时间完成作业有几个原因。首先，他必须把书上的问题抄写到纸上。考虑到塞缪尔在处理问题方面的一些困难，近距抄写（near-point copying）[①] 的过程对他来说非常困难。大多数学生都能一边看着课本，一边把问题记在脑子里，然后写在纸上。而塞缪尔只能在短时记忆中记住两三个数字。此外，像许多学习障碍学生一样，塞缪尔在运动技能方面也有一些问题，书写速度和清晰度不如大多数学生。因此，他抄写问题所花的时间是同龄人的两三倍。完成这项费力的任务后，塞缪尔开始解题。由于他的基本计算技能不熟练，解题所花的时间比其他学生（他们能在头脑中准确快速地计算加法、减法和乘法）要长得多。

塞缪尔的父母知道他在接下来的几周里可能还会有类似的家庭作业，于是给老师写了一张纸条，说明了上述情况。他们请老师少给塞缪尔布置一些题目，如果可能的话，给他提供抄写好的题目清单，这样他就不用花那么多时间抄写题目了。如果你是塞缪尔的老师，你会同意这样做吗？为什么？

采用哪种练习形式

提供分散练习和累积练习的方法有很多：① 布置纸笔作业作为课堂作业或家庭作业；② 在小组教学中嵌入分散练习和累积练习活动；③ 借助同伴或团队活动；④ 使用计算机程序。

---

① 编注：近距抄写是指从诸如桌面这样的近处抄写书面材料。

纸笔作业

纸笔作业是学校提供的最常见的练习作业。通常是在教师指导一个小组学生时作为课堂作业布置给其他学生，或作为独立完成的家庭作业布置给学生。我们不仅希望学生能成功地完成作业，还希望他们能独立地完成，因此教师尤其要注意：① 在将纸笔作业作为课堂作业或家庭作业之前，先让学生熟练掌握相关技能；② 仔细考虑作业要求的其他技能；③ 使用清晰、简明的指导语；④ 重复作业形式，以便学生知道该怎么做，而不需要额外的指导。

并非所有的分散练习或累积练习/复习都需要使用作业单或其他纸笔任务，但也并非永远都不应该使用作业单。它们往往是实现特定目的（例如，培养基本技能和事实性知识的流畅性）的最佳工具。然而，不同的练习任务有助于激发学生完成任务的积极性，还能达到其他练习目的。

小组教学期间的练习活动

分散练习和累积练习/复习通常可以嵌入教师指导的课程中，如以下例子所示：一位学前班教师在小组教学开始时复习迄今为止教授的所有字母发音；一位三年级数学教师每天让学生完成 1 分钟的个性化数学知识计时练习；一名六年级阅读教师在每堂课结束时复习单词墙上列出的词汇；一位八年级语文教师每天让学生校对 2 个例句，以熟记标点符号规则；一位九年级数学教师在每节课开始时让学生完成 5 道热身复习题；一位十年级社会学教师每周五进行词汇复习。这些活动为学生提供了必要的练习机会，使他们能够掌握以前学过的内容，同时也为教师提供了及时反馈学生表现的机会。

在形式重复的相同的练习活动中学习不同的内容特别有益，因为课堂时间可以专门用于练习，而不是用于讲解任务。在表 8.2 中，我们选取了一个需要进行累积复习的领域——词汇教学，并列出了三项可以反复使用的练习活动。

表 8.2 词汇练习活动示例

1. 单词配对（WORD PAIRS）（Stahl & Kapinus, 2001）。这项活动可促进深层加工，引发生动的课堂讨论。以前讲解过的成对单词会呈现在图表上。学生阅读每一对单词，然后勾选他们认为最匹配的类别（尽管不一定是完全匹配）：Same（同义）、Opposite（反义）、Go together（相配）或 No relationship（无关）。然后，学生与他们的同伴分享并说明理由，接着进行全班讨论。这项活动能够提供很好的复习单词的机会，只需教师做很少的准备。

Word pair（单词配对）	Same（同义）	Opposite（反义）	Go together（相配）	No relationship（无关）
1. scarce–abundant（稀少的–丰富的）		√		
2. stoic–reckless（坚忍的–鲁莽的）		√		
3. dispute–rancor（争论–怨恨）	√		√	
4. catastrophic–tempest（灾难性的–暴风雨）			√	
5. anonymity–regulations（匿名–规定）			√	√
6. melancholy–frenzied（忧郁的–疯狂的）		√		

2. 完形填空（COMPLETION ACTIVITY）（Curtis & Longo, 1997）。这个练习活动提醒学生注意复习单词的定义，然后给学生一个句子，要求他们口头或书面补充完整。可以使用思考–配对–分享的头脑风暴策略。当学生思考并写下他们的想法时，教师在教室里走动并写下学生的想法和名字。当学生与同伴配对后，继续写下想法和名字，然后与全班学生分享他们的回答。

完成下面这些句子。
I was tenacious when _____.（我在_____的时候很顽强。）
Some things that should not be conspicuous include _____.（一些不应显眼的东西包括_____。）

3. 是 / 否 / 为什么（YES/NO/WHY）（Beck et al., 1982; Curtis & Longo, 1997）。在这个练习活动中，教师要准备包含两到三个目标单词的问题。学生确定答案是"是"还是"否"，并说明原因。然后，让学生与同伴分享答案。最后，引导全班进行讨论。用"是"或"否"来回答下面的问题，并说明理由。
社会研究：对作为财产的土地有自治权吗？是 / 否，为什么？
数学：整数可以是分数吗？是 / 否，为什么？
文学：作者会预示倒叙吗？是 / 否，为什么？

以同伴为重点的练习活动

除了让学生在课桌前完成作业外，还可以让他们结对或组建合作小组进行练习。

研究人员（Hughes & Macy, 2010; Hughes, Maccini & Gagnon, 2003）的研究回顾了以同伴为重点的练习活动（peer-focused practice activities），发现有几种方法对在资源教室和普通教育教室学习的学生均有积极影响：

1. 同伴辅助学习策略（Peer-Assisted Learning Strategies）（Fuchs, Fuchs, & Kazdan, 1999; Fuchs, Fuchs, Mathes, & Simmons, 1997; Fuchs, Fuchs, Yazdian, & Powell, 2002），该策略结合了结构化的同伴互动，以解决小学阶段所有学生（包括有学习困难的学生）的阅读和数学技能发展问题。
2. 全班范围的同伴辅导（Classwide Peer Tutoring）（Maheady, Sacca, & Harper, 1988），即在教师就特定主题开展教学后，学生被分成小组，然后就相关内容相互问答。
3. 团队辅助个性化教学法（Team-Assisted Individualization）（Slavin, 1984; Slavin, Madden, & Stevens, 1989/1990），在这种教学法中，学生以合作小组的形式学习数学单元，然后教师就数学主题进行技能小组教学。

从对各种以同伴为重点的实践活动（无论是为同伴还是合作小组设计的活动）的研究中可以清楚地看出，这些方法不应随意实施。所有这些有效的方法都具有几个共同的特点：

1. 在让学生练习新技能之前，教师要花时间直接教授新技能。以同伴为重点的活动不能取代教师的初始教学。
2. 教师指定具体的操作步骤，包括如何展示信息以及提供积极的、纠正性的反馈。
3. 在开展活动、回应错误和记录同伴反应方面，对学生进行结构化的培训。
4. 培训结束后，以同伴为重点的活动会在课堂上持续使用，不会被视为"一次性"活动。
5. 在小组活动中，为成员分配特定的角色，避免完成大部分或全部实际工作的只是一两个学生。
6. 大多数情况下，将障碍学生与学习成绩中等或较好的学生配对。根据活动的目的，小组成员可以是同质的，也可以是异质的。
7. 教师监督同伴和小组活动，以确保学生适当参与，并提供支持和反馈。
8. 在小组活动中，学生要对自己和整个小组的表现负责。

尽管我们强烈建议你可以多多研究上述以同伴为中心的方法，但在表 8.3、8.4、

8.5、8.6中，我们还是为你介绍了一些简单的同伴练习活动，方便在课堂上轻松实施。在每种情况下，教师都要在学生参与练习活动之前提供技能教学；使用直接教学步骤（我做、我们做、你做）向学生传授操作步骤；坚持开展练习活动；在学生参与活动时对他们进行监督。

表8.3　同伴拼读练习

说明：关于拼写模式或规则的直接教学，学生可以在多次练习环节中与同伴一起学习单词拼写。

"小老师"（同伴中的一名学生）	"学生"（同伴中的另一名学生）
拿出拼写单词表。	
读一个单词。 要求"学生"复述该单词。 如果这个单词在拼写单词表中，则用该单词造一个句子。	听。 复述该单词。
要求"学生"写出单词。	写出单词。
呈现单词表上的单词。	查看单词，检查单词的拼写。
	如果有单词拼写错误，则划掉该单词重写。
注意：第二天，同伴角色互换，交替扮演"小老师"和"学生"。	

表8.4　同伴阅读：学科领域的教科书

说明：在阅读教科书的某一章节之前，学生会接受有关难读的单词、生词和该段落背景知识的教学。然后，教师指导学生阅读开头的部分（一般为一到两页）。学生与同伴按照以下步骤阅读剩余部分。

同伴1	同伴2
决定独自阅读（"我"），还是与同伴一起阅读该段落（"我们"）。	
说出所选："我"或"我们"。 如果选择"我"，则向同伴2朗读一个段落。 如果选择"我们"，则与同伴2一起朗读。	如果同伴1选择"我"，则跟上同伴1读到的地方并纠正读错的单词。 如果同伴1选择"我们"，则与同伴1一起朗读。

(续表)

回答问题，必要时参考本章内容。	根据段落缩写策略（Fuchs, Fuchs, Mathes, & Simmons, 1996, 1997），向同伴1提出以下问题： 1. 说出是"谁"或"什么"（主要的人、动物或事物）。 2. 说出关于"谁"或"什么"的最重要的事情。 3. 用最多10个字概括段落大意。
注意：下一段，同伴角色互换。	

表 8.5　同伴词汇学习

说明：学习单词时，学生在索引卡的一面写上单词，另一面写上词性和词义。新单词卡片放在一个标有"学习"（study）的信封里。每个学生还有一个标有"已掌握"（mastered）的信封。

"小老师"（同伴中的一名学生）	"学生"（同伴中的另一名学生）
拿出拼写单词表。	把两个"学习"信封交给"小老师"。
从"学生"的"学习"信封中取出一张索引卡，向"学生"展示并读出该单词，提出以下问题： 1. 该单词的词性是什么？ 2. 该单词是什么意思？ 3. 用该单词造句。	回答问题。
如果学生正确回答了有关某个单词的所有问题，则在卡片背面写上加号（+）。	
如果学生回答错误，则在卡片背面写上减号（-）。	
当卡片上连续出现三个加号时，它就会被放入"已掌握"信封。	
这一过程持续进行，直到该学习时段结束（10—15分钟）。	
注意：在下一个练习阶段，"小老师"和"学生"的角色互换。可以进行复习测验，并将所有遗漏的项目放回"学习"信封。其他内容的学习也可以采用相同的程序，例如，同伴间可以学习数学知识、有关国家的信息、常见词或科学术语。	

表 8.6　同伴重复阅读

说明：在这一过程中，学生会多次阅读一个短文段落，这对提高学生的口语阅读流畅度很有效。改编自 Adams & Brown（2007）。Copyright 2007 by Sopris West Educational Services. 经许可改编。

同伴 1	同伴 2
同伴们拿出要用到的材料：两份独立阅读水平或教学阅读水平的短文段落，以及两张表格。段落左侧空白处写有累计字数，以便确定 1 分钟内的阅读字数。	
阅读 1 分钟。教师说"停"时停止阅读。	跟上同伴 1 的朗读内容，在读错的单词下面画线，并在最后读出的单词上画圈。
	向同伴 1 提供反馈，指出一分钟内正确读出的单词数，并指出所有错误的单词。
跟上同伴 2 的朗读内容，在读错的单词下面画线，并在最后读出的单词上画圈。	阅读 1 分钟。教师说"停"时停止阅读。
向同伴 2 提供反馈，指出一分钟内正确读出的单词数，并指出所有错误的单词。	
双方在各自的表格上记录正确读出的单词数。	
注意：这一过程通常使用相同的短文段落重复五次。这样，学生就可以在表格上直观地追踪阅读速度的增长。	

计算机辅助教学

提供练习的另一种方法是使用计算机辅助教学（computer-assisted instruction, CAI）程序。用 CAI 反复练习可以提高学生先前所学技能的熟练程度。这也是一种教师只需付出很少努力就可增加学习时间的方法。

研究人员（Hall et al., 2000; Hughes and Maccini, 1997）回顾了针对学习障碍学生的阅读和数学技能而设计的 CAI 的研究。总体而言，研究表明，操练和练习的形式对提高以下技能的熟练程度非常有效：① 四种基本运算中的数学知识；② 数学问题解答；③ 阅读理解；④ 阅读流畅性；⑤ 单词识别；⑥ 拼写；⑦ 概念学习 / 单词学习。提供有效练习的 CAI 程序有许多共同的设计特点，包括提供多次练习机会；即时和详细的反馈（不仅仅指出"对"或"错"）；重复问题直到回答正确。

如何向学生布置作业

给学生布置家庭作业或课堂练习时，教师必须确保学生理解指导语和任务要求。很多时候，特别是在家庭作业中，学生对如何完成任务感到困惑，导致他们做错任务或逃避作业。有些任务形式是经常使用的，不需要额外的解释。然而，当教师使用一种新的任务形式时，最好先向学生说明并核实他们是否明白该怎么做。

说明

教师可以通过以下方式对作业进行说明：① 与学生一起阅读指导语；② 让学生指出指导语中的关键词；③ 示范完成其中一个题目。教师还可以将作业写在黑板上或班级日历上，以便进一步说明。要求学生在日历或作业记录纸上记录作业，尤其是家庭作业，会进一步提高作业完成率。最后，教师还应告知学生其他必要的补充信息，如截止日期和评价标准。

验证

学生是否在听课？他们是否真正理解了作业？教师不仅要进行说明，还要核实他们理解与否。可以通过以下方式验证学生是否理解：① 让学生向其同伴解释作业；② 向学生提出与作业相关的问题（例如，"你应该写几段？""两段。""每段必须有什么？""一个主旨句。""什么时候交作业？""星期四。"）；③ 让学生在教师的监督下完成一个题目；④ 检查他们的日历或作业记录纸，以核实记录的准确性。

如何评价作业并提供反馈

在第 7 章中，我们讨论了在直接教学课程中给予反馈的重要性，目的是缩小学生当前成绩与期望成绩之间的差距。事实证明，无论是在课上反馈，还是针对课堂作业或家庭作业反馈，对学生的学习都有着强有力的影响（Hattie, 2009）。我们已在第 7 章中讨论了在上课时给予反馈的问题，现在我们讨论课堂作业和家庭作业的反馈。对于这类作业，首先需要确定希望学生达到的标准，然后决定如何提供反馈。

制定成就标准

如果制定了具体的成就目标，学生的收获会更大（Fuchs & Fuchs, 1986; Hattie, 2009; Locke & Latham, 1990）。马拉松运动员为比赛设定目标时间，四分卫[①]试图在比赛中获得更多的码数，游泳运动员试图比以往的比赛成绩减少秒数，这些是在体育

---

① 编注：四分卫是对美式橄榄球中一个位置球员的称呼。

界设定的目标。作业的成就标准可以是参与度/完成度、准确性、流畅性或特定标准的成绩。

参与度/完成度

对于某些练习活动，教师为学生设定的目标可以是参与或完成活动。对于没有规定每人要完成特定数量题目的课内练习活动，教师给学生设定的目标可能是参与，例如复习单词墙上列出的词汇、玩词汇复习游戏或复习字母-声音联想的闪卡。另一方面，当教师希望每个学生都要完成规定数量的题目或作业时，可以把完成设定为目标。例如，30分钟的独立阅读（由家长签字确认）、为第二天上课练习10句西班牙语对话或每天30分钟的管弦乐队弦乐器练习等活动，都可以以完成度为标准。当然，当学生演奏弦乐器时，他们会得到即时反馈：声音是否和谐？

准确性

给学生布置一项包含多个题目的作业时，教师可能会以一个特定的百分比作为成就目标。鉴于独立作业是在学生证明自己能够准确掌握技能后布置的，因此理想的成就标准应该是 90% ~ 95% 的准确率。当学生的表现明显偏离这一标准时，就需要对整个班级或小组进行重新教学（通过更清晰的说明和更多的示例）。

流畅性

当仅有准确性不足以说明掌握的程度时，流畅性是练习的目标。例如，流畅性是阅读单词、阅读段落词汇、书写手稿或连笔的字母，以及说出基本数学知识的目标。这些技能表现的长期目标一般以反映年级期望表现的既定基准为起点。然后为个别学生制定可实现的短期目标，特别是当他们目前的成绩明显低于基准时。例如，在"六分钟解决方案"（Six-Minute Solution）阅读流畅性项目中（Adams & Brown, 2007），理想的基准是基于哈斯布罗克和廷德尔（Hasbrouck & Tindal, 2006）收集的阅读流畅性数据。对于六年级的学生来说，一个适当的基准是春季学期每分钟正确地读150个单词，即第50百分位的成绩。如果一名学生目前每分钟只能正确地读40个单词，那么150个单词的目标会让他感到十分沮丧，且缺乏激励性。反之，如果在目前成绩的基础上再增加 30 ~ 40 个单词，就可以是一个可实现的目标，如每分钟正确地读70个单词。

特定标准（评分标准）

在许多情况下，无法通过准确性或流畅性来量化成绩。当需要更加主观的判断时，可以使用评分标准来说明"什么是重要的"（见表 8.7 示例）。评分标准是一种评分工具，它划定了：①一个或多个维度/标准，根据这个或这些维度/标准对表现进行评分（例如，"口头报告的评分维度包括清晰度、音量、姿势和目光接触、内容、紧扣主题"）；②不同等级的评定量表，用于表明达到标准的程度；③定义和示例，用于阐释每个等级的含义。评分标准可用于对说服性议论文、课堂演讲、乐器演奏、视频制作、实验报告、艺术创作、科学项目等进行质量分级。要使评分标准有效，应先向学生介绍评分标准，然后再将其用作反馈/评价工具。介绍评分标准时，应采用与第 4 章中词汇和概念教学程序类似的教学程序：①介绍每个维度和评分说明；②用作品示例说明评分标准；③如有可能，指导学生用评分标准评价非例子作品。

表 8.7　口头报告的评分标准

说明：该评分标准是使用美国联邦政府资助（免费）网站 rubistar.4teachers.org 提供的工具设计的。

维度	4	3	2	1
语言清晰度	大部分时间（95%～100%）说话清晰，没有发音错误。	大部分时间（85%～94%）说话清晰，但有几个难词或不熟悉的单词发音错误。	大部分时间（85%～94%）说话清晰，少数难词或不熟悉的单词发音不准。	经常喃喃自语，无法让人理解，或发音不准。
音量	在整个演讲过程中，音量大到所有听众都能听到。	音量足够大，至少 90% 的时间所有听众都能听到。	音量足够大，至少 80% 的时间所有听众都能听到。	音量经常太小，无法让所有听众听到。
姿势和目光接触	站得笔直；看上去轻松自信；在演讲过程中与在场的每个人有过目光接触。	在演讲过程中站得笔直，与在场的每个人有过目光接触。	有时站得笔直，与人有目光接触。	在演讲过程中懒散或不看人。
内容	充分理解主题。	对主题有较好的理解。	对主题的部分内容有较好的理解。	似乎不太理解主题。
紧扣主题	所有时间（100%）紧扣主题。	大部分时间（90%～99%）紧扣主题。	部分时间（75%～89%）紧扣主题。	很难说清主题是什么。

除了帮助教师评估学生的项目、产品、作品或表演之外，评分标准还有许多其他用途。在学生完成作品或准备表演时，评分标准有一定指导意义。评分标准还可以帮助学生评价和完善自己的作品，并向同伴提供有益的反馈。

对独立作业提供反馈

正如第 7 章所述，对学生表现的反馈不仅要指出回答是正确还是错误的，还必须提供纠正性反馈，说明如何改进表现，并在学生的表现达到标准时给予表扬。适用于直接教学课程中提供纠正性反馈和表扬的那些指导原则，也可以用于指导教师对独立作业提供口头或书面反馈。在对错误答案进行反馈时，应提供有关如何改进表现的具体信息，将重点放在正确答案与错误答案的对比上，使用适当的语气（如果是口头反馈）。如果教师希望自己的反馈能对学生后续的表现产生影响，请确保学生有把错误改正或重做选定的题目。称赞学生的表现时，教师的表扬要针对值得关注的表现，把重点放在努力的过程和达到既定标准的事实上，而不是学生的固有属性上。此外，表扬要积极、真诚。

检查作业的方法有多种（例如，对照答案自我更正、在教学小组中自我更正、使用评分标准自评、使用评分标准互评、教师评分），批改作业的方法也有很多种（例如，在错误题目上打叉、圈出错误、绘制流畅性曲线图、突出显示评分标准上的评分）。同样，提供反馈的方式也有很多种。口头反馈可用于在教室里走动和监督对个别学生评价时，与个别学生举行会议时，对整个小组评价时，或向全班重讲有难度的题目时。书面反馈包括书面评语、圈出或勾选题目、更正答案或补充完成的示例。我们在表 8.8 中提供了口头和书面反馈的各种示例。仔细阅读这些例子，看看你是否可以在自己的课堂上应用这些反馈程序。请注意教师是如何处理作业的评价、评分和反馈等工作的。

表 8.8 作业反馈示例

示例 1：对照答案更正 **情境**：渡边老师的特殊教育资源教室为四年级、五年级和六年级学生提供服务。
渡边老师的学生到资源教室接受 60 分钟的阅读干预。根据分班测验的情况，渡边老师设立了两个教学小组，为每个小组提供 30 分钟的直接教学。在不参加教学小组时，学生会参加三项 10 分钟的活动：① 与助教一起进行流畅性练习；② 与同伴一起选择独立阅

(续表)

读水平的书①进行阅读；③独立完成与教学小组内容相关的纸笔作业。针对每项活动，渡边老师都制定了不同的标准和反馈程序。

流畅性：（标准——达到流畅性目标）根据学生目前的口语阅读流畅性（每分钟正确读出的单词数），设定一个新的目标。助教让学生对新的段落进行1分钟的阅读（"冷"计时）（"cold" timing）②。然后，学生至少练习三遍。当助教认为学生能够达到目标时，再次为学生计时（"热"计时）（"hot" timing）。如果目标达到了，学生将"冷"计时和"热"计时的数据绘制成图表。如果没有达到目标，第二天再换一个段落重复这一过程，但目标不变。

同伴阅读：（标准——参与，读完一本书）同伴一起选择一本独立阅读水平的书进行阅读。每天，他们先记录开始阅读的起始页；口头阅读10分钟，同伴两人每读完一页后交替；然后记录停止页。

独立纸笔作业：（标准——95%的正确率/100%的纠正作业率）在课堂的最后进行独立作业环节。如果对作业形式不熟悉，渡边老师会与学生一起阅读作业指导语，提出问题以验证学生的理解水平，必要时演示一个题目，然后让学生做一个题目。学生在座位上完成作业。学生完成作业后，到"检查"桌前将自己的作业与答案进行比较。如果某个题目的答案不正确，学生就会圈出题号，表示该题需要重做。在更正了做错的题目并确保作业符合所有标准（准确、整洁、完整、带有标题）后，学生将作业放入"完成"筐中。一天结束后，渡边老师会检查所有作业，挑选出连续出错的题目，在第二天的教学小组中进行复习。

示例2：课堂更正——拼写
情境：约翰逊老师的三年级课堂

（标准——20个单词的正确率达到95%）约翰逊老师意识到，在拼写测验中通过自我更正可以促进学生的拼写，因此他采用了以下方法。在学生听写并记录完所有单词后，学生拿出修正笔，收起其他书写工具。然后，约翰逊老师将每个单词写在投影仪上，给出反馈意见。如果学生写错了某个单词，他/她就划掉这个单词，然后重写。学生改正错误时，约翰逊老师会在教室里走动，检查他们的作业。如果有许多学生都写错了某个单词，约翰逊老师会就正确的拼写进行补充讲解。然后，他要求学生将试卷翻过来，再次听写单词。每错一个单词，约翰逊老师都会重复这一步骤。学生将自己的分数记录在活页夹中的"拼写评分表"上，然后上交试卷。有时，约翰逊老师会检查学生自我更正的准确性，并为准确的更正加分。

示例3：课堂更正——数学
情境：雅各布森老师的十年级数学课

---

① 编注：独立阅读水平的书（independent-level books），指读者在没有外部帮助的情况下，能够独立阅读和理解的书。
② 编注："冷"计时与后面的"热"计时，是计算机领域用于描述不同启动状态下计时方式的词语。这里指的是学生首次接触新阅读任务与对阅读任务较为熟悉两种状态下的情况。

(续表)

　　雅各布森老师知道，中学生完成一定量的数学家庭作业可以提高学习成绩。然而，由于五个班的数学课涉及三种不同的准备工作，她意识到如果亲自批改每一份作业，就没有足够的时间为直接教学做准备。雅各布森老师决定根据家庭作业的完成情况和周测验来评定班级成绩。

　　家庭作业：（标准——完成所有题目）在课堂开始时，雅各布森老师会要求学生拿出家庭作业，就精心挑选的四到六个题目（困难或"棘手"题目）进行反馈。学生在做错的题目旁边打叉。然后，学生重做他们做错的重点题目。完成后，将家庭作业归档到学生的活页夹中。周五，将所有的家庭作业与数学周测验一起上交。评定成绩时，每完成一项作业可获得 10 分，占每周成绩的三分之一。

　　周测验：（标准——90%～100% 的准确率）每周给学生布置 10 个与家庭作业类似的题目。这些测验由雅各布森老师评分，并在下个周一发给学生，届时雅各布森老师会向全班同学提供口头反馈，并重点进行适当的表扬。如果出现了连续的错误，雅各布森老师会与学生一起复习这些题目。周测验的最高分值为 100 分（占每周成绩的三分之二）。当然，如果学生能坚持完成家庭作业并参加每日反馈，成绩也会有所提高。

示例 4： 对照评分标准进行批改
情境： 科尔特斯老师的八年级语文课，针对有写作困难的学生

　　科尔特斯老师正在教授说服性议论文写作。他知道学生需要写大量的说服性议论文才能掌握这种体裁，而且学生也会从持续的反馈中受益。然而，他面临着和雅各布森老师一样的挑战：班级多、学生多、需要批改的作业多。为了优化学生的写作练习量，提供能使学生达到预期水平的反馈，科尔特斯老师设计了一个包含评分标准的计划。

　　评分标准： 科尔特斯老师采用了以下学生友好型评分标准，可用于多种方式：介绍体裁、与全班同学一起评价说服性议论文的例子和非例子、指导学生撰写说服性议论文、让学生分析自己和同伴的文章，以及为写作者提供教师反馈。

		引言
是	否	引言是否阐述了作者的观点？
是	否	引言是否阐述了支持观点的主要理由？
是	否	引言是否吸引读者的兴趣？
		主体
是	否	每个段落中是否都提出了支持作者观点的理由？
是	否	除了每段的主旨句，其余的句子是否提供了支持理由的证据和例子？
是	否	作者是否考虑了问题另一面的论据？
是	否	理由是否令人信服？
		结论
是	否	作者是否重申了自己的观点？
是	否	作者是否总结了支持观点的理由？
是	否	文章是否有明确的结尾？

(续表)

		惯例
是	否	句子是否通顺？
是	否	大写字母使用正确吗？
是	否	标点符号使用正确吗？
是	否	单词拼写正确吗？
是	否	段落是否缩进？
是	否	书写/打印稿是否整洁清晰？

作业——五篇作文：在为期六周的说服性议论文写作单元开始时，科尔特斯老师会出示评分标准，并指导学生分析一篇例子作文和两篇非例子作文，然后指导学生按照写作步骤进行写作：列计划、打草稿、修改、编辑。指导的力度逐渐减弱，直到学生独立完成所有步骤。

五篇作文的反馈：科尔特斯老师通过多种方式对五篇作文给予反馈。

1. 学生写作时，科尔特斯老师在教室里走动，给予表扬、鼓励或纠正性反馈；
2. 学生根据评分标准评价自己的作文，并根据指导进行修改；
3. 同伴间使用评分标准进行反馈；
4. 科尔特斯老师就评分标准中的部分内容（例如，仅引言、结论或正文第二段）向每位学生提供书面反馈，然后根据总体评价情况向全班同学提供口头反馈。每篇作文最多可得 50 分（完成度 10 分，自评 10 分，互评 10 分，教师评价 20 分）。

期末作文：本单元结束时，学生将选择其中一篇作文进行深入修改、编辑和上交。在学生上交作业之前，必须由两名同学对文章提出反馈意见，然后由学生进行修改和编辑。科尔特斯老师会对所选作文给出非常完整的反馈：具体的书面评语、使用评分标准给出的分数以及对每个学生进行口头反馈。每篇作文最多可得 250 分，占本单元总分的一半。

示例 5：口头反馈
情境：瓦伦丁老师为九年级特殊教育学生开设的写作课

瓦伦丁老师发现，口头反馈对有写作困难的学生最有效。在向全班介绍了写作任务之后，瓦伦丁老师与五名学生分别就他们的作业进行了交流。请注意，瓦伦丁老师提供了积极的反馈和具体的纠正性反馈，并要求学生改正错误。

作业：写两段文字，描述你最喜欢的电视节目以及喜欢它的原因。确保每一段都有一个主旨句。尽量使用不同类型的句子，使用正确的标点符号和大小写。

标准：每一段有主旨句、句子类型多样、正确的标点符号和大小写、正确拼写高频词和抄写的单词（如电视节目名称、人物姓名）。

教师的口头反馈：让我们复习一下昨晚的作业。首先，你认为自己哪些地方做得好？两个段落都有主旨句。同意。你在使用主旨句方面做得很好。每个段落都有一个主旨句，每个主旨句都能让读者知道你要在这个段落中谈什么。

我还喜欢你使用不同类型的句子，尤其是复合句。这些句子让你的写作比只用简单句更有趣。我注意到，在有些复合句中，你忘记在并列连词（如"但是"和"然而"）前使用逗号。记住，连接两个独立从句时要用到逗号。这里有一个提醒：如果并列连词后的句子是独立的，则使用逗号。现在继续阅读昨晚的两个段落，在需要的地方加上逗号。

采取哪些常规措施来促进独立练习

正如我们在第 5 章中所强调的,常规是课堂上开展活动的普遍方式。例行活动可以节省时间,因为学生知道他们应该做什么,应该怎么做。学生学会了常规后,就不太可能打断教师的教学活动,参与学业活动的机会也会增加(Archer et al.,1987; Emmer & Stough, 2001)。就像教授其他技能一样,课堂常规应在开学初通过示范、练习和反馈等方式来教授。就课堂上独立完成作业而言,常规包括如何确定要做什么、如何请求帮助以及作业完成后要做什么。我们从一些研究中总结出了以下课堂练习常规(Archer et al., 1987; Meese, 2001)。

确定日常任务的常规

在课间的各个时段,学生都要进行独立练习活动,比如完成练习册、写日记、同伴合作或小组合作。因此,他们需要能够确定自己应该做什么任务以及何时开始。与其每次布置练习活动时都给出指导语并分发材料,不如为这些活动制定常规。使用何种常规取决于任务的性质(例如,新颖或熟悉、简单或复杂)、学生的特点(例如,需要的结构化支持较多还是较少)以及环境(是特殊教育课堂还是普通教育课堂)。与学生知道做什么以及何时做有关的一些常规包括:① 在黑板上写下每日课程和家庭作业任务供学生抄写;② 将家庭作业写在所有学生都能看到的班级日历上;③ 将课堂作业清单放在学生的文件夹中。

知道该做什么,还与如何获取完成作业所需的材料有关。这方面的常规包括让指定的学生分发材料、将作业放入学生的文件夹、将作业放入发件箱、在工作站准备好材料等。

获取所需帮助的常规

通常,当一些学生在座位上做练习时,另一些学生正在接受教师的小组教学。在这种情况下,在座位上做作业遇到困难的学生往往会举手寻求帮助,或者打断教师的小组教学上前寻求帮助。无论哪种情况,请求帮助的学生都没有参与到学习中,小组教学也被打乱了。教师可以使用几种请求帮助的常规方法来尽量减少这些干扰。首先,可以让学生在课桌上挂一个"求助牌",而不是大声说需要帮助。然后，教师（通过口头或眼神交流）向他们确认自己已经看到了这个信号，知道他们需要帮助。这样，学生会知道自己很快就能得到帮助，而不必举着手坐在那里。其他常规做法还包括让学生到指定的同伴或助教那里寻求帮助，解决问题。另一种方法是让学生准备一个备用文件夹，里面装有需要完成的作业，这些作业是他们有能力完成但仍需提高熟练度的。这样，在教师或其他人能够帮助他们之前，学生可以继续学习。

作业完成后的行为常规

理想情况下，教师应该考虑任务量和分配的练习时间，尽量减少学生从完成任务到开始下一个活动之间的空闲时间。不过，哪怕计划得再好，学生完成课堂作业的速度也还是快慢不一，有的学生可能会发现自己无事可做（指学业上）。因为这种"空闲时间"轻则会导致出现无益的行为，重则会出现破坏性行为，所以作业完成后的常规安排就显得尤为重要。通常情况下，教师会要求学生参与一项缓冲任务，来处理这种情况。这类任务通常比刚刚完成的作业更有趣，但仍与学业相关。缓冲任务不会干扰其他学生或教师，不需要其他学生的参与，在时间长短方面也很灵活（因为每个学生每天的可用时间都不一样）。缓冲任务可以包括完成其他作业、复习备考、拿出一本书默读、做拼图或去电脑中心。

通常情况下，教师会要求学生在订正完作业后才能去做缓冲任务。这是一个好主意，因为有些学生可能会匆忙完成作业（可能会出错），以便能参加让人更愉快的缓冲活动。此外，获得即时反馈对学习也有帮助。批改作业的常规方法包括同伴批改、教师批改和自我批改。自我批改的学生可以将自己的回答与答案进行比较。无论采用哪种方法，都应要求每个学生在进行下一项作业之前进行订正。学生完成课内作业后再做缓冲任务的最后一个考虑因素涉及公平性。有些学生可能正在努力学习，但由于动作或加工速度的问题，无法在指定时间结束前完成作业，因此可能较少参与让人更愉快的缓冲活动（如电脑时间、阅读喜爱的书籍）。教师应意识到这一潜在问题，可以通过缩短练习活动来确保所有学生都能参与缓冲任务。

表 8.9 概括了本章至此所涉及的所有独立练习程序。我们重点讨论了课堂中独立练习机会的设计、呈现和常规。在下一节中，我们将探讨帮助学生（尤其是中学生）完成家庭作业的有效师生策略。

表 8.9　独立练习检核表

说明：这些程序可用于分析独立练习作业。

---

1. 在小组教学中教授要练习的技能。
2. 确定学生有能力独立完成任务。
3. 为任务设定明确的目标（如加强准确性、培养流畅性）。
4. 设计或选择与技能相匹配且与学习目标一致的练习任务/活动。
5. 控制对其他技能的要求。
6. 提供清晰、简明的指导语。
7. 必要时提供提示。
8. 考虑完成活动所需的时长和完成活动的可用时间。
9. 说明并核实学生对作业的理解。
10. 制定评价标准（参与度/完成度、准确性、流畅性、其他）。
11. 就学生的表现提供口头或书面反馈。
12. 制定促进独立练习的常规。

家庭作业

从正规教育（formal education）的起步开始，家庭作业就是它的一部分。家庭作业经常被作为教学工具（也经常被诽谤），其目的是提供额外的学业学习时间、分散练习，以及在校外应用和泛化技能与知识的机会。除了人们经常关注的是否要求学生做太多家庭作业的问题外，一个核心问题是做家庭作业是否对教育有益（如提高成绩、技能泛化）。这个问题的答案似乎是肯定的。

尽管有关家庭作业有效性的证据有时相互矛盾，但一般来说，精心设计的家庭作业活动得到了看起来具有一致性的支持（Cooper, 1989; Cooper, Lindsay, Nye, & Greathouse, 1998; Cooper & Nye, 1994; Keith, 1992; Paschal, Weinstein, & Walberg, 1984）。在《教育心理学家》（*Educational Psychologist*）杂志的一期以家庭作业为主题的特刊中，有研究指出，基于已有研究表明做家庭作业比不做家庭作业更能提高学生的学习成绩（Cooper & Valentine, 2001）。研究还指出，总体而言，家庭作业做得越多（达到一定程度），对成绩的影响就越大。最后，研究得出结论，家庭作业对高中生成绩的影响大于初中生，对初中生的影响大于小学生。实际上，一些研究表明，家庭作业对小学生的学业成绩几乎没有影响（Cooper & Valentine, 2001）。因此，在回答"家庭作业是否有效"这一问题时，年龄似乎是一个重要的限定词。

我们的目的并非要对有关家庭作业的文献进行广泛综述，也不是要在这个问题上站在特定的立场。我们意识到，这可能是一个情绪化的话题，无论有多少关于成绩的经验证据，都无法说服某些人放弃他们关于是否应该布置家庭作业的立场。但我们在此讨论这个问题，是因为现实情况是学校布置了家庭作业，学生必须完成。在中学阶段，家庭作业的总量可能达到每周 10～12 项，需要 8 个小时完成，而且家庭作业的评分可能占到学生某一课程成绩的三分之一（Bryan, Nelson, & Mathur, 1995; Epstein, Polloway, Foley, & Patton, 1993; Putnam, Deshler, & Schumaker, 1993）。鉴于学校经常布置家庭作业，并且仍会继续布置下去，而且家庭作业会影响成绩，那么，最大限度地发挥家庭作业的优势（如提高学习效率）、减少家庭作业的缺陷（如学生和家长产生的挫折感、休闲和社区活动的减少）是很有意义的。

因此，在本节中，我们将介绍如何提高家庭作业的有效性和效率，尤其是针对有特殊学习需要的学生。这些考量所基于的前提是，只有当教师布置适当的家庭作业，并且学生顺利完成时，家庭作业才能有效（Hughes, Ruhl, Schumaker, & Deshler, 2002）。尽管大多数关于家庭作业的研究都是针对普通学生群体进行的（并没有区分普通学生与障碍学生），但一些研究表明，如果家庭作业用时较少且侧重于培养流畅性和基本技能的保持，如果对学生的表现进行监督并及时提供反馈，如果促进家长的参与，那么，学习障碍学生就会有所进步（Cooper & Nye, 1994; Hughes et al., 2002）。下面，我们将介绍教师设计有效家庭作业的技巧、程序和注意事项，以及学生完成这些作业的一些技巧和策略。

教师如何帮助学生准确完成家庭作业

回到本章前文提到的一个原则，独立练习任务需要包含适当的教学内容，并且与学生当前的功能相适配。遗憾的是，有证据表明，无论是普通教育教师还是特殊教育教师，在设计、布置或评价家庭作业时都没有始终如一地贯彻这一原则（Rademacher, Schumaker, & Deshler, 1996; Salend & Gajria, 1995）。

设计家庭作业

本章前文介绍的设计独立练习活动的注意事项同样适用于家庭作业。然而，由于家庭作业是在校外完成的，没有教师的支持，而且往往涉及不适合作为课堂作业所布置的任务（例如，研究和撰写论文、复习考试），因此计划和设计方面的考虑更为复杂。为此，有人（Rademacher, Deshler, Schumaker & Lenz, 1998）创设了名为"优质作业常规"（the Quality Assignment Routine）（见表 8.10）的作业常规。该常规旨在帮助教师设计、布置和评价家庭作业，尤其是需要长期完成的较复杂的作业。在这一常规作业的计划阶段，教师要考虑作业的目的以及学生的需要和兴趣，制定清晰而详细的作业指导语，并决定如何对作业进行评价。

表 8.10 "优质作业常规"计划工作表

"优质作业常规"计划工作表

课程 数学
单元 绘制统计信息图表

P — 计划作业的目的

1. 学生将完成什么任务？
收集并解释数据。

2. 他们将如何完成这一任务？
绘制一张关于五名棒球运动员一个赛季的平均打击率的图表。

3. 为何这一任务很重要？（好处）
可以学会跨时间追踪重要的信息。

L — 将作业与学生的需要和兴趣联系起来

1. 如何使作业与学生个人特征相关联？
学生可以选择喜欢的球员。

2. 方案 / 选项？
选择信息来源（报纸、电视等）；小组合作或独立作业；完成日期。

3. 成功完成任务的阻碍是什么？
可能不理解不同的表格类型（如饼图、柱状图、散点图等）。

4. 如何解决阻碍？
教授不同的图表类型；提供例子。

A — 为学生安排明确的学习方向

行动步骤
1. 确定球员。
2. 确定所用的图表类型。
3. 收集 10 场比赛的数据。
4. 做图表。
5. 向全班同学解释图表。

支撑 / 来源
数据收集表；明确的数据来源；图表纸；彩色铅笔。

3. 评分标准（1、2、3……）
1. 使用正确的图表。
2. 正确标注图表的各个部分。
3. 写明图表标题。
4. 10 场比赛的数据。
5. 解释结果。

截止日期　　　　分数
10/17 或 10/19　　100 分。

N 标注评价日期和结果	审查作业的日期 10/21 结果 学生在选择正确的图表类型呈现数据时遇到困难。花费较多时间。	结果 用各种例子教授不同类型的图表。学生喜欢这项作业，并且能够在杂志和报纸上找到现实中的例子。

（资料来源：摘自 Rademacher, Schumaker, & Deshler (1996)。经 Joyce Rademacher 授权转载。）

"优质作业常规"由一系列步骤组成，各步骤的第一个字母可以组成 PLAN，便于记忆。第一步是，计划作业的目的（Plan the purpose of the assignment），要求教师说明学生将完成什么任务、如何完成，以及完成作业的好处是什么。第二步是，将作业与学生的需要和兴趣联系起来（Link assignment to student needs and interests），这就需要考虑学生的特点（如当前的功能水平、第二语言问题）和兴趣，以便使作业与学生的特点联系得更紧密。此外，还要探讨如何完成任务。同时考虑可能存在的阻碍（例如，学生可能不具备完成任务所需的某些先备知识）以及如何解决这些阻碍（例如，花时间教授先备知识）。第三步是，为学生安排明确的学习方向（Arrange clear student directions），要求教师思考学生为完成任务所要采取的行动步骤、所需的材料和资源以及评分标准。教师在制定作业的指导语时要牢记这些信息。PLAN 的最后一步是在作业上交之后，标注评价日期和结果（Note evaluation date and results）。在这一步骤中，需要确定评价作业的日期，作业的完成情况以及是否应该调整作业。

规划和设计家庭作业需要考虑的最后一个因素是人们经常表达的对作业量的担忧（即太多了！）。除了每晚花 2～3 个小时或更长时间做作业会对学生的家庭和社会生活造成潜在的负面影响外，还有一些证据表明，做作业时间达到一定程度后，学习收益会逐渐减少。例如，在初中和高中，所有科目的家庭作业时间从 1 小时到 1.5 小时不等。同样，对于年龄较小的学生来说，每晚做超出 20～30 分钟范围的家庭作业也没有什么益处。因此，应该对布置的作业量进行规划。这种规划既可以单独进行，也可以在教师团队中进行。为确保每天的作业量合理，教师之间需要就给学生布置什么作业、何时布置作业以及布置多长时间的作业进行沟通。否则，如果一名学生的所有老师都在同一天布置作业，就会给学生和家长造成过重的负担，而且这样做也没有任何站得住脚的教学理论依据。

布置/呈现家庭作业

包括学习障碍学生在内的许多学生在准确、完整地记录作业方面存在困难，因此教师在布置家庭作业时应考虑采用便于准确记录的方法。要搞清楚何时、如何布置家庭作业，以及如何核实学生对作业的理解程度，可以制定具体的常规和指导原则。下面介绍的方法是基于鲁尔及其同事的研究成果（Hughes et al., 2002; Ruhl & Hughes, 2005）。

- 预留足够的时间。家庭作业通常是在下课前布置的，此时学生正准备离开，时间很有限。由于许多有学习障碍的学生书写速度慢、处理多步骤指令比较困难，匆忙布置作业可能会导致学生记录得不完整或不准确。因此，预留足够的时间可以解决这些困难，还可以回答学生就作业提出的问题。

- 保持学生的注意力。与刚开始上课时的情况类似，在快下课时，学生很难认真听讲，容易注意力不集中，在这种情况下布置作业，可能会导致学生错过完成家庭作业所需的信息。如果家庭作业的布置过程是常规化的，只需一个简单的提示（如"布置家庭作业的时间到了！"），学生就会停下手中的任务，集中精力记录家庭作业。

- 提示使用作业本。作业本有助于学生记录和跟踪家庭作业（Hughes et al., 2002）。因此在布置家庭作业时应提示学生拿出作业本，并且鼓励他们在课外使用作业本。本章稍后将介绍一个作业本范本和指导学生有效使用作业本的程序。

- 如有必要，为学生示范如何完成作业。如果作业对学生来说比较陌生，或者目标技能比较复杂或刚刚教授过，那么可以示范完成一个题目/问题。

- 核查学生对作业的理解。正如我们在本书前文所指出的，询问学生"大家都清楚（作业）了吗？"并不能如实掌握他们的理解情况——许多学生即使不理解，也会表示他们理解！如果教师向学生提出有关家庭作业要求的具体问题，或者在某些情况下要求他们在课堂上完成一个问题/题目，然后检查他们是否准确完成，就可以更清楚地了解学生的理解情况。

- 解释评价标准。除了给出作业的指导语外，还应明确说明（同时以书面形式提供）所有特殊的评价标准，如对准确性、数量和整洁度的期望，并核实学生对这些标准的理解。

评价家庭作业

在使用家庭作业策略的过程中经常被忽视的一个环节——对学生的表现进行评价并提供纠正性反馈——对家庭作业的有效性至关重要。缺少及时反馈会使家庭作业的应用效果大打折扣（Paschal et al., 1984）。如前所述，教师可以向个别学生或全班学生提供口头或书面反馈。切记要就如何提高成就表现提供具体的信息，而不是仅仅给出一个分数，或做出"做得好"或"需要改进"等一般性评价。如果需要改进，教师应该清楚地告诉学生需要做什么才能提高成绩。提供纠正性反馈后，应要求学生准确完成所有需要改进的任务以证明做出了纠正。

总之，教师可以使用选择、设计、展示和评估家庭作业的良好做法，牢记学生需要有与家人共处的时间，学生除了学校家庭作业还有其他活动和职责，来提高家庭作业的效率。教师还可以教给学生一些技能和策略，帮助他们记录、计划、完成和提交家庭作业。

学生如何提高家庭作业的准确性和完成率

许多学生（包括学习障碍学生）都会遇到与家庭作业相关的各个方面的困难（Bryan, Burstein, & Bryan, 2001; Cooper & Nye, 1994; Hughes et al., 2002; Polloway, Foley, & Epstein, 1992）。其中一些困难发生在布置作业的过程中：

1. 不知道正在布置作业。
2. 随手把作业记在纸上，然后就忘了。
3. 由于书写缓慢，只记录了一部分作业。
4. 在不确定作业要求时，因为害怕显得"愚蠢"，而不去问清楚。

还有一些困难发生在处理家庭作业时：

1. 低估完成某项作业所需的时间。
2. 没有安排完成作业的时间。
3. 忘记收拾所需的材料／用品，并带回家。
4. 忘记将完成的作业带到学校上交。

虽然可以通过设计、布置和评价家庭作业来解决其中的一些困难，但同样重要的是，要教给学生一些技能和策略，帮助他们独立应对这些困难。

曾有一些研究教导学习障碍学生使用一些程序来帮助他们提高完成家庭作业的

数量和准确性。例如，有研究人员（Lenz, Erin, & Smiley, 1991）使用目标设定法（即为完成家庭作业的数量和质量设定目标），还有研究人员（Trammel, Schloss, & Alper, 1994）让学生记录是否上交家庭作业，绘制完成数据图表，并设定未来的目标。这两项研究都提高了学生完成资源教室教师布置的家庭作业的成绩；但是，这两项研究都没有考察这些技术对普通教育课堂上布置的需要在家完成的家庭作业的影响（例如，在其中一项研究中，家庭作业是在资源教室完成的）。

研究人员（Hughes, Ruhl, Schumaker, & Deshler, 1995）开发了一种学习策略，帮助有困难的学生独立解决其在记录、计划和完成家庭作业方面的困难。这个策略由七个步骤组成（各步骤的第一个字母可以组成 PROJECT），帮助学生将普通教育课堂上的家庭作业完成率提高了一倍，也提高了他们的作业成绩。该策略的各个步骤如表 8.11 所示，下文将对其中与完成家庭作业的各个方面（如记录、计划）相关的内容进行描述。

表 8.11　作业完成策略的步骤（PROJECT）

第 1 步：准备表格（Prepare your forms）（月、周、日表格）(monthly, weekly, and daily)。
第 2 步：记录并提出问题（Record and ask questions）。
第 3 步：制定计划（Organize your completion plan）。
　　　　　将作业分成几个部分（Break assignment into parts）。
　　　　　估计每部分的数量（Estimate number of sessions）。
　　　　　安排每部分的时间（Schedule the sessions）。
　　　　　将材料带回家（Take materials home）。
第 4 步：行动起来（Jump to it）。
第 5 步：着手做作业（Engage in the work）。
第 6 步：检查作业（Check the work）。
第 7 步：提交作业（Turn it in.）。

记录家庭作业的策略和技巧

使用作业本记录作业有助于学生准确记录和追踪作业。尚无研究表明哪种类型的作业本、记录表或日历更好。不过，一些常规的指导原则包括：①有足够的空间记录作业；②标明作业是为哪个科目布置的；③记录完成日期和完成情况。表 8.12 展示的是休斯等人使用的 PROJECT 作业记录表（Hughes et al., 2002）。在表格的顶部，可以记录作业的科目（如英语、数学）、布置作业的时间、作业的截止时间以及提交作业的时间。表格中还有一排关键词——阅读、回答、书写和其他，这些都与家庭作业有关。为了快速记录作业，学生可以选择圈出或用下划线标出适当的动词，而不用写出来。例如，如果作业是"阅读第 6 章并回答章末的问题"，学生可以用下划线标出"阅读"和"回答"。

研究发现（Hughes & Suritsky, 1994; Hughes et al., 2002），许多学习障碍学生在记录信息时不会使用缩写。因此，在 PROJECT 策略中，教师会教导学生在记录作业时使用缩写。作为这一策略教学安排的一部分，学生学习将与家庭作业相关的常用缩写制作成线索卡片，包括学科领域（如 Eng., Rdg., Alg., Sci.）和作业中（如 Txt., Def., Chap., Pg., Para.）的常用缩写。他们还会学习一些有关缩写的一般规则，如"使用单词的前两个或前三个字母"和"使用单词对的第一个字母"（例如，social studies = SS，language arts = LA）。

表 8.12　PROJECT 作业记录表

作业记录表

科目＿＿＿＿　日期：布置作业＿＿＿＿　完成＿＿＿＿　提交＿＿＿＿　□
阅读　　　　回答　　　　书写　　　　其他
＿＿＿＿＿＿＿＿＿＿＿＿＿＿＿＿＿＿＿＿＿＿＿＿＿＿＿
＿＿＿＿＿＿＿＿＿＿＿＿＿＿＿＿＿＿＿＿＿＿＿＿＿＿＿
＿＿＿＿＿＿＿＿＿＿＿＿＿＿＿＿＿＿＿＿＿＿＿＿＿＿＿
部分：＿＿＿＿＿＿＿　学习次数：＿＿＿　　　　实际分数： ＿＿＿＿＿＿＿＿＿　分数目标：A□ B□ C□　A B C D F ＿＿＿＿＿＿＿＿＿　质量目标：A□ B□ C□　其他：＿＿＿ 目标：＿＿＿＿＿＿＿

科目＿＿＿＿　日期：布置作业＿＿＿＿　完成＿＿＿＿　提交＿＿＿＿　□
阅读　　　　回答　　　　书写　　　　其他
＿＿＿＿＿＿＿＿＿＿＿＿＿＿＿＿＿＿＿＿＿＿＿＿＿＿＿
＿＿＿＿＿＿＿＿＿＿＿＿＿＿＿＿＿＿＿＿＿＿＿＿＿＿＿
＿＿＿＿＿＿＿＿＿＿＿＿＿＿＿＿＿＿＿＿＿＿＿＿＿＿＿
部分：＿＿＿＿＿＿＿　学习次数：＿＿＿　　　　实际分数： ＿＿＿＿＿＿＿＿＿　分数目标：A□ B□ C□　A B C D F ＿＿＿＿＿＿＿＿＿　质量目标：A□ B□ C□　其他：＿＿＿ 目标：＿＿＿＿＿＿＿

(续表)

科目＿＿＿＿ 日期：布置作业＿＿＿＿ 完成＿＿＿＿ 提交＿＿＿＿ □
阅读　　　　回答　　　　书写　　　　其他
＿＿＿＿＿＿＿＿＿＿＿＿＿＿＿＿＿＿＿＿＿＿＿＿＿＿＿＿
＿＿＿＿＿＿＿＿＿＿＿＿＿＿＿＿＿＿＿＿＿＿＿＿＿＿＿＿
＿＿＿＿＿＿＿＿＿＿＿＿＿＿＿＿＿＿＿＿＿＿＿＿＿＿＿＿
部分：　　　　　　学习次数：＿＿＿＿　　　　实际分数：
分数目标：A□ B□ C□ ＿＿　A B C D F
质量目标：A□ B□ C□　　　其他：＿＿
目标：

记录家庭作业相关策略的最后一部分是鼓励学生在不理解指导语或认为自己遗漏某些内容时提出问题。由于对某些学生来说提问比较困难，因此可以探索一些减少这些学生不适感的提问方案，例如等到班上其他同学离开后再提问。此外，通过角色扮演提出与作业相关的问题，可能会增加学生提出问题的意愿和能力。

制定计划的策略和技能

PROJECT策略的第3步是制定计划，在这一步骤中，学生要在计划如何以及何时完成作业时执行几个操作。第一个操作是将作业分成几个部分，要求学生确定作业的主要部分。有些作业，如乘法作业，只有一个主要活动（即完成作业单）。有些作业可能更为复杂。例如，完成一份读书报告，这个作业包括五个主要环节：查找书籍、阅读书籍、编写提纲、撰写报告和编辑报告。参照表8.12中的作业记录表，学生可以在"部分"栏中简要描述各环节的内容。分析作业的各个环节有助于学生估算完成作业所需的时间。

接下来，学生估计学习单元（study session）的数量，并对各个单元进行分配。在PROJECT策略中，学习单元是由半个小时的时间块组成的（见表8.13）。学生估计每个部分需要花费几个学习单元。例如，选书可能需要1个单元，读书可能需要4个单元，写提纲可能需要1个单元，写报告可能需要3个单元，编辑报告可能需要1个单元。这样，学生就安排了10个学习单元，然后在表8.12中的作业记录表上"学习次数"的地方记录10次。一旦估算出学习次数，学生就可以在每周学习计划表上将其列出。

表 8.13　每周学习计划表

日期 时间	星期六	星期日	星期一	星期二	星期三	星期四	星期五
6:30							
7:00							
7:30							
8:00							
8:30							
9:00							
9:30							
10:00							
10:30							
11:00							
11:30							
12:00							
12:30							
13:00							
13:30							
14:00							
14:30							
15:00							
15:30							
16:00							
16:30							
17:00							
17:30							
18:00							
18:30							

(续表)

时间\日期	星期六	星期日	星期一	星期二	星期三	星期四	星期五
19:00							
19:30							
20:00							
20:30							
21:00							
21:30							
22:00							

PROJECT策略的其他步骤包括鼓励学生行动起来（Jump to it），如收集所需的材料、寻找合适的学习地点、查看作业等。然后学生开始着手做作业（Engage in the work），并寻求家长或"学习同伴"的帮助。完成作业后，他们会检查作业（Check the work），评估作业的准确性和质量。接下来他们将完成的作业收在不会被弄坏的地方（如文件夹），放在早上不会忘记的地方（如书包）。最后一步是"提交作业"（Turn it in），提示他们记住上交作业并在作业记录表上记录完成情况。

本章小结

练习、练习、再练习。这并非总是人们的首选。然而，如果初始教学没有与恰当的练习相结合，技能就无法保持。通常情况恰恰如此：初始教学之后，如果没有设计良好的分散练习和累积练习，学生就只会了解了学习内容而非掌握。教师可以通过深思熟虑的计划和有意识的行动，提供有效的练习活动，从而实现学生掌握和记忆教学内容的目标。

结　论

在本书即将结尾之际，我们希望文中所提供的信息和范例能够增强教师在设计和实施有效、高效的直接教学课程方面的知识和技能。作为教师，我们是影响学生成绩的最关键变量。我们每天所做的一切都会对学生的学习产生巨大的影响，因为"你教得多好＝学生学得多好"这句话适用于所有学生，尤其是有特殊需要的学生。

为了与第 8 章（累积复习的力量）所传达的观点保持一致，我们在随后几页中提供了五份可复制的章节小结，供你随时翻阅和复习，这样你就可以在日常教学中坚持贯彻本书的"重要思想"。我们还邀请你访问我们的网站（www.explicitinstruction.org）观看直接教学的讲解视频。

材料 A[①]
探索直接教学的基础
（第1章）

直接教学的16个要素
1. 将教学重点放在关键内容上。
2. 合理安排所教技能的顺序。
3. 将复杂的技能和策略分解成较小的教学单元。
4. 设计系统的、有重点的课程。
5. 上课伊始，明确说明本节课的目标和教师的期望。
6. 开始教学前，复习先前学过的技能和知识。
7. 提供逐步示范。
8. 使用简洁明了的语言。
9. 提供适当的例子和非例子。
10. 提供有指导和支持的练习。
11. 要求学生频繁地给出反应。
12. 密切关注学生的表现。
13. 即时地提供肯定性和纠正性反馈。
14. 以明快的节奏授课。
15. 帮助学生将其所学融会贯通。
16. 提供分散练习和累积练习。

有效教学的原则
1. 优化参与时间/完成任务时间。
2. 促进学生取得高水平的成功。
3. 扩大教学内容的覆盖面。
4. 让学生花更多的时间参加分组教学。
5. 支架式教学。
6. 关注不同类型的知识。

[①] From *Explicit Instruction: Effective and Efficient Teaching* by Anita L. Archer and Charles A. Hughes. Copyright 2011 by The Guilford Press. Permission to photocopy this material is granted to purchasers of this book for personal use only (see copyright page for details).

材料 B[①]

设计课程

（第2、3、4章）

课程开篇	吸引学生注意。	复习：复习关键的先备技能。	预告：阐明教学目标。
课程主体	技能或策略	词汇或概念	规则
• 我做 （I do it.）	• 示范： 展示与讲解。 学生参与。	• 介绍单词。 讲解单词。 用例子和非例子阐明。	• 介绍规则。 使用"如果–那么"（If-then）建构规则。 用例子和非例子阐明规则。
• 我们做 （We do it.）	• 指导练习： 指导学生展示技能或策略。 提供身体、口头或视觉提示。 逐渐撤除支架。 指导学生使用关键属性分析例子与非例子。	• 指导学生使用关键属性分析例子和非例子。	
• 你做 （You do it.）	• 自主练习： 检查学生的理解情况。 让学生在无提示的情况下展示技能/策略。	• 检查学生的理解情况。 让学生区分例子和非例子。 让学生举出例子和非例子。 向学生提出需要深入理解回答的问题。	• 使用例子和非例子检查学生的理解情况。
课程结尾	复习：复习关键内容。	预告：预告下节课内容。	布置独立作业。

[①] From *Explicit Instruction: Effective and Efficient Teaching* by Anita L. Archer and Charles A. Hughes. Copyright 2011 by The Guilford Press. Permission to photocopy this material is granted to purchasers of this book for personal use only (see copyright page for details).

材料 C[①]

组织教学

（第 5 章）

布置物理环境

1. 你是否为特定活动指定了区域（例如，全班教学、小组教学、地板活动、自由选择区、安静阅读区、电脑操作区）？	是　否
2. 在教学区，学生是否离你很近？	是　否
3. 你是否制作了座位表并分配了座位？	是　否
4. 在教学区域，学生是否面向你？	是　否
5. 在教学过程中，学生能否轻松地与同伴或小组成员分享答案？	是　否
6. 你是否已整理好教学材料以便查找？	是　否
7. 教学或写独立作业时所需的材料是否便于学生查找？	是　否
8. 是否向学生教授了整理技能（如使用活页夹、文件夹、作业日历）？	是　否
9. 你能否快速、轻松地在教室里走动、监督学生？	是　否
10. 你能看到教室的各个角落和所有学生吗？	是　否
11. 你是否在教室墙壁上张贴了辅助教学的材料（如班级日历、词汇表、策略海报、评分标准、参考资料、规则/准则海报、通知）？	是　否
12. 你展示过学生的作品吗？	是　否
13. 你的教室是否井然有序？	是　否

分析课堂规则

1. 规则的数量是否很少（3～6 条）？	是　否
2. 规则表述的是期望的行为吗？	是　否
3. 规则是否简明扼要？	是　否
4. 每条规则的表述都以动词开头吗？	是　否
5. 是否在规则中（或通过例子和非例子）明确界定了行为？	是　否

[①] From *Explicit Instruction: Effective and Efficient Teaching* by Anita L. Archer and Charles A. Hughes. Copyright 2011 by The Guilford Press. Permission to photocopy this material is granted to purchasers of this book for personal use only (see copyright page for details).

建立常规和程序

1. 是否确定了需要课堂常规或程序的情境？（见第_____页至第_____页）	是　否
2. 是否为每种情境确定了有效和高效的常规？	是　否
3. 是否在学年或学期开始时教授和练习常规？	是　否
4. 常规的复习和强化是否贯穿整个学年？	是　否

材料 D[①]

实施教学

（第 6、7 章）

1. 要求频繁的反应。

口头反应	口头反应	动作反应
齐声回答 同伴回答 • 思考-配对-分享 • 思考和记录-配对和记录-分享 • 暂停程序 • 学习-告诉-帮助-检查	个人口头回答 • 同伴优先 • 问题优先 • 轮流回答或跳过	• 触摸/指向 • 表演/用姿势或面部表情做出反应 • 手势
	书面反应	替代性的段落阅读程序
	• 反应卡 • 答题板	• 复读 • 齐声朗读 • 完形填空 • 增强默读 • 同伴朗读
小组回答 NHT 合作学习模型		

2. 认真监督学生表现。

　　回答正确与否？

3. 提供即时肯定和纠正性反馈。

纠正性反馈（纠正）是：	肯定性反馈（表扬）是：
a. 已提供。 b. 即时的。 c. 适当的纠正类型。 d. 具体地传达了信息。 e. 关注正确（而非错误）回答。 f. 使用了适当的语气。 g. 以学生给出正确答案为结束。	a. 有条件的（如果-那么） b. 具体的。 c. 针对突出的表现。 d. 关注成就和努力而非个人特质。 e. 与学生自己比较而非与他人比较。 f. 积极的、可信的和真诚的。 g. 不引人瞩目。

[①] From *Explicit Instruction: Effective and Efficient Teaching* by Anita L. Archer and Charles A. Hughes. Copyright 2011 by The Guilford Press. Permission to photocopy this material is granted to purchasers of this book for personal use only (see copyright page for details).

4. 以明快的节奏进行课堂教学。

> a. 做好准备。
> b. 为思考提供恰好足够的时间。
> c. 为反应提供恰好足够的时间。
> d. 在提供反馈后继续进行。
> e. 避免离题。
> f. 使用教学常规。

材料 E[①]
提供适当的独立练习
（第 8 章）

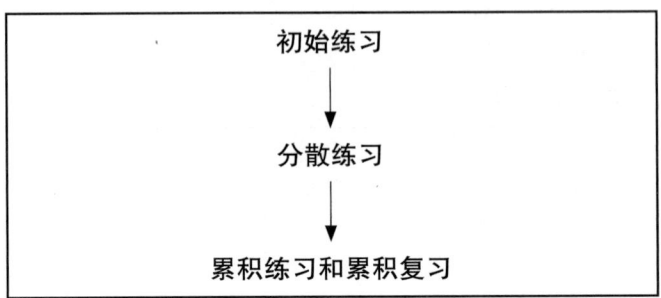

独立练习检核表
1. 在小组教学中教授要练习的技能。
2. 确定学生有能力独立完成任务。
3. 为任务设定明确的目标（如加强准确性、培养流畅性）。
4. 设计或选择与技能相匹配且与学习目标一致的练习任务 / 活动。
5. 控制对其他技能的要求。
6. 提供清晰、简明的指导语。
7. 必要时提供提示。
8. 考虑完成活动所需的时长和完成活动的可用时间。
9. 说明并核实学生对作业的理解
10. 制定评价标准（参与度 / 完成度、准确性、流畅性、其他）。
11. 就学生的表现提供口头或书面反馈。
12. 制定促进独立练习的常规。

---

① From *Explicit Instruction: Effective and Efficient Teaching* by Anita L. Archer and Charles A. Hughes. Copyright 2011 by The Guilford Press. Permission to photocopy this material is granted to purchasers of this book for personal use only (see copyright page for details).

应用练习反馈

第 2 章

【应用 2.1】

示例：一节直接教学课程的开篇

在分析课程的开篇时，你注意到哪些好的做法？

- 一开始就吸引学生的注意力。
- 教师根据需要重新吸引学生的注意力。
- 开始时阐明并重复课程的目标。
- 复习先备技能：主旨句、细节句，以及顺序性的含义。
- 所有学生都参与复习。
- 教师在教室里走动，倾听学生的回答，并对先备技能进行复习。
- 使用明确的任务而不是模糊的问题来检验先备技能。
- 教师论述什么时候可以写顺序性段落。
- 学生参与讨论课程的意义。

【应用 2.2】

分析：课程开篇、示范、提示和指导练习

1. 课程开篇中有哪些好的做法？
   - 教师在课程开始时吸引学生的注意力。
   - 教师论述该策略为何重要以及什么时候可以使用。
   - 教师和学生讨论什么时候可以使用该策略。
   - 学生积极参与，确定策略学习的意义。
   - 教师采用"思考-配对-分享"的头脑风暴策略让学生参与其中（见第6章）。

在思考和配对步骤中，教师将学生的想法和名字记录在幻灯片上，然后利用清单更有效地分享想法。
- 教师通过让学生完成一项任务来复习关键的先备技能。

2. 示范过程中有哪些好的做法？
- 使用策略图介绍策略。
- 在第一次示范中，学生通过阅读策略步骤参与进来。
- 教师逐步示范策略的使用，向学生展示如何执行策略，并告诉学生教师在做什么和在想什么。
- 每个示范都使用一致的措辞。

3. 指导练习过程中，教师是如何提示学生的？
- 教师一步一步地指导学生应用策略。
- 在整个练习过程中，教师通过多种方式提供反馈：① 教师监督并提供反馈；② 同伴间相互提供反馈；③ 教师向学生个人和全班提供口头反馈。
- 逐渐撤除支架，要求学生越来越独立地执行策略。

【应用2.3】

示范课：有关括号的代数课

本课的开篇、主体和结尾体现了哪些示范做法？

课程开篇

- 教师在课程开始时吸引学生的注意力，并在第二次吸引学生的注意力之前给予足够的时间。
- 简要说明本课的目标，要教授的技能与解决代数问题的相关性。
- 条理清晰地复习。让学生完成任务，以展示他们对变量和表达式等术语的理解。教师确认所有学生都能够理解这些术语。

课程主体

示范

- 教师对技能进行三次示范。
- 教师示范并描述技能。
- 在第一次示范中，教师通过提问让学生参与进来，挖掘他们已经掌握的知识。
- 在第二次示范中，教师减少了话语，但保留了关键词。
- 通过展示括号位于不同位置的两个表达式，教师形象地说明了先进行括号内运算的重要性。
- 在第三次示范中，学生在帮助教师确定表达式值的同时回答其他问题。

指导练习和自主练习。
- 为了减少出错的可能性，教师要求学生在得到指导之前不要往下进行。为了防止学生走神，教师要求学生放下铅笔以示完成。
- 教师就一些问题对学生进行口头提示。
- 随着学生熟练掌握，教师逐渐减少提示次数。
- 在最后一个问题上，教师只作简短的提示。
- 指导练习结束后，教师检查学生的理解情况，然后布置独立作业。

课程结尾
- 提供简要复习和预告。
- 布置独立作业。

【应用 2.4】

课程示范：把握段落主旨

在每个教学环节，教师如何让学生参与其中？

课程开篇
- 学生回答有关何时、何处可以使用概括策略的问题。
- 复习主旨句时，要求学生在答题板上写下与主旨句相对应的数字编号。使用答题板可以让教师掌握所有学生的答题情况。

课程主体

示范
- 教师示范一次步骤后，邀请学生帮助教师回答有关步骤的问题。不过，教师实际上也在同步操作。

指导练习

- 首先，教师告诉学生要怎么做，学生完成每一个步骤。接下来，教师询问问题，指导学生完成。最后，教师只给提示，学生完成所有步骤。

自主练习

- 在本节课中，学生独立完成确定主旨的步骤，教师在教室里走动，监督他们的表现。

课程结尾

- 在复习中，教师向学生重申把握主旨的重要性，提出能够引导他们找到主旨的重要性的问题。

【应用 2.5】

课程示范：三节连贯的关于句子合并的课程

在三天的教学中，教师是如何改变课程的开篇、主体和结尾的？你认为为什么要有这些变化？

课程开篇

阐明本课的目标。教师在三节课中都阐明了目标，确保学生知道本节课的重点。

讨论目标技能的重要性。由于学生刚刚开始学习句子组合，在第一节课上，教师告诉他们为什么这项技能很重要。但是，在第二节课时，学生已经有了一些句子组合的经验，因此教师会提问他们该技能的重要性。请注意，教师关注的重点是句子组合这一更大目标的重要性，而不仅是用形容词组合句子的重要性。

复习关键的先备技能。在第一节课中，教师复习形容词的意思以及何时使用冠词 a 和 an。由于学生已经熟练掌握了这些技能，因此在随后的两节课中不再重复。

课程主体

示范。教师在第一节课中示范组合技能。不过，由于学生在后面的指导练习中已经熟练掌握了这一技能，因此在第 2 天和第 3 天不再重复示范。

指导练习。第 1 天，教师先指导学生做第一个题目，告诉他们要做什么。在接下来的两个题目中，教师向学生提问，以提升他们的表现。第 2 天，教师指导学生

新书预告

时间	书名	作者	估价
2025.10	融合教育学科教学策略：直接教学	[美]Anita L. Archer 等	88.00
2025.10	与ADHD共处（早期发现篇）	[日]盐川宏乡	59.00
2025.10	与ADHD共处（女生篇）	[美]Sonia Ali	59.00
2025.10	儿童行为管理中的罚时出局	[德]Corey C. Lieneman	39.00
2025.10	重掌失控人生：注意缺陷多动障碍成人自救手册	[美]Russell A. Barkley	88.00
2025.09	特殊需要学生融合教育质量评价	杜媛	98.00
2025.10	沟通障碍导论（第7版）	[美]Robert E. Owens 等	198.0
2025.12	家有挑食宝贝：行为分析帮助家长解决挑食难题	[美]Keith E. Williams	59.00
2026.03	融合学校干预反应模式实践手册	[美]Austin Buffum	78.00
2026.03	基于关系的亲子治疗：整合神经生物学、依恋关系、情绪调节与管教策略的实践指南	[美] Elizabeth Sylvester 等	78.00

华夏特教线上知识平台：

华夏特教公众号

华夏特教小红书

华夏特教视频号

"在线书单"二维码

微信公众平台：**HX_SEED（华夏特教）**

微店客服：13121907126

天猫官网：hxcbs.tmall.com

意见、投稿：hx_seed@hxph.com.cn

联系地址：北京市东直门外香河园北里4号（100028）

关注华夏特教，获取新书资讯！

华夏特教系列丛书

书号	书名	作者	定价
\multicolumn{4}{c}{融合教育}			
0874	孤独症学生的融合教育策略	[美]Barbara Boroson	59.00
0917	融合教育理念重塑与实践突破	[美]Lee Ann Jung 等	49.00
0060	融合教育中的教师协作：专业学习共同体（PLC）教学实	[美]Heather Friziellie	49.00
0771	融合教育学校校长手册	[美]Julie Causton 等	59.00
0652	融合教育教师手册		69.00
0709	融合教育助理教师手册（第2版）		69.00
0801	特殊需要学生的融合教育支持	[美]Toby Karten	49.00
*9228	融合学校问题行为解决手册	[美]Beth Aune	30.00
*9318	融合教室问题行为解决手册		36.00
*9319	日常生活问题行为解决手册		39.00
0686	孤独症儿童融合教育生态支持的本土化实践创新	王红霞	98.00
*9210	资源教室建设方案与课程指导		59.00
*9211	教学相长：特殊教育需要学生与教师的故事		39.00
*9212	巡回指导的理论与实践		49.00
9201	你会爱上这个孩子的！：在融合环境中教育孤独症学生（第	[美]Paula Kluth	98.00
0891	巧用孤独症学生兴趣的20个方法"给他鲸鱼就好！"		49.00
*0013	融合教育学校教学与管理	彭霞光、杨希洁、冯雅静	49.00
0542	融合教育中自闭症学生常见问题与对策	上海市"基础教育阶段自闭症学生支持服务体系建设"项目组	49.00
*0561	孤独症学生融合学校环境创设与教学规划	[美]Ron Leaf 等	68.00
*7809	特殊儿童随班就读师资培训用书	华国栋	49.00
*0348	学校影子老师简明手册	[新加坡]廖越明 等	39.00
*8548	融合教育背景下特殊教育教师专业化培养	孙颖	88.00
*0078	遇见特殊需要学生：每位教师都应该知道的事		49.00
9329	融合教育教材教法	吴淑美	59.00
9330	融合教育理论与实践		69.00
9497	孤独症谱系障碍学生课程融合（第2版）	[美]Gary Mesibov	59.00
8338	靠近另类学生：关系驱动型课堂实践	[美]Michael Marlow 等	36.00

标*书籍均有电子书（2025.09）

的方式与第 1 天相同,但因学生已熟练掌握,所以练习的题目较少。第 3 天,教师只在一个题目上提示学生。

自主练习。由于学生尚未熟练掌握这项新技能,因此第一节课没有提供自主练习。第 2 天,学生独立完成一个题目。第 3 天,学生独立练习三个题目。

课程结尾

第一天的结束语稍长,包括对已学内容的回顾和第二天将要学习的内容预告。第二天和第三天则使用非常简短的结束语。

【应用 2.6】

找出潜在问题并制订解决方案

1. 在课程开篇复习先备技能时,教师让 8 名学生中的 3 名到黑板前解题。

潜在问题:由于教师只检验了 3 名学生是否掌握先备技能,因此其余 5 名学生或其中部分学生可能并没有掌握。如果是这种情况,学生可能还没准备好学习新内容。

可能的解决方案:让所有学生都呈现出自己的先备技能水平,以验证他们是否准备好学习新的目标技能。

2. 在讨论为什么要掌握本课的目标技能时,教师告诉他们所有的理由。

潜在问题:由于讨论的目的是提高学习新技能的积极性,因此建议尽量让学生参与讨论,这样学习的目的会更加个性化。

可能的解决方案:询问学生为什么要学习这项技能,以及它在何时、何处可能有用。不过,有时目标技能很陌生,学生一开始无法确定其相关性。在这种情况下,教师可以先告诉他们重要性,然后让学生复述,再扩展到其他理由。

3. 在示范解决两位数加法问题的新技能时,教师先示范一次,然后询问大家是否理解。

潜在问题:询问学生是否理解教师的示范并不能确认他们已经理解。许多学生在不理解时也会回答"是",以避免在同学面前显得"愚蠢"。

可能的解决方案:通过提问让学生参与到示范中来(在教师示范一两次之后)。教师从他们的回答中获知他们是否真正理解了自己的说法和做法。

4. 在示范需要进位的两位数加法问题的新技能时，教师先示范一次，然后直接进入指导练习。

潜在问题：通常一次示范是不够的，尤其是当目标技能比较复杂时。如果学生不参与示范，教师就不知道学生能做什么或是否理解。在没有学生参与的情况下，做完示范后就直接进行指导练习，会增加学生出错的可能。

潜在的解决方案：如果目标技能较难，至少示范两次，然后让学生参与进一步的示范。

5. 在指导练习环节，教师首先进行高水平的口头提示（即"告诉"），然后说："大家做得很好。下一道题自己做。"

潜在问题：鉴于学生只在教师的大力支持下完成了一个题目，要求他们自己完成一个题目可能会导致错误，产生挫败感。

可能的解决方案：在要求学生独立完成任务或题目之前，提供更多的指导练习机会，并减弱提示的力度。

第 3 章

应用 3.1、3.2 和 3.3 练习的反馈见第 3 章。

【应用 3.4】

编写学生友好型解释

对象与情境	词汇：词典或术语表的定义	学生友好型解释
二年级学生朗读	nervous (adj.): easily agitated, excited, or irritated; apprehensive [焦虑的（形容词）：容易激动、兴奋或烦躁；忧虑]	When you feel frightened or worried, you feel nervous. (Developed from definition provided in Longman Dictionary of American English, 2006)（当你感到恐惧或担心时，你会感到紧张。）（根据 2006 年版《朗文美式英语词典》中的定义改写。）
五年级学生阅读课	cower (v.): to crouch from something that menaces or dominates [畏缩（动词）：躲避威胁或控制]	When you cower, you crouch down or curl up because you are afraid.（当你畏缩时，你会因为害怕而蹲下或蜷缩起来。）

对象与情境	词汇：词典或术语表的定义	学生友好型解释
七年级学生语言艺术课	sublime (adj.): of such magnificence, grandeur, or exquisiteness as to inspire great veneration ［崇高的（形容词）：如此壮丽、宏伟或精美绝伦，令人肃然起敬］	If you describe something as sublime, you mean that it has a wonderful quality that affects you deeply. (Developed from definition provided in Collins COBUILD Student's Dictionary, 2005)（如果你用"崇高"来形容一件事物，你的意思是它有一种深深影响你的美妙品质。）（根据2005年版《柯林斯COBUILD学生词典》中的定义改写。）
十一年级学生科学课	empirical (adj.): based on, related to; verifiable by experience, experiment, or observation ［经验的（形容词）：基于……，与之有关的；可通过经验、实验或观察进行验证］	Empirical knowledge or evidence is based on observation, experiment, and experience rather than theories. (Developed from definition provided in Collins COBUILD Student's Dictionary, 2005)（经验知识或证据是基于观察、实验和经验的，而不是理论的。）（根据2005年版《柯林斯COBUILD学生词典》中的定义改写。）

【应用3.5】

确定定义的关键属性

定义	关键属性或属性
independent variable（自变量） 自变量是实验中有意改变的变量。	independent variable（自变量） • 实验变量 • 有目的的改变
immigration（移民） 移民是指人们进入一个国家并准备在那里生活和工作的过程。	immigration（移民） • 进入一个国家的人们 • 准备在那里生活和工作
retaliate（报复） 当你以伤害某人来回应其对你造成的伤害或犯的错误时，就是在报复。	retaliate（报复） • 伤害某人 • 回应某人对你造成的伤害或犯的错误

【应用 3.6】

设计例子和非例子

关键属性或属性	例子	非例子
immigration（移民） • 进入一个国家的人们 • 准备在那里生活和工作	如果巴西人来到美国的想法是找到工作并建立一个新的永久家园，这就是一种移民行为。	如果巴西人来美国探望表亲，逗留两周，这不是移民，因为他们无意在美国生活或工作。 如果一个巴西家庭因为新的工作机会从巴西南部搬到了巴西北部，这也不是移民，因为他们并没有去一个新的国家。
sufficient（充足） • 足够	油漆工有 5 加仑油漆，很容易就涂满了房子的外墙。油漆足够了。	油漆工有 5 加仑油漆，油漆只覆盖了房屋四面外墙中的三面。油漆不够。
retaliate（报复） • 伤害某人 • 回应某人对你造成的伤害或犯的错误	詹姆斯在他的博客上写了许多关于贾斯汀的谎言。这些谎言伤害了贾斯汀，所以他在博客上写了关于詹姆斯的更刻薄的话作为报复。	伯纳德在他的博客上写了关于贾斯汀的谎言。虽然这些谎言真的伤害了贾斯汀，但他决定不理会这些评论，因为他意识到伯纳德经常撒谎。贾斯汀没有报复。 伯纳德在他的博客上写了关于贾斯汀的谎言。但事实上之前贾斯汀从未以任何方式伤害过伯纳德。伯纳德不是在报复，因为他不是在回应受到的伤害。他只是太缺德了。

第 4 章

【应用 4.1】

确定规则中的关键属性

规则 4：使用逗号分隔三个或三个以上的单词 / 词组。
关键属性（如果）：
 • 单词 / 词组。

- 三个或三个以上。

那么：用逗号分隔。

规则 5：当单词以元音-辅音-e 结尾，若要添加以元音开头的后缀时，去掉 e。

关键属性（如果）：
- 单词以元音-辅音-e 结尾。
- 后缀以元音开头。

那么：去掉 e。

【应用 4.2】

创建例子以阐明规则

规则 4：使用逗号分隔三个或三个以上的单词/词组。

关键属性（如果）：
- 单词/词组。
- 三个或三个以上。

那么：用逗号分隔。

例子：
- Cameron, Cecilia, Jamie, and Cedric all take the bus to school.（卡梅伦、塞西莉亚、杰米和锡德里克都乘校车上学。）
- Jasmine purchased notebook paper, pens, and a ruler for school.（贾丝明购买了笔记本、钢笔和尺子等学习用品。）
- The children's favorite activities included playing dodge ball, reading library books, painting, working in the garden, and writing stories.（孩子们最喜欢的活动包括玩躲避球、读图书馆的书、画画、在花园里劳动和写故事。）
- Brianna was described as being extraordinarily energetic, hard-working, independent, humorous, and kind.（布里安娜被描述为非常有活力、勤奋、独立、幽默和善良的。）

备注：本组例子的内容非常丰富，有些例子包含三个单词/词组，有些则包含四个或五个单词/词组。此外，例子中有些单词是名词，有些则是形容词或动词词组。

规则 5：当单词以元音-辅音-e 结尾，若要添加以元音开头的后缀时，去掉 e。

关键属性（如果）：
- 单词以元音-辅音-e 结尾。
- 后缀以元音开头。

那么：去掉 e。

例子：
hate + ing = hating
shine + ing = shining
time + ed = timed
debate + able = debatable
require + ed = required

【应用 4.3】

创建非例子以阐明规则

规则 4：使用逗号分隔三个或三个以上的单词／词组。

关键属性（如果）：

- 单词／词组。
- 三个或三个以上。

那么：用逗号分隔。

例子：

- Cameron, Cecilia, Jamie, and Cedric all take the bus to school. （卡梅伦、塞西莉亚、杰米和锡德里克都乘校车上学。）
- Jasmine purchased notebook paper, pens, and a ruler for school. （贾丝明购买了笔记本、钢笔和尺子等学习用品。）
- The children's favorite activities included playing dodge ball, reading library books, painting, working in the garden, and writing stories. （孩子们最喜欢的活动包括玩躲避球、读图书馆的书、画画、在花园里劳动和写故事。）
- Brianna was described as being extraordinarily energetic, hard-working, independent, humorous, and kind. （布里安娜被描述为非常有活力、勤奋、独立、幽默和善良的。）

非例子：

- Cameron and Cedric all take the bus to school. （卡梅伦和锡德里克都乘校车上学。）
- Jasmine purchased numerous supplies for school. （贾丝明购买了许多学习用品。）
- The children's favorite activities included reading library books and writing engaging stories. （孩子们最喜欢的活动包括读图书馆的书以及编写引人入胜的故事。）
- Brianna was described as being extraordinarily energetic and passionately independent. （布里安娜被描述为精力充沛且热情独立的。）

备注：无论是例子还是非例子，这些句子中的单词的类型（名词、动词、形容词）、单词／词组在句子中的位置以及需要分割的单词／词组数量方面都有很大的区别。句子的内容大同小异，因此学生必须关注关键属性（句子中有三个或三个以上单词／词组），以确定逗号的使用。

规则 5：当单词以元音-辅音-e 结尾，若要添加以元音开头的后缀时，去掉 e。

关键属性（如果）：

- 单词以元音-辅音-e 结尾。
- 后缀以元音开头。

那么：去掉 e。

例子：	非例子：
hate + ing = hating	hate + ful = hateful
shine + ing = shining	shoe + ing = shoeing
time + ed = timed	time + less = timeless
debate + able = debatable	agree + able = agreeable
require + ed = required	require + ment = requirement

备注：在教授本条规则时，使用仅在一个关键属性上不同的例子和非例子特别有用。例如，使用例子 require + ed 和非例子 require + ment 可以促使学生考虑后缀第一个字母的重要性。使用例子 debate + able 和非例子 agree + able 可以促使学生注意单词是否以元音-辅音-e 结尾。

【应用 4.4】

规则的表述

第 1 组

答案：我们的选择是第 2 项。第 1 项实际上是不准确的，因为当单词以元音和 y 结尾或后缀为 ing 时，y 不会变为 i。

第 2 组

答案：我们的选择是第 3 项。第 1 项准确但冗长，第 2 项简短但不准确。

【应用 4.5】

规则课程的设计

规则 A：拼写课

情境：五年级教室	
步骤 1：介绍规则。 我们将学习一条关于在单词以 e 结尾时添加后缀的拼写规则。当一个单词以元音-辅音-e 结尾，若要添加一个以元音开头的后缀时，请去掉 e。当一个单词以元音-辅音-e 结尾，若要添加一个以元音开头的后缀时，请去掉_____。e。	
步骤 2：用例子和非例子阐明规则。	
例子： ride + ing =	这里有单词 ride，我想加上后缀 ing。ride 以元音-辅音-e 结尾。（教师指向字母 i、d 和 e。）而后缀 ing 以元音开头。（教师指向 ing 中的字母 i。）所以我去掉了字母 e。（教师划掉字母 e，写出 riding。）大家一起拼。r-i-d-i-n-g。
例子： fame + ous =	这里有单词 fame，我想加上后缀 ous。fame 以元音-辅音-e 结尾。（教师指向字母 a、m 和 e。）而后缀 ous 以元音开头。（教师指向 ous 中的字母 o。）所以我去掉了字母 e。（教师划掉字母 e，写出 famous。）大家一起拼。f-a-m-o-u-s。
例子： excite + ing =	这里有单词_____。excite。我想加上后缀_____。ing。excite 以元音-辅音-e 结尾。（教师指向字母 i、t 和 e。）而后缀 ing 以元音开头。（教师指向 ing 中的字母 i。）所以我去掉了字母 e。（教师划掉字母 e，写出 exciting。）大家一起拼。e-x-c-i-t-i-n-g。

(续表)

非例子： excite + ment =	这里有单词＿＿＿＿。excite。我想加上后缀＿＿＿＿。ment。excite 以元音–辅音–e 结尾。（教师指向字母 i、t 和 e。）而后缀 ment 不以元音开头，所以我无须去掉字母 e。（教师写出 excitement。）大家一起拼。e–x–c–i–t–e–m–e–n–t。
步骤 3：引导学生利用关键属性分析例子和非例子。	
例子： use + ing =	我们一起来。这里有单词＿＿＿＿。use。我们想加上后缀＿＿＿＿。ing。use 是以元音–辅音–e 结尾吗？是的。后缀 ing 是以元音开头的吗？是的。我们要去掉字母 e 吗？要。请书写 using。（教师在黑板上写 using。）检查你的拼写。（停顿。）大家一起拼。r–i–d–i–n–g。
非例子： use + ful =	我们一起来。这里有单词＿＿＿＿。use。我们想加上后缀＿＿＿＿。ful。use 是以元音–辅音–e 结尾吗？是的。后缀 ful 是以元音开头的吗？不是。我们要去掉字母 e 吗？不用。请书写 useful。（教师在黑板上写 useful。）检查你的拼写。（停顿。）大家一起拼。u–s–e–f–u–l。
非例子： see + ing =	我们一起来。这里有单词＿＿＿＿。see。我们想加上后缀＿＿＿＿。ing。see 是以元音–辅音–e 结尾吗？不是。后缀 ing 是以元音开头的吗？不是。我们要去掉字母 e 吗？不用。请书写 seeing。（教师在黑板上写 seeing。）检查你的拼写。（停顿。）大家一起拼。s–e–e–i–n–g。
例子： race + ist =	（教师使用相同的表述引导学生分析这些词语。）
例子： pure + ity =	
步骤 4：利用例子和非例子检查学生的理解情况。	
例子： slice + ing =	现在轮到你们了。这里有单词＿＿＿＿。slice。我们想加上后缀 ing。请书写 slicing。（教师监督。学生写完后，教师提供反馈。）slice 是以元音–辅音–e 结尾的吗？是的。后缀 ing 是以元音开头的吗？是的。我们要去掉字母 e 吗？要。（教师在黑板上写 slicing。）检查你的拼写。（停顿。）大家一起拼。s–l–i–c–i–n–g。
非例子： shame + ful =	这里有单词＿＿＿＿。shame。我们想加上后缀＿＿＿＿。ful。请书写 shamful。（教师监督。学生写完后，教师提供反馈。）shame 是以元音–辅音–e 结尾的吗？是的。后缀 ful 是以元音开头的吗？不是。我们要去掉字母 e 吗？不用。（教师在黑板上写 shamful。）检查你的拼写。（停顿。）大家一起拼。s–h–a–m–f–u–l。

(续表)

例子： shame + ed =	（教师继续举出更多的例子和非例子，并提供反馈。注意，教师要在每次举例之后都提供反馈，而不是在6次举例之后才提供反馈，这样可以提高准确率。）
非例子： free + ing =	
非例子： shape + less =	
例子： shape + able =	

规则 B：标点符号课

情境： 六年级写作课	
步骤1：介绍规则。 我们将学习如何在一个句子中列举多个项目时正确添加逗号。规则如下：当句子中列举三个或更多项目时，需在每个项目后添加逗号分隔，最后一个项目前使用"和"且不加逗号。	
步骤2：用例子和非例子阐明规则。	
José, Jenny, and Marcus learned about different breeds of dogs.	和我一起读句子。José, Jenny, and Marcus learned about different breeds of dogs.（何塞、珍妮和马库斯学习了不同品种的狗。）此处有一系列人名：José, Jenny, Marcus。（教师在名字下面画线：José, Jenny, Marcus。）这个系列里有三个项目。三个项目需用逗号分隔，最后一个项目前不加逗号。（教师指向 José 和 Jenny 后面的逗号。）
Dachshunds, greyhounds, and beagles are hound breeds.	和我一起读句子。Dachshunds, greyhounds, and beagles are hound breeds.（腊肠犬、灵缇犬和比格犬属于猎犬品种。）此处有一系列项目：dachshunds, greyhounds, beagles。（教师在项目下面画线：dachshunds, greyhounds, beagles。）这个系列里有三个项目。三个项目需用逗号分隔，最后一个项目前不加逗号。（教师指向 dachshunds 和 greyhounds 后面的逗号。）
Pekingese and toy poodles are types of toy dogs.	和我一起读句子。Pekingese and toy poodles are types of toy dogs.（北京犬和玩具贵宾犬是玩具犬的种类。）此处有一系列项目：pekingese, toy poodles。（教师在项目下面画线：pekingese, toy poodles。）但是，这个系列里只有两个项目，无须用逗号分隔。

（续表）

The children sat quietly, listened to the story, and laughed.	和我一起读句子。The children sat quietly, listened to the story, and laughed.（孩子们安静地坐下，听了故事，然后笑了。）此处有一系列项目：sat quietly, listened to the story, laughed.（教师在项目下面画线：sat quietly, listened to the story, laughed。）这个系列里有三个项目。三个项目需用逗号分隔，最后一个项目前不加逗号。（教师指向 sat quietly 和 listened to the story 后面的逗号。）
步骤 3：引导学生利用关键属性分析例子和非例子。	
Megan Joshua and Andrew go to the same school.	和我一起读句子。Megan Joshua and Andrew go to the same school.（梅根乔舒亚和安德鲁上同一所学校。）是否存在系列项目？是的。每组的 1 号同学，告诉你的同伴系列中的项目。（教师点名学生。）系列中的项目是什么？Megan, Joshua and Andrew。（教师在项目下面画线：Megan, Joshua, Andrew。）系列里有三个或更多项目吗？是的。需要用逗号分隔吗？是的。Megan 后面需要加逗号吗？是的。Joshua 后面需要加逗号吗？是的。Andrew 后面需要加逗号吗？不需要。（教师加上逗号。）
However, they take only English and social studies together.	和我一起读句子。However, they take only English and social studies together.（不过，他们只一起上英语和社会研究课。）是否存在系列项目？是的。每组的 2 号同学，告诉你的同伴系列中的项目。（教师点名学生。）系列中的项目是什么？English and social studies。（教师在项目下面画线：English, social studies。）系列里有三个或更多项目吗？没有。需要用逗号分隔吗？不需要。
Megan's favorite school activities are reading books painting pictures writing stories and completing science experiments.	和我一起读句子。Megan's favorite school activities are reading books painting pictures writing stories and completing science experiments.（梅根最喜欢的校园活动是读书画画写故事和做科学实验。）是否存在系列项目？是的。每组的 1 号同学，告诉你的同伴系列中的项目。（教师点名学生。）系列中的项目是什么？reading books, painting pictures, writing stories, and completing science experiments。（教师在项目下面画线：reading books, painting pictures, writing stories, completing science experiments。）系列里有三个或更多项目吗？是的。需要用逗号分隔吗？是的。books 后面需要加逗号吗？是的。pictures 后面需要加逗号吗？是的。stories 后面需要加逗号吗？是的。experiments 后面需要加逗号吗？不需要。（教师加上逗号。）

(续表)

步骤 4：利用例子和非例子检查学生的理解情况。	
Joshua enjoys investigating historical events and solving math problems.	和我一起读句子。Joshua enjoys investigating historical events and solving math problems.（乔舒亚喜欢研究历史事件和解决数学问题。）在系列里的各项目下面画线，如有需要，添加逗号。（教师监督。）每组的 1 号同学，向同伴解释你的答案。2 号同学，若不同意，请提出你的观点。（教师点名学生回答。）系列中有两个项目：investigating historical events, solving math problems。只有两项，因此不用加逗号。
Each student must have many school supplies including a notebook notebook paper two pencils two pens a yearly calendar a ruler and one art tablet.	和我一起读句子。Each student must have many school supplies including a notebook notebook paper two pencils two pens a yearly calendar a ruler and one art tablet.（每位学生需准备许多学习用品，包括一个笔记本、笔记本纸、两支铅笔、两支钢笔、一本年历、一把尺子和一个绘画板。）在系列里的各项目下面画线，如有需要，添加逗号。（教师监督。）每组的 2 号同学，向同伴解释你的答案。1 号同学，若不同意，请提出你的观点。（教师点名学生回答。）系列中有七个项目：a notebook, notebook paper, two pencils, two pens, a yearly calendar, a ruler, one art tablet。我在每个项目后加逗号，但 tablet 后不加逗号。

注：引自 Archer, Gleason, & Vachon（2005）。Copyright 2005 by Sopris West Educational Services. 经许可改编。

第 5 章

【应用 5.2】

对教室布置的分析

特殊教育教室——例子

可取之处：

- 为全班授课、小组授课、操作电脑、听 CD 和有声书籍划定了特定的区域。
- **全班教学区**
  - 教师有一张放置投影仪和教学材料的桌子。其他教学材料就放在附近，方便取用。在教室前部授课时，教师可以看到教室的所有区域，并可以四处走动，监督学生。

- 全班教学时，学生坐在课桌前，面向教师，可以很方便地与同伴分享答案。学生可以把学习用品放在课桌里，也可以从书架上轻松拿取其他学习材料。

- **小组教学区**
  - 为教师和助教指定了教学区。在这两个区域，教师可以方便地取用教学材料，并在白板上书写。
  - 教师和助教都面向学生，这样可以监督他们独立学习。从小组教学区可以看到教室的所有地方。
  - 同小组的学生都围着马蹄形桌子坐，离教师或助教很近。

- **总体氛围**
  - 教师张贴的信息能引导学生的行为（规则海报），支持学生的努力学习（策略海报、词汇表、评分标准），提示课堂常规（作业箱、迟到箱），并表彰学生的努力（对学生的作品进行展示）。
  - 教师的办公桌位于教室的后面，这表明它不是教师在授课时使用的，而是在课前和课后。

特殊教育教室——非例子

建议

- **全班教学区**
  - 投影仪被放在推车上，这样就没有足够的空间放置必需的教学材料，如手册、笔和透明胶片。将所有教学材料放在一张桌子上，可以更好地为教师提供支持。
  - 学生围坐在一起时，有一半的孩子没有面向教师。如果学生面向教师，坐在课桌前，他们更有可能专注于学习。
  - 教师的办公桌位于教室的前面时，会导致教师在办公桌前花费的时间比办公桌位于教室后面时多。
  - 当教师站在教室前面时，就很难监督学生与助教一起学习或在自由阅读区阅读的情况。

- ○ 没有标识显示教师的教学材料有序地放在附近。
- 小组教学区
  - ○ 虽然为教师和助教指定小组教学区域是可取的，但如果这些区域靠得太近，可能会分散他们的注意力。
  - ○ 使用能让教师和学生靠得更近的桌子非常好。然而，助教应站在桌子的另一侧，以便监督教室的其他地方，教师面前也不应有大的障碍物（独立的书柜），以免影响其视线和监督学生。
- 总体氛围
  - ○ 电脑操作区有一些潜在的挑战，因为学生似乎是面对面的，而且电脑工作台的摆放使得教师无法进行视觉监督。
  - ○ 虽然教师张贴了规则和学生作业，还添加了自然场景的图片，使教室更有吸引力，但没有张贴任何有助于学业教学的材料（如策略海报、评分标准）。

小学教室——例子

可取之处

- 为全班教学、小组教学、地板活动和电脑操作划定了专门区域。
- 地板活动区
  - ○ 这个区域在一天开始时用于公布日程表上的活动和为学生朗读书籍。教师明智地将书籍中已明确教授的新单词张贴出来，以便学生快速复习。
  - ○ 这个区域也是自由阅读区，学生可以随时取阅书籍。
  - ○ 教师在这一区域授课时，可以看到教室的所有其他区域。
- 全班教学区
  - ○ 教师可以使用白板或投影仪为整个班级授课。
  - ○ 投影仪和其他教学材料放在教室前面的桌子上。教师可以从附近的书架上取用教学材料。
  - ○ 学生的课桌虽然集中，但并不凑在一起，所有学生都可以面向教师。
  - ○ 在排课桌时，教师在课桌间开辟了一条过道，更方便监督。
- 小组教学区
  - ○ 教学桌子和教师椅子的位置便于教师在小组教学时监督教室的各

个区域。
- 教师在上课时可以在白板上写字。
- 学生离教师很近,不会被同桌的同学分心。

- **其他可取之处**
  - 从教室前面和小组教学区的桌前都可以看到电脑工作台。
  - 学生储物柜设在门旁,便于存放外套和靴子。
  - 布告栏上的张贴内容呈现了期望行为(规则海报)、学业表现(词汇表、策略海报)和学生园地(学生作品和图片),为教育环境增色不少。

小学教室——非例子

建议

- **全班教学区**
  - 教师把投影仪放在桌子上,可以选择使用投影仪或白板。不过,这也是值得称赞的地方。
  - 学生一组组地凑在一起坐,班级中有一半的学生未面向教师——这两个因素肯定会影响学生的注意力和完成任务的行为。
  - 在全班教学中,教师的办公桌和放有学生材料的桌子的摆放位置会妨碍教师监督学生。
  - 在教室前面授课时,教师无法观察坐在教室前面地毯、后面地毯上的学生。

- **小组教学区**
  - 遗憾的是,教师无法观察到教室的所有区域……但学生可以。这一错误,再加上前面提到的那些错误,可能会导致学生出现问题行为。
  - 虽然教师在小组讨论区有一块白板,但受制于目前的家具布置,无法使用。
  - 没有标识显示在教师附近存放了教学材料。

- **其他建议**
  - 教师已经张贴了许多非常可取的东西:儿童艺术作品展示、词汇表和班级日历。不过,如果能增加一张规则海报和一些学生作品(不仅仅是艺术作品），会更有帮助。

○ 学生储物区靠近门口是件好事，但投影桌的放置会妨碍学生排队。

中学语言艺术教室——例子

可取之处

- 课本、作业箱和迟到箱都放在靠近门口的地方，以便学生在上课前整理好。
- 学生课桌成排摆设，但也可以两人一组，以便同伴合作。
- 学生都面向教室前方。
- 学生已经拿到了座位表，上面标明了他们的座位和相应的编号。还为每个学生分配了一个同伴（坐在邻桌的学生），划入一个更大的"小组"，"小组"成员偶尔会聚集在教室的角落讨论事情。
- 教师将所有的技术设备都摆放在教室前面的桌子上，以便在教学过程中面向学生使用。
- 教学材料就在附近，便于取用。
- 教师可以很容易地看到教室的所有区域，包括听讲的学生和电脑工作台前的学生。
- 没有任何障碍物会影响教师走动和监督学生。
- 张贴了适当行为（规则）、完成作业（班级日历、主要任务信息、评分标准）、教学（写作过程海报、词汇表、英格兰地图）和专注行为（"时间在流逝，你在干吗？"）的支持材料。教师还展示了学生的作业，并提供了以前学生的任务成果范例。
- 教师在教室后面设立了一个"办公室"（有办公桌、文件柜、储藏柜），与教学区隔开。这种安排表明，在上课时间，教师并不是待在办公桌前，而是在与学生互动。

中学语言艺术教室——非例子

建议

- 首先，教师的办公桌应移到教室后面，教师在教室后面找一个地方，为课前和课后活动做计划。目前的位置阻碍了学生进出教室。此外，教师坐在办公桌前的教学时间可能过长。

- 教师将所有的教学技术设备都放在了桌子上。然而，由于桌子、文件柜和教师办公桌都摆放在教室前面，实际上在教师和学生之间形成了一道障碍。教师必须绕过这道障碍，才能在学生独立学习或回答问题时对他们进行监督。
- 将学生排成一排有利于他们独立完成作业，但在教学过程中，教师可能希望学生挨着他们的同伴，便于分享。教师的教学材料放在教室后面，因此在教学过程中无法取用。同样，学生的学习用品也无法取用，学生需要跨越高高的文件柜或课桌才能拿到。
- 教师在教室里张贴了许多有关英格兰的信息和装饰品。但是，教室里缺少规则海报、学生作业展示、词汇表、参考资料、评分标准、学习策略海报等。

第 6 章

【应用 6.1】

对积极参与的课堂的分析

对课程示例的非例子的反思

课程示例的非例子的问题：

- 回答机会非常有限。当然，这节课并不是互动式教学的范例。
- 没有使用齐声回答的策略，因此参与进来的学生很少。
- 尽管问题所要求的信息已向所有学生介绍过，但是仅点名志愿者学生回答问题。点名志愿者学生回答的问题应该是学生可以根据个人背景知识或经验回答的。
- 未在班级成员中合理分配轮流回答问题的机会。一名叫贾森的学生得到更多的回答机会。

对课程示例的反思

与非例子课程相比，本课的改进措施包括：

- 要求学生做出许多回答。
- 大多数回答都需要所有学生参与，包括齐声回答（当所需答案简短且相同时）、书面反应（在复合词中的两个单词下面画线）和同伴回答（向同伴解释示例）。

- 在点名个别学生之前，教师让学生与他们的同伴分享——这一程序可能会提高学生的准确性和自信心。
- 让学生进行大量练习。
- 在介绍如何确定复合词含义的策略时，教师对每个示例都使用了教学常规，从而使节奏变得明快。

第 7 章

【应用 7.1】

纠正的例子与非例子

纠正程序	分析
项目 D. 非例子 （学生正在阅读的文本。） Bry and Grace, the best artists in fifth grade, raced to Ms. Pateros's room. Ms. Pateros was to announce the winner of the "Rural Youth Painting Contest." While most of the students had only spent a few minutes on their entries, the girls had worked for weeks on their watercolor paintings of the rolling fields of Kansas, being careful to meet all the requirements for the contest and to create a painting full of detail and beauty. Each was sure that she was the winner. （段落大意：布里和格蕾丝是五年级最棒的艺术家，她们一路飞奔到帕特罗斯老师的房间。帕特罗斯老师即将宣布"乡村青年绘画比赛"的获胜者。大多数学生的参赛作品只花了几分钟就完成了，而这两个女孩却花了好几周时间创作她们的水彩画——画的是堪萨斯州连绵起伏的田野。她们精心雕琢，不仅严格符合	纠正是： √ a. 已提供。 √ b. 即时的。 ___ c. 适当的纠正类型（参见表 7.1）。 ___ d. 具体地传达了信息。 √ e. 关注正确（而非错误）回答。 √ f. 使用了适当的语气。 ___ g. 以学生给出正确答案为结束。 **评论：** 　　虽然教师给斯蒂芬的即时反馈集中在正确的回答上，但更恰当的做法是引导斯蒂芬找到正确的答案，这样他就能明白文字的字面信息可以支持他回答高阶问题。另外，斯蒂芬在得到反馈后没有做出任何回答。

(续表)

比赛的所有要求，还让画作充满了细节与美感。两人都笃定自己会是赢家。） （学生阅读完这段文字后，教师提问。）为什么布里和格雷丝都认为自己会赢得比赛？（教师给出思考时间。）斯蒂芬？因为她们参加了比赛。不，斯蒂芬，她们两个都认为自己是赢家，是因为她们是五年级最好的艺术家，花了大量时间作画，并努力使画作充满细节、美感，这与比赛的要求完全一致。	
项目 D. 例子 （学生阅读完这段文字后，教师提问。）为什么布里和格雷丝都认为自己会赢得比赛？（教师给出思考时间。）斯蒂芬？因为她们参加了比赛。 **你的纠正：** 斯蒂芬，让我们回顾一下我们所了解到的有关布里和格雷丝的信息，这些信息可以帮助我们回答这个问题。布里和格雷丝是才华横溢的艺术家还是拙劣的艺术家？她们的水彩画，告诉了我们什么？她们画了几个星期……她们在画中加入了很多细节，使它们变得更加美丽……而且，她们努力做到所有比赛要求。很好，那你觉得为什么每个女孩都认为自己会赢呢？她们两个都是优秀的艺术家，她们努力把自己的画画得细致、漂亮，比其他孩子花了更多的时间。此外，她们还很认真，确保自己的画符合比赛的所有要求。	**纠正是：** √ a. 已提供。 √ b. 即时的。 √ c. 适当的纠正类型（参见表 7.1） √ d. 具体地传达了信息。 √ e. 关注正确（而非错误）回答 √ f. 使用了适当的语气。 √ g. 以学生给出正确答案为结束。 **评论：** 教师通过提出低层次的字面问题，引导斯蒂芬对高阶问题做出适当的回答。教师在向斯蒂芬演示，回答高阶问题需要将文字的字面信息组合在一起。最后，斯蒂芬给出了正确的答案。
项目 E. 非例子 （黑板上的定义。） 经线 • 虚构的线 • 将地球分为东西半球 • 在极点相交 纬线 • 虚构的线 • 将地球分为南北半球 • 从不相交	**纠正是：** √ a. 已提供。 √ b. 即时的。 ____ c. 适当的纠正类型（参见表 7.1）。 ____ d. 具体地传达了信息。 √ e. 关注正确（而非错误）回答。 ____ f. 使用了适当的语气。 ____ g. 以学生给出正确答案为结束。 **评论：** 这种纠正没有任何教学价值。教师

(续表)

我们来回顾一下经线和纬线。赤道是经线还是纬线？与你的同伴讨论一下。（停顿。）埃米，是经线还是纬线？<u>经线</u>。埃米，你不记得了吗？我们昨天谈到过这个。赤道是纬线。	不仅语气消极，也没有提供任何信息来帮助埃米理解这些概念。询问埃米是否记得前一天讨论的内容并不是一个有用的提示，因为它没有提供任何有用的信息。
项目 E. 例子 　　我们来回顾一下经线和纬线。赤道是经线还是纬线？与你的同伴讨论一下。（停顿。）埃米，是经线还是纬线？<u>经线</u>。 **你的纠正：** 　　同学们，我们一起来研究这个问题。（教师举起地球仪。）这条线代表赤道。它代表什么？<u>赤道</u>。当然，我们知道赤道是地球上的一条虚线，而不是实线。请注意，赤道将地球分为南北两部分。（教师指向赤道以北的部分，然后指向赤道以南的部分。）另外，赤道在两极交汇吗？<u>不交汇</u>。那么，如果这条虚线把地球分成南北两部分，但没有在两极交汇，它是纬线还是经线呢？（停顿。教师引导学生注意定义。）同学们？<u>纬线</u>。每组的1号同学，请向你的同伴解释为什么代表赤道的虚线是纬线。（教师走动并倾听解释。稍后，教师再次提出这个问题。）	**纠正是：** 　√ a. 已提供。 　√ b. 即时的。 　√ c. 适当的纠正类型（参见表7.1）。 　√ d. 具体地传达了信息。 　√ e. 关注正确（而非错误）回答。 　√ f. 使用了适当的语气。 　√ g. 以学生给出正确答案为结束。 **评论：** 　　通常情况下，一个学生出错说明班上很多人也都没有掌握。因此，让所有学生都参与到纠正过程中来，加强每个人的学习，往往是合适的方法。在这个纠正过程中，教师教授有关纬线的知识，并将重点放在正确的回答上。此外，以所有学生给出正确答案结束纠正程序。课后，教师会再次检查学生对概念的理解。
项目 F. 非例子 　　每个正方形的一条边代表1英尺。计算这个图形的周长。（停顿。）将你的答案与同伴的答案进行比较。（停顿。）乔纳森，你的答案是什么？<u>20平方英尺</u>。约翰逊，那是图形的面积。面积是图形涵盖的平方单位数量。周长应是22英尺。所以，乔纳森，周长是多少？<u>22英尺</u>。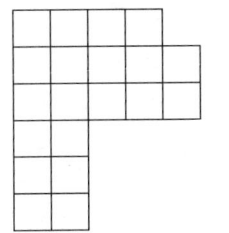	**纠正是：** 　√ a. 已提供。 　√ b. 即时的。 　＿ c. 适当的纠正类型（参见表7.1）。 　＿ d. 具体地传达了信息。 　＿ e. 关注正确（而非错误）回答。 　√ f. 使用了适当的语气。 　√ g. 以学生给出正确答案为结束。 **评论：** 　　虽然纠正的语气是尊重的，但教师把重点放在了错误的回答上，并且几乎没有提供任何信息来帮助乔纳森今后更成功地确定周长或区分面积和周长的概念。

(续表)

项目 F. 例子	纠正是：
每个正方形的一条边代表 1 英尺。计算这个图形的周长。（停顿。）将你的答案与同伴的答案进行比较。（停顿。）乔纳森，你的答案是什么？ 20 平方英尺。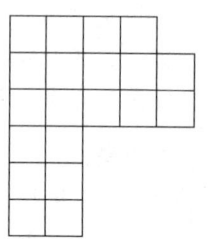	√ a. 已提供。 √ b. 即时的。 √ c. 适当的纠正类型（参见表 7.1）。 √ d. 具体地表达了信息。 √ e. 关注正确（而非错误）回答 √ f. 使用了适当的语气。 √ g. 以学生给出正确答案为结束。
你的纠正： 　　周长是对图形或物体边缘长度的测量。同学们，测量一个图形或物体边缘长度的距离是？周长。在这个图中，我们可以数出图形长度的英尺数。大家帮帮我。我会在我们数出的每一英尺上做记号。（教师和学生大声数出图形边缘的长度。）那么，各位，周长是多少？ 22 英尺。（教师出示其他图形，请学生确定面积或周长。）	评论： 　　这一纠正程序让所有学生都参与进来，澄清了周长的概念，并引导学生得出正确的答案。这一纠正程序会有助于学生今后确定周长。此外，教师还通过其他例子检查了学生的理解情况。

【应用 7.2】

表扬的例子与非例子

表扬的措辞	分析
项目 C. 非例子 　　这周我们一直在学习有关 i 在 e 之前（除了 c 之后）的拼写规则。我说一个单词，请把它写在你的答题板上。第一个单词是 chief。写下来，请展示。（所有学生都拼写正确。）哇，你们做到了。你们都正确拼写了这个单词。在拼写 chief 时，你们记住了在 e 之前是 i 的规则。很多人都不知道这个规则，但是你们没有弄混。我刚刚收到我儿子的一封信……你知道的，就是那个上大学的……他把 receive 拼写成了 "r-e-c-i-e-v-e"。我第三节课教的那个班就弄混了。你们绝对不会犯那个错误。你们太聪明了。让我们尝试写另一个单词……	___ a. 有条件的（如果–那么）。 √ b. 具体的。 ___ c. 针对突出的表现。 ___ d. 关注成就和努力而非个人特质。 ___ e. 与学生自己比较而非与他人比较。 ___ f. 积极的、可信的和真诚的。 ___ g. 不引人瞩目。 评论： 　　这种表扬的主要问题是过多、过早、过滥，非常影响上课的流畅性。虽然教师给出了具体的表扬，但也包括与他人的比较和对个人特质的关注。照这样下去，教师这节课就无法完成单词听写了。教师需要阅读第 7 章的下一节内容，即"明快的节奏"。

(续表)

项目 C. 例子	√ a. 有条件的（如果-那么）。
这周我们一直在学习有关 i 在 e 之前（除了 c 之后）的拼写规则。我说一个单词，请把它写在你的答题板上。第一个单词是 chief。写下来，请展示。（所有学生都拼写正确。教师继续念出 niece、priest、receive、deceive、relief、ceiling 等单词，对学生的表现给予简短的肯定，如"很好""正确""完美"等，或者微笑。在班里的 24 名学生中，只有 2 人出现了错误，每人各错 1 次。） **你的表扬：** 同学们，你们真的在学习这些单词。你们一直遵守有关 i 在 e 之前的规则，除了在哪个字母之后？c。好极了。今天我们要学习另一个 i 不放在 e 之前的情况。这是另一个例外情况。	√ b. 具体的。 √ c. 针对突出的表现。 √ d. 关注成就和努力而非个人特质。 √ e. 与学生自己比较而非与他人比较。 √ f. 积极的、可信的和真诚的。 √ g. 不引人瞩目。 **评论：** 在这里，教师在听写过程中给予简短的肯定，使课程顺利进行。练习结束时，教师表扬学生的方式让学生感到真挚和诚恳。表扬应在所有单词都已听写且学生拼写正确（值得注意的表现）之后进行，表扬学生的努力和成就。这种表扬不会打断课堂的流程，而是作为下一个活动的自然过渡。
项目 D. 非例子 （黑板上写着：5.42、5.46、5.15、5.5、5.51。）我们一直在学习升序和降序。请把这些数字按照降序写在答题板上，纵向排列。（教师在教室里走动，检查学生的作业。然后教师在黑板上按照降序写下这些数字。）请检查你排列的数字是否与我的一样。（停顿。）如果你的数字与我的相同，请举手。（所有学生都举手。）做得好。你们真是太聪明了！	√ a. 有条件的（如果-那么）。 ___ b. 具体的。 √ c. 针对突出的表现。 ___ d. 关注成就和努力而非个人特质。 ___ e. 与学生自己比较而非与他人比较。 √ f. 积极的、可信的和真诚的。 √ g. 不引人瞩目。 **评论：** 教师通过在黑板上向学生展示正确答案来提供任务反馈，这是一种非常有效的做法。虽然表扬是积极的，但它关注的是个人特质（智力），而不是努力、认真或学习能力——学生可以操控的行为表现。
项目 D. 例子 （黑板上写着：5.42、5.46、5.15、5.5、5.51。）我们一直在学习升序和降序。请把这些数字按照降序写在答题板上，纵向排列。（教师在教室里走动，检查学生的作业。然后教师在黑板上按照降序写下这些数字。）请检查你排列的数字是否与我的一样。（停顿。）如果你的数字与我的相同，	√ a. 有条件的（如果-那么）。 √ b. 具体的。 √ c. 针对突出的表现。 √ d. 关注成就和努力而非个人特质。 √ e. 与学生自己比较而非与他人比较。 √ f. 积极的、可信的和真诚的。 √ g. 不引人瞩目。

(续表)

请举手。（所有学生都举手。） **你的表扬：** 　　在监督的过程中，我注意到你们认真地将整数、小数、十分位和百分位排成列。由于你们的细心，这个题目你们都做对了。干得好。	**评论：** 　　这里教师给予了具体的表扬，以加强学生今后的表现。表扬的重点是成绩和努力，是积极的，而且很容易融入课堂的流程中。

第 8 章

【应用 8.1】

设计初始练习、分散练习和累积练习

例 1：毕晓普老师的阅读课

学生：一年级学生

教师的计划：毕晓普老师需要对这五名学生进行小组指导。可以提供两个 15 分钟的教学时段以增加练习的安排。这两个时段应侧重能够提高学生阅读能力的基本要素：①每天复习读音；②每天复习不规则单词；③练习用字母–发音的关联读出单词；④阅读可解码段落。应经常（每周）对学生的读音、读单词和文章段落的流畅性进行评估，以便调整教学计划。

例 2：卡莉老师的数学课

学生：四年级学生

教师的计划：卡莉老师决定再设计 10 个与课程中提供的题目类似的题目。这些题目将用于示范、指导练习和自主练习以及初始技能练习。

【应用 8.2】

选择练习活动

情境 1

作业 A：　　　　　　　　　**排名：1（最佳选择）**

　　作业 A 要求学生认真思考每个单词的含义，这也是本课的教学目标。这项作业还有其他优点：①指导语简洁明了；②题目文本的阅读水平适当；③可在课堂上轻松批改或由教师快速批改。虽然创造型题目通常是更好的，但评分时间也很重要。在本案例中，由于学生必须以多种方式做出反应，教师可以很好地了解学生对单词的理解情况。

作业 B：　　　　　　　　　　　　排名：2（中等选择）

作业 B 的主要问题在于它是一个简单的识别任务，不需要学生深思熟虑。学生可能会通过排除法正确匹配单词和定义。

作业 C：　　　　　　　　　　　　排名：3（最差选择）

作业 C 中的任务其实是我们最喜欢的，因为它是一项要求学生仔细考虑单词含义的创造型任务。但是，题目文本的阅读水平很高，非目标词汇太难。正在学习 fragile、gratitude、cowered 的学生，还不认识 amphora、benevolence、cordiality、apprehension。学生不能独立完成这项作业。即使教师和学生一起完成，也不会有什么好处，因为学生的注意力会集中在非目标词汇上，而不是目标词汇上。

情境 2

作业 A：　　　　　　　　　　　　排名：1（最佳选择）

你在决定最佳作业时遇到困难了吗？我们的意图是让决定更具挑战性，同时也让大家知道，你往往只能从不足够完美的作业中进行选择。在情境 2 中，三个作业都存在挑战，但我们认为作业 A 是最佳选择。学生必须在没有任何支架的情况下写出体现两种拼写规则的单词，而且能从同伴那里得到即时反馈。学生可能也很高兴有机会与同伴合作，从纸笔作业中解脱出来。如果增加一些非例子（如辅音不双写或最后一个 e 不去掉的单词），这项作业就会得到很大的改进——这种修改很容易做到。

作业 B：　　　　　　　　　　　　排名：2（中等选择）

也许你选择这项作业是因为它是一项创造型任务，尽管其中提供了支架（提供了单词和词尾）。这项作业的优点在于使用了例子和非例子，包括差异最小的词对（如 hope + ing、hope + less），促使学生思考所复习的规则。遗憾的是，由于嵌入了对规则的再教学，作业指导语显得非必要且冗长。

作业 C：　　　　　　　　　　　　排名：3（最差选择）

也许你会将这项作业评为第 1 名，因为它的指导语简洁明了，而且任务要求仔细考虑了拼写规则。但是它的主要问题在于任务与目标不符，它是一项校对任务，而不是拼写任务。学生可能能够选出拼写正确的单词，但可能无法拼出该单词。

【应用 8.3】

案例研究：塞缪尔的个性化作业

对于这个案例，我们想询问你是否同意为萨缪尔布置更少的数学作业，因为他的困难（即在基本数学技能和数学知识方面的障碍、运动问题、处理速度和能力）导致他需要 2 个小时才能完成一项作业，而他的大多数同龄人可能只需要 30 分钟就能完成。与许多教学决策一样，这个决定也有各种各样的问题需要考虑。

首先是公平问题。如果大多数学生都必须完成作业，而有些学生不必完成作业，这是不公平的。本章提出了对公平问题的一种回应：公平并不是完全相同地对待每个人。对于这种情况，你可以从花费的时间与完成的作业数量的角度来看待作业。例如，塞缪尔要花两到三倍的时间才能完成同样数量的作业，这是否公平？

另一个需要考虑的问题是教学问题。也就是说，如果塞缪尔的老师减少他必须完成的题量，他就会失去一些练习长除法的机会——鉴于他在这方面的困难，他可能需要尽可能多地练习！虽然在某些情况下，这种担心是合理的，但需要考虑的一个变量是，对某项技能进行多少练习才算足够。就塞缪尔的情况而言，可以说25道题（尤其是长除法）不是必须做的，只要提供足够的分散练习，就可以减少题量。如果塞缪尔在拓展时段有多次机会练习该技能（所有学生都应如此），那么对于一次家庭作业，10道题可能就足够了。

最后一个问题与孩子每晚花2～3小时做家庭作业对家庭的影响有关。我们在第8章后面的内容中指出，尽管家庭作业是一种有效的教学工具，但做家庭作业的时间越长，学业回报也会越少。每晚做一个小时左右的家庭作业（视年级而定）所带来的收益有限，而塞缪尔晚上大部分时间都在做家庭作业，这对家庭互动质量有影响，因此有理由给他减少家庭作业量。

当然，如果为塞缪尔（以及所有学生）提供一份可以直接在上面书写的题目清单，就可以在一定程度上缩短完成这类家庭作业的时间。这样就省去了抄写的烦琐过程，让他可以把时间花在解决问题上——而这正是布置作业的初衷！

译后记

帮助特殊需要学生以及所有学生获得全面且适宜的发展，始终是教育的核心追求。多年从事融合教育及学习障碍研究和实践的经历让我愈发深刻地认识到，选择适宜且有效的循证教学方法是多么重要。然而，实践中存在两大困境：一方面，无论是在特殊教育学校还是在普通教育学校，因特殊需要学生的行为问题更易干扰正常教学秩序，教育者们都将更多精力投向了他们的社会适应能力培养，对学业发展难免"无暇"顾及；另一方面，融合教育学校的普通班级教师和资源教师，在面对特殊需要学生时，普遍缺乏课程与教学调整的专业技能和实践策略，导致在学业支持上常常"力不从心"。课程与教学是实现教育高质量发展的核心载体，是特殊需要学生全面适宜发展的关键支撑。因此，帮助教师掌握针对特殊需要学生的有效教学策略与实践方法已成当务之急。

目前国内缺少对特殊需要学生学业领域教学或干预方法的系统研究，而国外已积累了大量聚焦学生学业进步教学策略的研究与实践成果。其中，直接教学，作为一种教授学业概念和技能的结构化、系统化教学模式，不仅是适用于特殊需要学生个别化教学的最佳实践，也是普通教育中经验证最有效的方法之一。为此，我们挑选并翻译了《融合教育学科教学策略：直接教学》一书，旨在为特殊教育学校和普通学校从事特殊教育、融合教育工作的教师，提供一本内容全面、脉络清晰、实践性强的专业书籍，为当前国内特殊教育及融合教育领域的有效教学实践，提供针对性的参考与借鉴。

本书系统梳理了直接教学的基础，详细阐释了其在技能和策略、词汇和概念、规则领域的教学设计之中的应用，并深入解析了直接教学方法在教学组织、教学实施等方面的具体运用。全书逻辑清晰，结构紧凑，文字表达简洁明了。尤为值得一提的是其对读者的友好性：一方面，全书按照"设计教学—组织教学—实施教学"的逻辑展开，非常符合读者（尤其是教师）教学准备与实施的思维与行动路径；另一方面，书中穿插了大量类型丰富、代表性强的课程教学设计与课堂实录，直观展示理论如何落地实践，部分案例甚至可直接迁移至读者的教学场景。

从进入特殊教育领域以来，我始终专注于数学学习困难研究，也因此对特殊需要学生的学业干预与教学尤为关注。当华夏出版社特殊教育编辑出版中心着手引进和开发学习障碍领域的图书时，我深感振奋，遂推荐了这本在国外特殊教育专业广泛使用的著作。希望本书的引入，能推动更多的研究者和实践者关注并探索特殊需要学生的学业发展策略。

在本书的翻译过程中，我的研究生陈钰心、陈孝荣协助完成了资料整理与全书的统稿工作；华夏出版社特殊教育编辑出版中心的编辑以专业的出版经验提出诸多建设性意见，对翻译质量严格把关，保障了出版工作的顺利推进。在此，谨向她们致以诚挚的感谢！

特殊需要学生的学业干预与教学仍是一个需要持续深耕的领域，希望本书能引发更多的思考，吸引有更多的研究者和实践者参与探索。由于学科领域的特殊性及中英文语言差异，书中部分术语可能与部分读者的阅读习惯存在出入，请予以包涵；同时，因译者水平有限，译著中难免存在疏漏和不足，恳请各位读者批评指正。

朱　楠

2024 年 5 月 5 日于华中师范大学

Explicit Instruction: Effective and Efficient Teaching by Anita L. Archer, PhD and Charles A. Hughes, PhD
Copyright © 2011 The Guilford Press
A Division of Guilford Publications, Inc.
Published by arrangement with The Guilford Press

©2025 华夏出版社有限公司

禁止以任何形式将本书内容用于人工智能训练（包括但不限于数据投喂、模型训练、算法优化等），禁止对本书内容进行扫描、复印、拍照等数字化处理后上传至任何平台（含各类网站、社交媒体、应用程序、云存储空间等），亦不得通过上述方式向他人传播本书内容。违者必究。

版权所有，翻印必究。
北京市版权局著作权合同登记号：图字01-2025-0631号

图书在版编目（CIP）数据

融合教育学科教学策略：直接教学 ／（美）安妮塔·L.阿彻（Anita L. Archer），（美）查尔斯·A.休斯（Charles A. Hughes）著；朱楠译. -- 北京：华夏出版社有限公司, 2025. -- （融合教育实践系列）．
ISBN 978-7-5222-0869-5
Ⅰ. G76
中国国家版本馆 CIP 数据核字第 20251RT682 号

融合教育学科教学策略：直接教学

作　　者	［美］安妮塔·L.阿彻　［美］查尔斯·A.休斯
译　　者	朱　楠
策划编辑	薛永洁
责任编辑	张红云
特邀审校	吴惜玲　许　婷
责任印制	顾瑞清

出版发行	华夏出版社有限公司
经　　销	新华书店
印　　装	三河市少明印务有限公司
版　　次	2025年6月北京第1版　　2025年6月北京第1次印刷
开　　本	787×1092　　1/16开
印　　张	19
字　　数	310千字
定　　价	98.00元

华夏出版社有限公司　地址：北京市东直门外香河园北里4号　邮编：100028
网址：www.hxph.com.cn　电话：(010) 64663331（转）
若发现本版图书有印装质量问题，请与我社营销中心联系调换。

书号	书名	作者	定价
	经典教材|学术专著		
*0488	应用行为分析（第3版）	[美]John O. Cooper 等	498.00
*0470	特殊教育和融合教育中的评估（第13版）	[美]John Salvia 等	168.00
*0464	多重障碍学生教育：理论与方法	盛永进	69.00
9707	行为原理（第7版）	[美]Richard W. Malott 等	168.00
*0449	课程本位测量实践指南（第2版）	[美]Michelle K. Hosp 等	88.00
*9715	中国特殊教育发展报告（2014-2016）	杨希洁、冯雅静、彭霞光	59.00
*8202	特殊教育辞典（第3版）	朴永馨	59.00
0802	特殊教育和行为科学中的单一被试设计（第3版）	[美]David Gast	168.00
0490	教育和社区环境中的单一被试设计	[美]Robert E.O'Neill 等	68.00
0127	教育研究中的单一被试设计	[美]Craig Kenndy	88.00
*8736	扩大和替代沟通（第4版）	[美]David R. Beukelman 等	168.00
0643	行为分析师执业伦理与规范（第4版）	[美]Jon S. Bailey 等	98.00
0770	优秀行为分析师必备25项技能（第2版）	[美]Jon S.Bailey 等	78.00
*8745	特殊儿童心理评估（第2版）	韦小满、蔡雅娟	58.00
0433	培智学校康复训练评估与教学	孙颖、陆莎、王善峰	88.00
	社交技能		
0758	孤独症儿童社交、语言和行为早期干预家庭游戏PLAY模式	[美]Richard Solomon	128.00
0703	直击孤独症儿童的核心挑战：JASPER模式	[美]Connie Kasari 等	98.00
*0468	孤独症人士社交技能评估与训练课程	[美]Mitchell Taubman 等	68.00
*0575	情绪四色区：18节自我调节和情绪控制能力培养课	[美]Leah M.Kuypers	88.00
*0463	孤独症及相关障碍儿童社会情绪课程	钟卜金、王德玉、黄丹	78.00
*9500	社交故事新编（十五周年增订纪念版）	[美]Carol Gray	59.00
*0151	相处的密码：写给孤独症孩子的家长、老师和医生的社交故事		28.00
*9941	社交行为和自我管理：给青少年和成人的5级量表	[美]Kari Dunn Buron 等	36.00
*9943	不要！不要！不要超过5！：青少年社交行为指南		28.00
*9942	神奇的5级量表：提高孩子的社交情绪能力（第2版）		48.00
*9944	焦虑，变小！变小！（第2版）		36.00
*9537	用火车学对话：提高对话技能的视觉策略	[美]Joel Shaul	36.00
*9538	用颜色学沟通：找到共同话题的视觉策略		42.00
*9539	用电脑学社交：提高社交技能的视觉策略		39.00
*0176	图说社交技能（儿童版）	[美]Jed E.Baker	88.00
*0175	图说社交技能（青少年及成人版）		88.00
*0204	社交技能培训手册：70节沟通和情绪管理训练课		68.00
*0150	看图学社交：帮助有社交问题的儿童掌握社交技能	徐磊 等	88.00

书号	书名	作者	定价
	教养宝典		
0868	积极行为支持教养手册：解决孩子的挑战性行为（第2版）	[美]Meme Hieneman 等	78.00
0846	做不吼不叫的父母：儿童教养的105个秘诀	林煜涵	49.00
*0829	早期干预丹佛模式辅导与培训家长用书	[美]Sally J. Rogers 等	98.00
*8607	孤独症儿童早期干预丹佛模式（ESDM）	[美]Sally J.Rogers 等	78.00
*0461	孤独症儿童早期干预准备行为训练指导	朱璟、邓晓蕾等	49.00
*0748	孤独症儿童早期干预：从沟通开始	[英]Phil Christie 等	49.00
*0119	孤独症育儿百科：1001个教学养育妙招（第2版）	[美]Ellen Notbohm	88.00
*0511	孤独症谱系障碍儿童关键反应训练掌中宝	[美]Robert Koegel 等	49.00
9852	孤独症儿童行为管理策略及行为治疗课程	[美]Ron Leaf 等	68.00
*9496	地板时光：如何帮助孤独症及相关障碍儿童沟通与思考	[美]Stanley I. Greensp 等	68.00
*9348	特殊需要儿童的地板时光：如何促进儿童的智力和情绪发展		69.00
*9964	语言行为方法：如何教育孤独症及相关障碍儿童	[美]Mary Barbera 等	49.00
*0419	逆风起航：新手家长养育指南	[美]Mary Barbera	78.00
9678	解决问题行为的视觉策略	[美]Linda A. Hodgdon	68.00
9681	促进沟通技能的视觉策略		59.00
9991	做看听说（第2版）：孤独症谱系障碍人士社交和沟通能力	[美]Kathleen Ann Quill 等	98.00
*9489	孤独症儿童的行为教学	刘昊	49.00
*8958	孤独症儿童游戏与想象力（第2版）	[美]Pamela Wolfberg	59.00
*0293	孤独症儿童同伴游戏干预指南：以整合性游戏团体模式促进		88.00
9324	功能性行为评估及干预实用手册（第3版）	[美]Robert E. O'Neill 等	49.00
*0170	孤独症谱系障碍儿童视频示范实用指南	[美]Sarah Murray 等	49.00
*0177	孤独症谱系障碍儿童焦虑管理实用指南	[美]Christopher Lynch	49.00
8936	发育障碍儿童诊断与训练指导	[日]柚木馥、白崎研司	28.00
*0005	结构化教学的应用	于丹	69.00
*0149	孤独症儿童关键反应教学法（CPRT）	[美]Aubyn C. Stahmer 等	59.80
*0402	孤独症及注意障碍人士执行功能提高手册	[美]Adel Najdowski	48.00
*0167	功能分析应用指南：从业人员培训指导手册	[美]James T. Chok 等	68.00
	生活技能		
*0673	学会自理：教会特殊需要儿童日常生活技能（第4版）	[美]Bruce L. Baker 等	88.00
*0130	孤独症和相关障碍儿童如厕训练指南（第2版）	[美]Maria Wheeler	49.00
*9463/66	发展性障碍儿童性教育教案集/配套练习册	[美] Glenn S. Quint 等	71.00
*9464/65	身体功能障碍儿童性教育教案集/配套练习册		103.0
*0512	孤独症谱系障碍儿童睡眠问题实用指南	[美]Terry Katz 等	59.00
*05476	特殊儿童安全技能发展指南	[美]Freda Briggs	59.00
*8743	智能障碍儿童性教育指南		68.00
*0206	迎接我的青春期：发育障碍男孩成长手册	[美]Terri Couwenhoven	29.00
*0205	迎接我的青春期：发育障碍女孩成长手册		29.00
*0363	孤独症谱系障碍儿童独立自主行为养成手册（第2版）	[美]Lynn E.McClannahan 等	49.00

书号	书名	作者	定价
转衔丨职场			
*0462	孤独症谱系障碍者未来安置探寻	肖扬	69.00
*0296	长大成人：孤独症谱系人士转衔指南	[加]Katharina Manassis	59.00
*0528	走进职场：阿斯伯格综合征人士求职和就业指南	[美]Gail Hawkins	69.00
*0299	职场潜规则：孤独症及相关障碍人士职场社交指南	[美]Brenda Smith Myles 等	49.00
*0301	我也可以工作！青少年自信沟通手册	[美]Kirt Manecke	39.00
*0380	了解你，理解我：阿斯伯格青少年和成人社会生活实用指南	[美]Nancy J. Patrick	59.00
与星同行			
0828	面具下的她们：ASD 女性的自白（第2版）	[英]Sarah Hendrickx 等	59.80
0614	这就是孤独症：事实、数据和道听途说	黎文生	49.90
*0428	我很特别，这其实很酷！	[英]Luke Jackson	39.00
*0302	孤独的高跟鞋：PUA、厌食症、孤独症和我	[美]Jennifer O'Toole	49.90
*0408	我心看世界（第5版）	[美]Temple Grandin 等	59.00
*7741	用图像思考：与孤独症共生		39.00
*9800	社交潜规则（第2版）：以孤独症视角解读社交奥秘		68.00
0722	孤独症大脑：对孤独症谱系的思考		49.90
*0109	红皮小怪：教会孩子管理愤怒情绪	[英]K.I.Al-Ghani 等	36.00
*0108	恐慌巨龙：教会孩子管理焦虑情绪		42.00
*0110	失望魔龙：教会孩子管理失望情绪		48.00
*9481	喵星人都有阿斯伯格综合征	[澳]Kathy Hoopmann	38.00
*9478	汪星人都有多动症		38.00
*9479	喳星人都有焦虑症		38.00
9002	我的孤独症朋友	[美]Beverly Bishop 等	30.00
*9000	多多的鲸鱼	[美]Paula Kluth 等	30.00
*9001	不一样也没关系	[美]Clay Morton 等	30.00
*9003	本色王子	[德]Silke Schnee 等	32.00
9004	看！我的条纹：爱上全部的自己	[美]Shaina Rudolph 等	36.00
*0692	男孩肖恩：走出孤独症	[美]Judy Barron 等	59.00
8297	虚构的孤独者：孤独症其人其事	[美]Douglas Biklen	49.00
9227	让我听见你的声音：一个家庭战胜孤独症的故事	[美]Catherine Maurice	39.00
8762	养育星儿四十年	[美]蔡张美铃、蔡逸周	36.00
*8512	蜗牛不放弃：中国孤独症群落生活故事	张雁	28.00
0697	与自闭症儿子同行1：原汁原味的育儿	[日]明石洋子	49.00
0845	与自闭症儿子同行2：通往自立之路	[日]明石洋子	49.00
7218	与自闭症儿子同行3：为了工作，加油！	[日]明石洋子	49.00

书号	书名	作者	定价
孤独症入门			
*0137	孤独症谱系障碍：家长及专业人员指南	[英]Lorna Wing	59.00
*9879	阿斯伯格综合征完全指南	[英]Tony Attwood	78.00
*9081	孤独症和相关沟通障碍儿童治疗与教育	[美]Gary B. Mesibov	49.00
0916	三步解决学生问题行为	[日]大久保贤一	49.00
0831	问题行为应对实战图解	[日]井泽信三	39.00
0713	融合幼儿园教师实战图解	[日]永富大铺 等	49.00
*0157	影子老师实战指南	[日]吉野智富美	49.00
*0014	早期密集训练实战图解	[日]藤坂龙司 等	49.00
*0116	成人安置机构 ABA 实战指南	[日]村本净司	49.00
*0510	家庭干预实战指南	[日]上村裕章 等	49.00
*0107	孤独症孩子希望你知道的十件事（第3版）	[美]Ellen Notbohm	49.00
*9202	应用行为分析入门手册（第2版）	[美]Albert J. Kearney	39.00
*0356	应用行为分析和儿童行为管理（第2版）	郭延庆	88.00

书号	书名	作者	定价
ADHD 系列			
0819	与 ADHD 共处	[日]司马理英子	59.80
0907	与 ADHD 共处（成人篇）	[日]司马理英子	59.80
0983	与 ADHD 共处（女性篇）	[日]司马理英子	59.80
0732	来我的世界转一转：漫话 ASD、ADHD	[日]岩濑利郎	59.00
*0818	看见她们：ADHD 女性的困境	[瑞典]Lotta Borg Skoglund	49.00

书号	书名	作者	定价
学习困难丛书系列			
0871	学习困难学生教育指导手册	"挑战学习困难"丛书 主编：赵微	59.00
0753	小学一年级认知教育活动（教师用书）		59.00
0752	小学一年级认知教育活动（学生用书）		49.00
0754	小学二年级认知教育活动（教师用书）		59.00
0755	小学二年级认知教育活动（学生用书）		49.00
0834	学习困难学生基础认知能力提升研究与实践	刘朦朦	59.00
0973	学习困难学生的阅读理解教学（第3版）	[美]Sharon Vaughn 等	79.00